微课版

U1015910

21世纪实用礼仪系列教材

禮

第7版

社交礼仪教程

金正昆 / 著

中国人民大学出版社
·北京·

社·交·礼·仪·教·程

目录

第三章　交往礼仪

第四章　通联礼仪

第五章　餐饮礼仪

导论

目前，我国人民正在以习近平同志为核心的党中央领导下，以中国式现代化全面推进中华民族伟大复兴，并且齐心协力，为建设富强、民主、文明、和谐、美丽的社会主义现代化强国而奋斗。在此伟大进程中，随着我国社会主义物质文明建设的迅速发展，社会主义精神文明的建设也有了长足的进步。两个文明建设并重，必将极大地推进我国的社会主义现代化事业。

在社会主义精神文明的建设之中，讲文明、树新风是群众性社会主义精神文明建设的一项重要内容，目前已普遍赢得社会各界的重视、支持和参与。而在上述内容之中，规范礼仪、学习礼仪、应用礼仪，便是顺应民心、合乎民意的一大重点。在当前形势下，正如习近平同志所言："礼仪是宣示价值观、教化人民的有效方式"。

与此同时，社会主义市场经济的建设，极大地促进了人际交往。用现代人的眼光来看，人与人之间的交际应酬，不仅是一种出自本能的需要，而且是适应社会发展、个人进步的一种必不可少的途径。因为从某种意义上来说，交际实质上就是一种信息交流，而信息乃是现代社会上最为宝贵的资源。由此可见，具有较强的交际能力，是现代人立足于社会，并求得可持续发展的重要条件。其重要意义，绝对不在掌握外语、互联网、汽车驾驶等热门的专业技术之下。在此背景之下，作为交际之规的礼仪自然迅速升温，备受人们的青睐。规范礼仪、学习礼仪、应用礼仪，已经成为大势所趋、人心所向。

规范礼仪、学习礼仪、应用礼仪，必须首先从思想上、理论上解决下述九个方面的重要问题，唯有如此，才能更自觉、更准确、更全面地掌握礼仪，遵守礼仪。

一、礼仪的界定

要真正了解礼仪，有必要首先明确礼仪的基本含义。

在一般性的表述之中，与“礼”相关的词最常见的有三个，即礼貌、礼节、礼仪。在大多数情况下，它们是被视为一体并混合使用的。其实，从内涵上来看，三者不可简单地混为一谈。它们之间既有区别，又有联系。

礼貌，一般是指在人际交往中通过特定的言语、动作向交往对象所表示的谦虚和恭敬。它侧重于表现人的品质与素养，实际上是做人的一种基本要求。

礼节，通常是指人们在交际场合相互表示尊重、友好的惯用形式。它实际上是礼貌的具体表现方式。《礼记》曾明确指出：“礼节者，仁之貌也。”它与礼貌之间的相互关系是：没有礼节，就无所谓礼貌；有了礼貌，就必然需要具体的礼节。

礼仪的界定

礼仪，则是对礼节、仪式的统称。它是指在人际交往中，自始至终地以一定的、约定俗成的程序、方式来表现的律己、敬人的具体行为。显而易见，礼貌是礼仪的基础，礼节则是礼仪的基本组成部分。换言之，礼仪在层次上要高于礼貌、礼节，其内涵更深、更广。礼仪，实际上是由一系列具体的、表现礼貌的礼节所构成的。它不像礼节一样只是某一种具体做法，而是一个表示礼貌的系统而完整的过程。从本质上讲，三者均以“礼”为出发点，它们所表现的都是对人的尊敬、重视与友善。

有鉴于此，为了更完整、更准确地理解“礼”，采用礼仪这一概念来对其加以表述，是最为可行的。

站在不同的角度上，往往还可以对礼仪的概念做出种种殊途同归的界定。

从个人修养的角度来看，礼仪可以说是一个人的内在修养与素质的外在表现。也就是说，礼仪即教养、素质在一个人行为举止中的具体体现。正因为如此，自古至今中国人都非常重视个人内外兼修的“礼养”。

从道德的角度来看，“道德仁义，非礼不成”。礼仪可以被界定为为人处世的行为规范，或曰标准做法、行为准则。因此，2019 年 10 月 27 日中共中央、国务院印发的《新时代公民道德建设实施纲要》中明确地指出：“礼仪礼节是道德素养的体现，也是道德实践的载体。”

从交际的角度来看，礼仪可以说是人际交往中的一种通行的规则，也可以说是一种用以处理人际关系的交际方式或交际艺术。正是在此意义上，孟子明言：“礼，门也。”《礼记》上则说：“礼者，履此者也。”因此，在人际交往中以礼待人亦可被称为“礼交”。

从处世之道的角度来看，礼仪可谓人们为人处世所应遵循的基本规矩。所谓遵守礼仪，就是要求人们必须遵守为人处世的基本规矩。在此意义上，礼仪亦可被称为“礼规”。

从民俗的角度来看，礼仪既可以说是在人际交往中必须遵行的律己敬人的习惯形式，也可以说是在人际交往中约定俗成的示人以尊重、友好的习惯做法。此即所谓“礼出于俗，俗化为礼”。简言之，礼仪是待人接物的一种惯例；礼仪即“习惯法”。

从传播的角度来看，礼仪可以说是一种在人际交往中进行有效沟通的技巧。

从审美的角度来看，礼仪可以说是一种形式美。有道是“礼由心生”，它是人的心灵美的必然的外化。

了解上述各种对礼仪的诠释，可以进一步加深对礼仪的理解，并且更为准确地对礼仪进行把握。

二、礼仪的内容

从内容上讲，礼仪是由礼仪的主体、礼仪的客体、礼仪的媒体、礼仪的环境四项基本要素构成的。

礼仪的主体，指的是礼仪活动的操作者和实施者。它既可以是个人，也可以是组织。当礼仪活动规模较小、较为简单时，其主体通常是个人；当礼仪活动规模较大、较为复杂时，其主体通常则是组织。没有礼仪主体，礼仪活动就不可能进行，礼仪也就根本无从谈起。

礼仪的客体，又称礼仪的对象。从内涵上讲，它指的是礼仪活动的具体指向者和承受者。从外延上讲，它可以是人，也可以是物；可以是物质的，也可以是精神的；可以是具象的，也可以是抽象的；可以是有形的，也可以是无形的。没有礼仪客体，礼仪就失去了对象，就不成其为礼仪。礼仪的客体与礼仪的主体二者之间既对立，又相互依存，并且在一定条件下相互转化。

礼仪的媒体，指的是礼仪活动所依托的一定的媒介。进而言之，它实际上是礼仪内容与礼仪形式的统一性载体。任何礼仪都必须使用礼仪媒体，不使用礼仪媒体的礼仪不可能存在。礼仪的媒体，具体是由人体礼仪媒体、物体礼仪媒体、事体礼仪媒体等构成的。在具体操作礼仪时，这些不同的礼仪媒体往往是交叉、配合使用的。

礼仪的环境，指的是礼仪活动得以进行的特定的时空条件。大体说来，它可以分为礼仪的自然环境与礼仪的社会环境。礼仪的环境，通常制约着礼仪的实施。不仅实施何种礼仪由其决定，礼仪具体的实施方法也由其决定。

进而言之，由上述四项基本要素所构成的礼仪，依据其适用对象、适用范围的不同，大致上可以分为政务礼仪、商务礼仪、服务礼仪、社交礼仪、国际礼仪等几个基本分支。

政务礼仪，亦称公务员礼仪，指公务员在执行国家公务时应当遵守的礼仪。

商务礼仪，主要是指公司、企业的从业人员以及其他一切从事经济活动的人士在经济往来中应当遵守的礼仪。

服务礼仪，指各类服务行业的从业人员在自己的工作岗位上应当遵守的礼仪。

社交礼仪，亦称交际礼仪，指社会各界人士在一般性的、日常性的交际应酬之中应当遵守的礼仪。

国际礼仪，亦称涉外礼仪，指人们在国际交往中同外国人打交道时应当遵守的礼仪。

在上述五个基本分支礼仪中，政务礼仪、商务礼仪、服务礼仪等，主要是按照行业划分的，并且是人们在其工作岗位上所应遵守的礼仪，故可称之为行业礼仪或职场礼仪。而社交礼仪、国际礼仪的划分，则主要以其交往范围为依据，所以二者均可以交往礼仪相称。

在其实践中，礼仪因具体适用对象有别，又有青年礼仪、妇女礼仪、幼儿礼仪、学生礼仪、教师礼仪、护士礼仪、军人礼仪、警官礼仪、公务员礼仪、外交官礼仪、乘务员礼仪、售货员礼仪、快递员礼仪等等之分。

上述几个基本分支，涉及人类交际活动的各个主要方面。因此，礼仪主要以这些方面构成自己的基本内容。

三、礼仪的归属

一般而言，礼仪主要以礼仪活动、礼仪规范、礼仪规律作为自己的研究对象。

总的说来，礼仪是一门人文应用科学。具体而言，礼仪的学科特点是：

首先，它是一门应用性学科。礼仪具有很强的实用性和可操作性。从某种意义上说，它实际上就是有关交往艺术的科学。

其次，它是一门实践性学科。与纯粹的理论演绎、概念探讨、逻辑抽象显然不同，礼仪来源于社会实践，并且直接服务于社会实践。它拒绝夸夸其谈，注重一切从实际出发，坚持实事求是。正因为如此，也有人称之为一门经验科学。

再次，它是一门普及性学科。在现实生活中，每个人都必须参加交际活动，每个人都希望自己的交际活动取得成功，而礼仪正是一门可将人们的交际活动导向成功的科学。由此可见，礼仪应当是一门人人必修的普及性学科。随着整个社会文明程度的提高，它必将进一步得到普及。

最后，它是一门综合性学科。不容置疑的是，礼仪是一门专门研究人的交际行为规范的科学。这是它有别于其他学科的主要标志。但是，它又广泛吸纳了其他许多学科的成果，用以充实、完善自身。在这个意义上，又可将它视为一门综合性学科。

作为一门综合性学科，礼仪与其他多门学科关系密切，其中尤其与法学、民俗学、传播学、美学、伦理学、心理学、社会学、公共关系学密不可分。

其一，礼仪与法学。法学，是以法及其一般规律为研究对象的学科。礼仪与法的关系一向密切，并合称“礼法”。二者的关系是：礼属于习惯法，同时它又与法功能有别，正如司马迁所言：“夫礼禁未然之前，法施已然之后；法之所为用者易见，而礼之所为禁者难知。”

其二，礼仪与民俗学。民俗学研究的是流传于民间的文化民俗事象。如前所述，礼仪与民俗的关系是：“礼出于俗，俗化为礼。”二者相互联系，相互影响，相互转化。正因为如此，礼仪有时又被称为“礼俗”。研究民俗学，将有助于进一步解释礼仪；学习礼仪，则将使人深入地理解民俗。

其三，礼仪与传播学。传播学研究的是信息传播的规律。运用传播学的观点来看待交际活动，它实际上是一种人际传播。礼仪与传播学的关系是：礼仪活动通常与传播有关，传播学则是礼仪规范的一个重要的理论基础。交际即信息传播，传播制约着交际，传播力决定影响力与公信力，交际与传播密不可分，互相依存。

其四，礼仪与美学。美学研究的是美的一般规律。社会美是其研究的一个重要方面，而社会美又往往表现于人的交际活动之中。礼仪与美学的关系是：美即和谐，“有礼则雅”。符合礼仪的做法必然是美的，而美又是衡量礼仪是否完善的一大标尺。从某种意义上说，礼仪实际上是交际活动的一种形式美。

其五，礼仪与伦理学。伦理学研究的是道德问题。它是一门纯理论的学科。礼仪则是对伦理学研究成果的具体运用，它反映着社会的道德关系，体现着社会的道德标准。礼仪与伦理学的关系是：伦理学是礼仪的基础，而礼仪则是伦理学所提出的道德要求的具体表现形式。在人际交往中，讲礼仪就是讲规矩，就是讲道理。因此，讲道德就必须讲礼仪，而讲礼仪又反过来有助于讲道德。自古以来，中国人往往称礼仪为“礼义”，以强调其崇德尚义。正如《礼记》所言：“礼也者，义之实也。”“礼之所尊，尊其义也。”在交际实践中，有礼走遍天下。为人处世，既要以礼为先，更要以德为本。要时刻坚持明大德、守公德、严私德。

其六，礼仪与心理学。心理学所研究的是人的心理活动及其一般规律。礼仪与心理学的关系是：心理学是礼仪活动的一个基础。人是交际活动的主角，只有掌握人的心理活动，才能更好地理解人、尊重人，才能更好地运用礼仪。洞察人心、尊重人格，是礼仪与心理学共同的主旨。

其七，礼仪与社会学。社会学研究的是社会生活和社会行为。礼仪与社会学的关系是：交际活动是社会学的重要研究对象之一，规范交际活动，有助于社会治理；故此有“礼治”一说。而研究社会生活、社会行为的社会学所提供的一系列成果，则又必然有助于礼仪所关注的交际活动的成功。

其八，礼仪与公共关系学。公共关系学研究的是组织所面对的公共关系。礼仪与公共关系学的关系是：公共关系是交际活动中的每一位成功者必须妥善处理的，而礼仪则又是处理公共关系的一种重要的技术手段；公共关系重在塑造组织形象，而礼仪则意在维护个人形象，后者是前者的重要组成部分。总之，礼仪与公共关系往往密不可分。

礼仪与其他学科的关系

四、礼仪的扬弃

礼仪的科学体系，主要是在现代形成并得以逐步完善的。但是，这并不等于说它是无源之水、无本之木。没有对我国古代传统礼仪的继承和扬弃，实际上就不可能有我国的现代礼仪。在正确地传承我国古代传统礼仪的同时，还必须向国际礼仪学习，取人之长，补我之短。

我国自古就是一个闻名世界的礼仪之邦。早在 3 000 多年前的西周初期，就由周公姬旦制礼，并已基本成型。到了春秋时期，更是由孔子集其大成，继续发扬光大。此后，由孔子所构建的礼仪体系一直影响中国社会长达 2 500 多年。

在中国古代，礼仪的含义十分广泛。一般而言，它至少有以下四种解释。

第一，它是一种包括政治、经济、文化、军事制度在内的典章制度。因此，它被视为“国之基”“君之大柄”。左丘明就明确地提出“礼以体政”的主张，孔子则明言：“礼者何也？即事之治也。”

第二，它是一种做人的道德规范。孔子认为：“礼也者，理也”；对人必须“约之以礼”。孟子强调：“以礼存心”。荀子进一步指出：“礼者养也”；“礼者，人道之极也”；“礼者，节之准也”。程颐则明言：“礼者人之规范，守礼所以立身也。”他们都明确了礼仪在道德生活中的重要作用。《礼记》则更是强调：“凡人之所以为人者，礼义也。”

第三，它是个人及社会必须遵守的行为准则。在《说文解字》中，许慎的解释是：“礼者，履也。”孔子曾提出：“非礼勿视，非礼勿听，非礼勿言，非礼勿动。”在这里，他就将礼仪视为一种做人的行为规范。在著名的礼仪典籍《礼记》中则强调：“礼，不逾节，不侵侮，不好狎。”其含义，也是要求以礼仪来调节人际交往。

第四，它是各种正式的仪式。管仲说：“礼义者，尊卑之仪表也”，“万物之程式也”，“故动有仪则令行”。由此可见，他所说的礼仪，主要就是指的仪式。

综上所述，我国古代礼仪的主旨是：明确地规定并严格地维护封建等级制度；强调并坚持人的等级差异。对于这一点，荀子早就讲得很明白：“礼者，贵贱有等，长幼有差，贫富轻重皆有称者也。”

如此看来，我国古代礼仪具有明显的两重性。一方面，它提出了礼仪的一些基本原则，制定了人际交往的行为规范，并且强调“礼之用，和为贵”，这些都是可以为现代礼仪所借鉴的。另一方面，它并不尊重人，而重在维护封建统治制度。这些糟粕，则必须为现代礼仪所否定。

从总体上讲，现代礼仪与我国古代礼仪主要存在三点差异：

其一，二者的基础不同。古代礼仪是以封建等级制度为基础的，现代礼仪虽承认身份差异，但更强调以人为本、人格平等、社会公平，并且以尊重人作为自己的立足点与出发点。

其二，二者的目标不同。古代礼仪以维护封建统治秩序为目的，而现代礼仪则重在追求人际交往的和谐与顺利。

其三，二者的范围不同。古代礼仪所讲究的是“礼不下庶人”，因而与平民百姓无关，而现代礼仪则适用于任何交际活动的参与者。

应当说，与古代礼仪相比，现代礼仪更关心的是人际交往的成功，因此其核心内容就是人际交往的行为规范，而不是像古代礼仪那样以自我约束为主。

在继承我国古代礼仪的精华的同时，现代礼仪也十分注意汲取外国礼仪，特别是注重吸收目前通行的当代国际礼仪的长处，并且为我所用。

当代国际礼仪主要具有如下三个特点，它们与我国礼仪，尤其是我国古代传统礼仪具有显著的区别。

其一，国际礼仪强调个人至上。国际礼仪强调个人至上、个性自由，反对损害个人尊严，要求尊重个人隐私、维护人格自尊。这一点，贯彻在它的各个环节之中。

其二，国际礼仪强调女士优先。国际礼仪强调，在一切交际场合，不仅要讲究男女平等，反对性别歧视，而且更要讲究尊重女性、关心女性、体谅女性、帮助女性、照顾女性、保护女性，这就是所谓的女士优先。

其三，国际礼仪强调入乡随俗。国际礼仪适用于国际交往，尤其是跨国的双边性、多边性交往，因此有必要彼此尊重各自的风俗习惯，并且入乡随俗 。与此同时，国际礼仪还特别重视跨文化沟通。它要求求同存异，要使礼仪成为“一座桥”，而不可使之变成“一堵墙”。

与我国的现代礼仪相比，国际礼仪最大的不同，是其主要起源于西方，受西方文化影响较深；而我国的现代礼仪，则更多地出自本国的传统文化与民族习俗。

有必要明确的是：一方面，我国的现代礼仪对国际礼仪中一些适合我国国情、切实可行的原则可以借鉴。离开了这一条，就不可能有它在今日的发展。另一方面，对国际礼仪也没有必要全盘照抄照搬进来。只有在国际交往中，才有必要以国际礼仪约束自身。

江泽民同志曾经要求我们：“弘扬中国古代优良道德传统和革命道德传统，吸取人类一切优秀道德成就，努力创建人类先进的精神文明。”习近平同志则多次强调："培育和弘扬社会主义核心价值观必须立足中华优秀传统文化。"与此同时，他亦曾指出："文明因交流而多彩，文明因互鉴而丰富。"在探讨现代礼仪的扬弃问题时，也应该采取上述正确的态度。唯有如此，才能真正使我国的现代礼仪不但有所继承，而且会有所发展。

五、礼仪的特征

与其他学科相比，礼仪具有一系列自身独具的特征。这主要表现在其规范性、限定性、操作性、传承性、时效性五个方面。

第一，规范性。孟子尝言："不以规矩，不能成方员（圆）。"礼仪，指的就是人们在交际场合待人接物时必须遵守的行为规范。规范者，标准也。这种规范性，不仅约束着人们在一切交际场合的言谈话语、行为举止，使之合乎礼仪，而且是人们在一切交际场合必须采用的一种"通用语言"，是衡量他人与判断自己是否自律、敬人的一种尺度。正如法国人拉罗什富科所言："在所有规范中，礼仪是最微小但又最稳定的一种规范。"总之，礼仪是约定俗成的一种自尊、敬人的惯用形式。因此，任何人要想在交际场合表现得合乎礼仪、彬彬有礼，都必须对礼仪无条件地加以遵守。另起炉灶、自搞一套，或是只遵守个人适应的部分，而不遵守自己不适应的部分，都难以为交往对象所接受和理解。

第二，限定性。礼仪，顾名思义，主要适用于交际场合，适用于普通情况之下的一般性人际交往与应酬。在这个特定范围之内，礼仪肯定行之有效。离开了这个特定的范围，礼仪则未必适用。这就是礼仪的限定性特点。理解了这一特点，就不会把礼仪当成放之四海而皆准的规则，就不会在非交际场合拿礼仪去以不变应万变。必须明确，当所处场合不同、所具有的身份不同时，所要运用的礼仪往往会因此而各有不同，有时甚至会差异很大。这一点，是不容忽视的。一般而论，适合应用礼仪的主要是初次交往、因公交往、对外交往等三种交际场合。

第三，操作性。切实有效，实用可行，规则简明，易学易会，便于操作，是礼仪的一大特征。它不是纸上谈兵、空洞无物、不着边际、故弄玄虚、夸夸其谈，而是既有总体上的礼仪原则、礼仪规范，又在具体的细节上以一系列的方式、方法，细致而周详地对礼仪原则、礼仪规范加以贯彻，把它们落到实处，使之"言之有物""行之有礼"，不尚空谈。礼仪的易记、易行，能够为其广觅知音，使其被人们广泛地运用于交际实践，并受到广大公众的认可；反过来，又进一步促使礼仪以简便易行、容易操作为第一要旨。

第四，传承性。任何国家的礼仪都具有自己鲜明的民族特色，任何国家的当代礼仪都是在本国古代礼仪的基础上发展起来的。离开了对本国、本民族既往礼仪成果的传承、扬弃，就不可能形成当代礼仪。这就是礼仪传承性的特定含义。与“成文法”相对应，礼仪本质上乃是一种约定俗成、沉淀传统的“习惯法”。作为一种人类文明的沉淀与积累，礼仪将人们在交际应酬之中的习惯做法固定下来，流传下去，并逐渐形成自己的民族特色，这不是一种短暂的社会现象，而且不会因为社会制度的更替而消失。对既往的礼仪遗产，正确的态度不应当是食古不化、全盘沿用，而是应当有扬弃、有继承，更有发展。

第五，时效性。《礼记》指出：“礼，时为大。”从本质上讲，礼仪可以说是一种社会历史发展的产物，并具有鲜明的时代特点。一方面，它是在人类长期的交际活动实践之中形成、发展、完善起来的，绝不可能凭空杜撰、一蹴而就，不可能完全脱离特定的历史背景。另一方面，社会的发展，历史的进步，以及众多社交活动的新特点、新问题的出现，又要求礼仪有所变化，有所进步，推陈出新，与时代同步，以适应新形势下新的要求。与此同时，随着世界经济的全球化倾向日益明显，各个国家、各个地区、各个民族之间的交往日益密切，它们的礼仪随之也不断地相互影响，相互渗透，不断地被赋予新的内容。这就使礼仪具有相对的时效性。了解了这一点，就不会把它看作一成不变的东西，而能够更好地以发展、变化的眼光去对待它；就不会对礼仪搞“教条主义”，使之一成不变，脱离生活，脱离时代。

六、礼仪的原则

在日常生活之中，学习、应用礼仪，有必要在宏观上掌握具有普遍性、共同性、指导性的礼仪规律。这些礼仪规律，即礼仪的原则。

礼仪的原则共有如下十项。它们同等重要，不可缺少。掌握这些原则，将有助于更好地学习礼仪、运用礼仪。

第一，遵守。在交际应酬之中，每一位参与者都必须自觉、自愿地遵守礼仪，以礼仪去规范自己在交际活动中的一言一行、一举一动。对于礼仪，不仅要学习、了解，而且更重要的是学了就要运用，要将其付诸个人社交实践。任何人，不论身份高低、职位大小、财富多寡、学历怎样、学问多少、年岁如何，都有自觉遵守、应用礼仪的义务，否则就会受到公众的指责，交际就难以成功，这就是遵守的原则。离开了它，就谈不上礼仪的应用、推广。

第二，自律。从总体上来看，礼仪规范由对待个人的要求与对待他人的做法两大部分所构成。司马光说：“礼莫大于分。”对待个人的要求，是礼仪的基础和出发点。学习、应用礼仪，最重要的就是要自我要求、自我约束、自我节制、自我对照、自我反省、自我检点，这就是所谓自律的原则。子曰：“克己复礼”；

“己所不欲，勿施于人”。若是没有对自己的严格要求，人前人后不一样，只求诸人，不求诸己，不讲慎独与克己，遵守礼仪就无从谈起，就是一种蒙骗他人的大话、假话、空话。

第三，敬人。孔子曾经对礼仪的基本理念有过高度的概括，据《孝经》记载，他说过：“礼者，敬而已矣。”孟子亦云：“有礼者敬人。”所谓敬人的原则，就是要求人们在交际活动中，既要与交往对象互谦互让，互尊互敬，友好相待，和睦共处，更要将对交往对象的重视、恭敬、友善放在第一位。在礼仪的两大构成部分中，有关对待他人的做法这一部分，比对待个人的要求更为重要，这一部分实际上是礼仪的重点与核心。而对待他人的诸多做法之中最重要的一点，就是要敬人之心常存，处处不可失敬于人，不可伤害他人的个人尊严，更不能侮辱对方的人格。掌握了这一点，就等于掌握了礼仪的灵魂。在人际交往中，只要不失敬于人，哪怕具体做法一时失当，也不能算是失礼。

第四，宽容。有道是：“大德必宽。”《礼记》也曾倡导：“慎静而尚宽。”宽容原则的基本含义，是要求人们在交际活动中运用礼仪时有容乃大。既要严于律己，更要宽以待人。要多容忍他人，多体谅他人，多理解他人，而千万不要求全责备，斤斤计较，过分苛求，咄咄逼人。在人际交往中，要容许他人拥有个人行动和独立进行自我判断的自由。礼仪的基本要求是尊重人。在人际交往中，尊重他人，实际上就是要尊重其个人选择。对不同于己、不同于众的行为耐心容忍，不必要求他人处处效法自身、与自己完全保持一致，实际上也是尊重对方的一种表现。

第五，平等。在具体运用礼仪时，允许因人而异，根据不同的交往对象，采取不同的具体方法。但是，与此同时必须强调指出：在礼仪的核心之点，即尊重交往对象、以礼相待这一点上，对任何交往对象都必须一视同仁，给予同等程度的礼遇。不允许因为交往对象彼此之间在年龄、性别、种族、地域、国别、性格、文化、职业、身份、地位、财富、健康以及与自己的关系亲疏远近等方面有所不同，就厚此薄彼、区别对待，给予不同待遇，这便是礼仪中平等原则的基本要求。

第六，从俗。有道是“礼者别宜”。由于国情、民族、文化背景的不同，在人际交往中，实际上存在着“百里不同风，千里不同俗”的局面。对这一客观现实要有正确的认识，不要自高自大、唯我独尊、以我画线，不宜简单否定其他人不同于己的做法。必要时，必须坚持入国问禁、入乡随俗、入门问讳，与绝大多数人的习惯做法保持一致，切勿目中无人、自以为是、指手画脚、随意批评，动辄否定其他人的习惯性做法。遵守从俗原则的规定，会使礼仪的应用更加得心应手，更加有助于人际交往。此即所谓“礼从宜，使从俗”。

第七，真诚。礼仪上所讲的真诚原则，就是要求在人际交往中运用礼仪时，务必待人以诚、诚心诚意、诚实无欺、言行一致、表里如一。只有如此，自己在运用礼仪时所表达的对交往对象的尊敬与友好，才会更好地为对方所理解和接受。与此相反，倘若仅把运用礼仪作为一种道具和伪装，在具体操作礼仪规范时，口是心非，言行不一，弄虚作假，投机取巧，或是当时一个样、事后另一个样，有求于人时一个样、为人所求时另一个样，则有悖礼仪的基本宗旨。将礼仪等同于庸俗至极的"厚黑学"，肯定是行不通的。

第八，适度。适度的原则，是要求应用礼仪时，为了保证取得成效，必须注意技巧，合乎规范，特别要注意做到把握分寸、认真得体。这是因为凡事过犹不及，运用礼仪时假如做得过了头，或者做得不到位，都不能正确地表达自己的自律、敬人之意。当然，运用礼仪要真正做到恰到好处、恰如其分，只有勤学多练，积极实践，此外别无他途。

第九，沟通。在人际交往中，人们通常有接触才会了解，有了解才会交流，有交流才会沟通，有沟通才会互动。因此，可将沟通视为人际交往中人与人之间的互动之桥。在现代礼仪中，沟通的原则要求人们：在其人际交往中，既要了解交往对象，更要为交往对象所了解，并积极地推广自己，与交往对象彼此之间增进理解与共识。礼仪的主旨在于"尊重"。而欲尊重他人，就必须首先了解对方，并且令自己为对方所了解。只有这样，才能实现有效的沟通。

第十，互动。《礼记》曰："往而不来，非礼也；来而不往，亦非礼也。"在人际交往中如欲取得成功，就必须无条件地遵守互动的原则。所谓"互动"，在此具体含义有二：一是要求人们在其交往中必须主动进行换位思考。换位思考的基本要求，就是人们必须善于体谅交往对象的感受。二是要求人们在其交往中时时处处努力做到"交往以对方为中心"。也就是说，不允许无条件地"以自我为中心"，更不允许凡事自以为是。具体运用礼仪时，互动的原则永远都不允许忽视。

七、礼仪的功能

读书是学习，使用也是学习，而且是更重要的学习；学习的目的在于运用。当前，礼仪之所以被提倡，之所以受到社会各界的普遍重视，主要是因为它具有多重重要的功能，既有助于个人，又有助于社会、有助于国家。

礼仪的功能之一，在于它有助于提高人们的自身修养。

在人际交往中，礼仪往往是衡量一个人文明程度的准绳。它不仅反映着一个人的交际技巧与应变能力，而且反映着一个人的气质风度、阅历见识、道德情操、精神风貌。因此，在这个意义上，完全可以说礼仪即道德、即教养。而有道德才能高尚，有教养才能文明。这也就是说，通过一个人对礼仪运用的程度，可以察知其教养的高低、文明的程度和道德的水准。由此可见，学习礼仪、运用礼仪，有助于提高个人的修养，有助于"用高尚的精神塑造人"，真正提高个人的文明程度。

礼仪的功能之二，在于它有助于人们美化自身、美化生活、美化社会、美化祖国。

个人形象，是一个人仪容、表情、举止、服饰、谈吐、教养的集合，而礼仪在上述诸方面都有自己详尽的规范。《易经》有言："君子以非礼弗履。"因此，学习礼仪，运用礼仪，无疑将有益于人们更好地、更规范地设计个人形象、维护个人形象，更好地、更充分地展示个人良好的教养与优雅的风度，这种礼仪美化自身的功能，任何人都难以否定。当个人重视了美化自身、大家个个以礼待人时，人际关系将更加和睦，生活将更加温馨，社会将更加和谐，祖国将更加美丽。那时，美化自身便会发展为美化生活、美化社会、美化祖国；在国际交往中，亦将有助于中国人更好地、言行一致地"讲好中国故事，传播好中国声音"，使中国人可信、可爱、可敬的形象更加得以完善。这也是礼仪的运用所发挥的作用。

礼仪的功能之三，在于它有助于促进人们的社会交往，完善人们的人际关系。

古人云："世事洞明皆学问，人情练达即文章。"这句话，讲的其实就是交际的重要性。《素书》上说："礼者，人之所履。"《礼记》上则有言："礼也者，报也。"在人际交往中，礼仪属于与他人良性互动的艺术。一个人只要同其他人打交道，就不能不讲究礼仪。运用礼仪，除了可以使个人在交际活动中充满自信、胸有成竹、处变不惊之外，其最大的好处就在于能够帮助人们规范彼此之间的交际活动，更好地向交往对象表达自己的尊重、敬佩、友好与善意，增进大家彼此之间的了解与信任。假如人皆如此，时时、处处、事事如此，长此以往，必将促进社会交往的进一步发展，帮助人们更好地取得交际成功，进而造就和谐、完美的人际关系，取得事业的成功。

礼仪的功能之四，在于它有助于净化社会风气，推进社会主义精神文明的建设。

礼仪的本质，是令人向美、向善、向上，是用以提升个人素质的。学礼、明礼、守礼，重在促人向美、向善、向上。《左传》有云："礼，经国家，定社稷，序民人，利后嗣者也。"一般而言，人们的教养反映其素质，素质体现于其细节，而细节则往往决定着一个人的成败。反映个人素质与教养的礼仪，是人类文明的标志之一。一个人、一个单位、一个国家的礼仪水准如何，往往反映着这个人、这个单位、这个国家的文明程度与整体素质、整体教养。古人曾经指出"礼义廉耻，国之四维"，将礼列为立国的精神要素之本。而在日常交往之中，诚如英国大哲学家约翰·洛克所言："没有良好的礼仪，其余的一切成就都会被人看成骄傲、自负、无用和愚蠢。"荀子也曾说过："人无礼则不生，事无礼则不成，国家无礼则不宁。"反过来说，遵守礼仪，应用礼仪，将有助于净化社会风气，提升个人乃至全社会的精神文明方面的品位。当前，我国正在大力推进社会主义精神文明建设。其中的一项重要内容，就是要求全体社会成员讲文明、讲礼貌、讲卫生、讲秩序、讲道德，并且心灵美、语言美、行为美、环境美。这些内容，与礼仪完全吻合。因此，完全可以说，提倡礼仪的学习、运用，与推进社会主义精神文明建设是殊途同归、相互配合、相互促进的。这种社会主义的礼治，对于我国的现代化建设绝对是不可或缺的。

八、礼仪的学习

学习礼仪，要想取得理想的效果，就应当在学习途径、学习方法与学习重点这三个方面多加注意，切不可敷衍应付、只走过场。

对一般人来讲，学习礼仪主要有三大途径：

其一，进行理论学习。即利用图书资料、广播电视、互联网络、教学函授、业务培训，系统地、全面地学习礼仪。

其二，向社会实践学习。实践是检验真理的唯一标准，同时也是学习礼仪最好的教师。交往的成功，往往有赖于必要的经验。交际实践作为学习礼仪的一个具体过程，不仅可以使人加深对它的了解，强化对它的印象，而且可检验其作用，并且据以判断个人掌握、运用礼仪的实际水平。

其三，向专人学习。这里所指的专人，既可以是教师、培训专家、礼仪顾问，也可以是在某些方面确有经验或所长者、堪称楷模之人。其共同之处，是对礼仪有一定的了解，或是具有一定的实践经验和心得体会。向他们学习，可使自己取长补短、见贤思齐、益智开窍。

学习礼仪，有多种方法可以采用。一般而言，其最主要的方法有四：

第一，联系实际。礼仪本身就是一门应用学科，因此学习礼仪，务必坚持知和行的统一。要注重实践，将知识运用于实践，不断地向实践学习。这是学习礼仪的最佳方法。

第二，循序渐进。学习礼仪不可贪多务得，细大不捐，而应当有主有次，抓住重点。若从与自己生活与工作最密切的地方开始，往往可以事半功倍。然而必须注意，学习礼仪是一个循序渐进的过程。对一些规范、要求，只有反复运用、重复体验，才能真正掌握。

第三，自我监督。古人强调提高个人修养要注意反躬自省："躬自厚"，"修己以敬"，"吾日三省吾身"。学习礼仪，也应进行自我监督，对自己既要在这一方面有所要求，又要处处注意自我检查。这样做，将有助于自己发现缺点，找出不足，将学习、运用礼仪真正变为个人的自觉行动和习惯做法。

第四，多头并进。在学习礼仪的同时，不应将其孤立于其他学科，而应当将这种学习与其他学科、其他文化知识的学习结合起来。如此一来，不但可以全面提高个人素质，而且有助于个人更好地掌握、运用礼仪。

从总体上看，礼仪是由一系列的规范、技巧与法则所构成的。学习礼仪，要讲究其全面性、系统性，但是不能搞烦琐哲学，不能脱离实际、死抱着条条框框不放。要是把礼仪搞得过分复杂、烦琐，是不利于礼仪的普及、推广的。古人曾就此一针见血地指出："礼繁则难行，卒成废阁之书。"将礼仪搞成繁文缛节，必将使礼仪曲高和寡。

学习礼仪，最切实可行的方法，是要抓住其重点。礼仪的重点，就是那些对交际活动具有普遍指导意义的各项主要原则。礼仪的原则可分为两大类：其一，适用于所有交际活动的原则。例如，"主随客便原则"。其二，适用于局部交际活动的原则。例如，在正式场合必须遵守的有关着装的"三色原则"。对这两类礼仪的主要原则，都要尽可能地加以掌握。这样认真去做，就能以点带面，掌握其精华。

总而言之，这些礼仪的主要原则高度凝练，可举一反三，适用范围甚广。对其悉心掌握，则会大获裨益。

九、礼仪的操作

在具体运用现代礼仪时，人们所面临的一个亟待解决的重要问题是：应当如何对其具体地加以操作?

解决这一问题时，主要应当关注以下两个方面：一是坚持正确的理念；二是掌握有效的方法。

第一，坚持正确的理念。所谓理念，亦即有关某一事物的基本观念。有道是："理念决定思路，思路决定出路。"倘若人们在具体操作礼仪时基本理念有误，则难免徒劳无益。

一般而言，现代礼仪以"尊重"为基本理念。在具体操作礼仪时，这一基本理念又体现于如下两点：

其一，摆正位置。在人际交往中，每一个人都拥有自己的具体位置，而且自己的具体位置往往还会不断地发生变化。在操作礼仪、以礼待人时，每一个人关键是要明确自己的具体位置、各就各位，切勿错位或越位。一言以蔽之，不论自己处于何种位置，始终都要做到"勿不敬"，即要以尊重之心待己、待人。

首先，对自己而言，每一个人都必须维护自尊：一是必须尊重自我；二是必须尊重自己的职业；三是必须尊重自己所归属的团队；四是必须尊重自己所在的单位；五是必须尊重自己所处的社会；六是必须尊重自己所属的国家；七是必须尊重自己所生存的世界。

其次，对他人而言，每一个人亦应以尊重为本：尊重上司是一种天职；尊重同事是一种本分；尊重下级是一种美德；尊重客户是一种常识；尊重对手是一种风度；尊重所有人则是一种教养。

其二，调整心态。在人际交往中，每一个人不仅需要智商，而且更需要情商。一般而言，一个人的情商的高低，通常具体体现于其个人心态，即对自己、对他人、对社会的态度。在具体处理人际关系、运用礼仪时，每一个人均应自觉地进行心态调整。因为对自己的工作、生活乃至人际关系而言，心态不仅决定状态，而且往往决定一切。

在具体操作礼仪时，人们所应进行的心态调整主要涉及如下三点：

一是需要“接受他人”。在人际交往中，现代礼仪要求每一个人都必须尊重他人。进而言之，所谓尊重他人，实际上就是要求人们必须善解人意地接受对方的一切合乎情理的选择。换言之，操作现代礼仪时，不仅需要严于律己，而且更需要宽以待人。

二是应当“换位思考”。在人际交往中，不仅内外有别、中外有别、外外有别，而且人人有别、时时有别、处处有别、事事有别。既然在操作现代礼仪时强调“交往以对方为中心”，那么人们必须善于进行“换位思考”自然不言而喻。

三是坚持“合作共赢”。进行人际交往时，每一个人都必须明确与人合作的重要性，并善于与他人和睦相处。与此同时，还必须真正地意识到自己所面对的世界是多有“不同”的：世界是具有多样性的，文明是具有多样性的，交际行为与交际规范也是具有多样性的。习近平同志曾经强调：在对外交往中，智者求同，愚者求异。唯其如此，才能真正地为自己打造出一种良好的人际环境。

第二，掌握有效的方法。一般而言，它主要涉及“有所不为”与“有所为”两个互有联系的不同层面。

其一，必须明确“有所不为”。所谓“有所不为”，即具体操作礼仪时，首先需要了解“不能做什么”。例如，不能讲什么话，不能做什么事，等等。在这些方面不出现差错，即可“问题最小化”，不仅自己可以不出洋相，而且可以避免失礼于他人。

其二，必须尽力“有所为”。所谓“有所为”，在此指的是具体操作礼仪时，应该了解“应当如何做”，或者“如何做得更好”。例如，应该怎样讲话，应该怎样办事情，等等。在这些方面尽量做到符合礼仪规范，就会令自己的所作所为好上加好。

孟子说过：“人有不为也，而后可以有为。”在操作礼仪时，需要强调的是：“有所不为”，是每个人皆须力戒的；“有所为”，则是人们所共同努力的目标。在任何情况下，二者都不可偏废。

第一章 个人礼仪

个人礼仪，在此是指在社交活动中有关个人修饰的具体规范。在外人面前，一个人的穿着打扮、举止行为，不但事关对方对自己个人印象与评价的好坏，而且是其个人教养与素质最形象的展示。本章所讲授的内容，具体包括有关仪容、举止、表情、服装、配饰等方面的礼仪规范。

学习目的

- 充分地认识规范穿着打扮、举止行为的重要性。
- 有意识地塑造与维护自身形象。
- 掌握有关仪容修饰的基本原则。
- 熟练地运用仪容修饰的常规技巧。
- 避免在穿着打扮、举止行为上弄巧成拙。

本章要点

- 本章讲授的是个人礼仪，它是每个人都必须遵守的有关个人修饰的具体行为规范。它的基本要求是：既要规范个人形象，又要维护个人形象。
- 第一节讲授的是仪容礼仪，涉及头发、面容、手臂、腿部的修饰，以及化妆的礼仪规范。
- 第二节讲授的是举止礼仪，涉及手姿、立姿、坐姿、行姿的礼仪规范。
- 第三节讲授的是表情礼仪，涉及眼神、笑容的礼仪规范。
- 第四节讲授的是服装礼仪，涉及面料、色彩、款式、着装的礼仪规范。
- 第五节讲授的是配饰礼仪，涉及首饰、手表、领带的礼仪规范。

个人，是社交的基本参与者。离开了个人的参与，社交将难以进行，甚至无从谈起。

孟子说过："有礼者敬人。"社交礼仪的核心，便在于以适当之法敬人。然而，作为社交的参与者，每个人在以礼对待社交对象的同时，也有必要对其个人形象加以关注，以免非礼或失仪。个人礼仪，就是有关个人修饰的具体规范。它事关社交参与者社交形象的塑造与维护，是人们在社交之前必须关注的。因此，个人礼仪被视为社交礼仪的基础。有时，个人礼仪又称私人礼仪，因为它所处理的大体上都是私人之事。

在社交场合，人们留给初次见面者的第一印象至关重要，它往往会影响到他人对自己的基本看法与评价。它的形成，不需要经年累月，也不大会反复变化，而往往由他人见到自己的第一眼所决定，一般不会长过见面之初的前三秒钟。他人据此对自己产生的看法与评价，在此后的相关交往中将产生巨大影响。它一旦形成，往往就很难改变。这就是所谓的首因效应。

根据首因效应，导致他人对自己的看法与评价的第一印象，通常由个人的仪容、举止、表情、服装、配饰等要素所构成。个人形象，一般也是由这五个要素构成的。因此，个人礼仪所关注的主要是这五个方面的问题。它们可以总称为仪表。

学习个人礼仪，总体上应当掌握以下两项基本原则。

其一，"三应原则"。三应，指的是应事、应己、应制。所谓应，含有适应、适合之意。应事，是指塑造个人形象要适应具体所处的场合。应己，是指塑造个人形象要适应个人特点。应制，则是指塑造个人形象要适应约定俗成的各种规范。三者相辅相成、同等重要，缺一不可。

其二，"修饰避人原则"。它的含义是：塑造、维护个人形象的种种活动，均应避免在大庭广众面前，尤其是在陌生人、异性面前进行，不然就有搔首弄姿、有意"吸睛"之嫌。

一、仪容

仪容，通常是指人的外观、外貌。其中的重点，则是指人的容貌。在人际交往中，每个人的仪容都会引起交往对象的特别关注，并将影响到对方对自己的整体评价。在个人的仪表问题之中，仪容乃是重点之中的重点。

个人礼仪对个人仪容的首要要求是：仪容美。它的具体含义主要有以下三层。

其一，仪容的自然美。它是指仪容的先天条件好，天生丽质。尽管以相貌取人不合情理，但先天美好的仪容相貌无疑会令人赏心悦目、感觉愉快。

其二，仪容的修饰美。它是指依照规范与个人条件，对仪容进行必要的修饰，以便扬其长、避其短，构建、塑造出良好的个人形象，在人际交往中尽量使自己显得有备而来。

其三，仪容的内在美。它是指通过努力学习，不断提高个人的文化、艺术素养和思想、道德水准，培养出自己高雅的气质与美好的心灵，使自己内外兼修、秀外慧中、表里如一。

真正意义上的仪容美，应当是上述三个方面的高度统一。忽略其中任何一个方面，都会使仪容美失之偏颇。

在这三者中，仪容的内在美是最高的境界，仪容的自然美是人们的普遍心愿，而仪容的修饰美则是仪容礼仪所关注的重点。

要做到仪容的修饰美，自然要重视修饰仪容。修饰仪容的基本规则是：美观、整洁、卫生、得体。

进行个人仪容修饰时，应当引起重视的通常有头发、面容、手臂、腿部、化妆五个具体方面。

（一）头发

按照一般习惯，当人们观察、打量其他人时，往往是从头部开始的。而头发生长于头顶，位于人体的“制高点”，所以更容易在他人眼中先入为主，引起重视。有鉴于此，修饰仪容通常必须“从头做起”。

修饰头发，应注重的问题有四个方面。

勤于梳理

头发是人们脸面之中的脸面，所以应当自觉地做好日常护理。不论有无交际应酬活动，平日都要对自己的头发勤于梳洗，并定期理发。不要临阵磨枪，更不能忽略此点、疏于对头发的“管理”。

对头发勤于梳洗，作用有三：一是有助于保养头发；二是有助于消除异味；三是有助于清除异物。若对头发懒于梳洗，使得自己蓬头垢面，满头汗味、油味，头皮屑随处可见，甚至生出寄生物来，则是很损害个人形象的。

就理发而言，男士应为半月左右一次，女士可根据个人情况而定，但最长不应长于 1 个月。洗发，则应当 2 天左右进行一次，若能天天都洗自然更好。至于梳发，更应当时时不忘、见机行事。总之，头发一定要洗净、理好、梳齐。

如有重要的交际应酬，应于事前再认真进行一次洗发、理发、梳发，不必拘泥于以上时限。但务必记住，此类活动应在“幕后”操作，切不可当众展现。

长短适中

虽说头发的长短应当尊重其个人喜好，不可强求一致，但从社交礼仪和审美的角度看，它仍受到若干因素的制约，是不可以一味地只讲自由与弘扬个性，而不讲规范的。影响头发长度的制约因素有四。

（1）**性别因素**

男女有别，在头发的具体长度上往往便有所体现。一般认为，女士可以留短发，但却不宜剃光头；男士头发可以稍长，但不宜长发披肩、梳辫挽髻。现代人在头发的长度上可以中性化一点，但不应超过限制，以免显得不男不女。

（2）**身高因素**

头发的长度，在一定程度上与个人身高有关。以女士留长发为例，头发的长度就应与身高成正比。一位矮个的女士若长发过腰，会使自己显得个头更矮。

（3）**年龄因素**

人有长幼之分，头发的长度亦受此影响。例如，一头飘逸的披肩秀发，出现在少女头上非常得体，犹如其青春的护照；而它出现在一位年逾七十的老奶奶头上，则会令人讶然。

（4）**职业因素**

职业对头发的长度影响很大。例如，野战军战士为了负伤后抢救方便，通常都要剃光头；而政界、商界人士则不宜如此。政界、商界对头发的长度大都有明确限制：女士头发不宜长过肩部，必要时应以盘发、束发作为变通；男士不宜留鬓角、发帘，头发最好不要长于7厘米，即大致上做到：前发不覆盖额头，侧发不遮掩耳朵，后发不触及衬衫领口。不论男女，在政界、商界通常都不适合剃光头。在服务行业，也有类似的规定。

发型得体

发型，即头发的整体造型。在理发与修饰头发时，对此都不容回避。选择发型，除个人偏好可适当兼顾外，最重要的是考虑个人条件与所处场合。

（1）**个人条件**

个人条件，包括发质、脸型、身高、胖瘦、年纪、着装、配饰、性格等，都影响到发型的选择，对此切不可掉以轻心、不闻不问。

在上述个人条件里，脸型对发型的选择影响最大。选择发型时，一定要遵守应己原则，使二者相互适应。例如，国字脸的男士最好别理板寸，否则看上去好像一张扑克牌。Ω发型，则主要适合鹅蛋脸的女士，它下端向外翻翘，可展示此种脸型之美。倒三角脸型的女士，则显然不宜用此发型。

（2）**所处场合**

在社会生活中，人们的职业不同、身份不同、工作环境不同，发型自然也应有所不同。总而言之，在工作场合抛头露面的人，发型应当传统、庄重、保守；在社交场合频频亮相的人，发型应当个性、时尚、艺术。至于前卫、另类、怪异的发型，则只有对艺术工作者而言才是适宜的。

美化自然

人们在修饰头发时，往往会有意识地运用某些技术手段对其进行美化，这就是所谓美发。美发不仅要美观大方，而且要讲究自然，不宜雕琢痕迹过重，或是不合时宜。

在通常情况下，美发有下述四种具体形式。

（1）**烫发**

烫发，即运用物理手段或化学手段，将头发做成适当形状的方法。决定烫发之前，首先需要了解本人的发质、年龄、职业是否合适。

（2）**染发**

发色不理想，或是头发变白，可使用染发剂令其变色。对中国人而言，将头发染黑不必非议，而若想将其染成其他色彩，甚至染成多色并列的彩发，则须三思而后行。在十分正规的场合，它往往是行不通的。

（3）**做发**

做发，即运用发油、发蜡、发露、发乳、发胶、摩丝等美发用品，将头发塑造成一定形状，或对其进行护理。做发的要求与烫发的要求大体上相似。

（4）**假发**

头发有先天缺陷或后天缺陷者，均可选戴假发。选择假发，一是要使用方便；二是要天衣无缝。总之，不可显得太假、失真，或过分俗气。

（二）面容

仪容，在很大程度上指的就是人的面容。由此可见，面容修饰在仪容修饰之中举足轻重。

修饰面容，首先要做到面必洁。即要勤于洗脸，使之干净清爽，并且无汗渍、无油污、无泪痕、无其他任何不洁之物。洗脸，每天仅在早上起床后洗一次远远不够。午休后、用餐后、出汗后、劳动后、外出后以及就寝之前，通常都需要洗脸。

修饰面容，具体到各个不同的部位，还有一些不尽相同的规定。对此需要具体问题具体对待。

眼睛

眼睛，是人际交往中被他人注视最多的地方，自然便是修饰面容时的首要之处。

（1）**保洁**

所谓保洁，在此主要是指眼部分泌物的及时清除问题。对于这一点，应铭记于心，并随时注意。此外，若眼睛患有传染病，应自觉回避社交活动，免得让他人提心吊胆。

（2）**修眉**

若感到自己的眉形刻板或不甚雅观，可对其进行必要的修饰。但是，不提倡进行文眉，更不允许乱拔眉毛或剃去所有眉毛。此外，还须注意：文面、文身也在禁止之列。出入于正规场合较多者，意欲在身上进行文身时，亦应三思。

（3）**眼镜**

若有必要，可佩戴眼镜。戴眼镜不仅要实用、美观、舒适、方便、安全，而且应随时对其进行揩拭或清洗。在社交场合与工作场合，按惯例不应戴太阳镜、美瞳，免得让人“不识庐山真面目”，或是给人以故弄玄虚之感。

▌耳朵

耳朵虽位于面部两侧，但仍在他人视线之内。

（1）**卫生**

在洗澡、洗头、洗脸时，不要忘记清洗耳朵。必要时，还须经常性地清除耳孔之中不洁的分泌物，但此举切忌在他人面前进行。

（2）**耳毛**

有些人，特别是一些上了年纪的人，往往耳毛长得较快，甚至还会长出耳孔之外。在必要之时，应对其进行修剪，切勿任其自由扩展。

▌鼻子

涉及个人形象的有关鼻子的问题，主要有下述两点。

（1）**清洁**

平时，应注意保持鼻腔清洁，不要让异物堵塞鼻孔，或是让鼻涕到处流淌。不要随处吸鼻子、擤鼻涕、甩鼻涕，不要在人前人后时时挖鼻孔、掏鼻垢。

（2）**鼻毛**

参加社交应酬之前，勿忘检查自己的鼻毛是否长出鼻孔之外。一旦出现此种情况，应及时对其进行修剪。不要对其置之不理，或是当众下手去拔。

▌嘴巴

嘴巴既是发声之所，也是进食之处，理所当然地应当对其多加修饰，并细心照顾。

（1）**护理**

牙齿洁白，口腔无味，是嘴巴护理的基本要求。要做好这一点，一要每天定时在每一次饭后刷牙，以去除异物、异味；二要经常采用漱口水、牙线、洗牙等保护牙齿；三要在重要应酬之前忌用烟、酒、葱、蒜、韭菜、藠头、榴梿、虾酱、臭豆腐之类气味刺鼻的东西，免得让交往对象受罪。

（2）**异响**

个人礼仪规定：人体之内发出的所有声音，诸如哈欠、咳嗽、喷嚏、吐痰、清嗓、吸鼻、打嗝、放屁的声响，都属于不雅之声。它们被统称为异响，在社交场合应当禁止其出现，只有谈笑之声可以例外。需要指出的是，禁止异响重在自律，而不必强求于人。在大庭广众之下，若他人不慎制造了异响，最明智的做法是对其置若罔闻。若本人不慎发出了异响，则最好及时承认，并向身边之人道歉。届时不要显得若无其事，反而让他人相互猜疑、人人自危。

（3）**胡须**

唇间长有胡须，是每一个成年男子的基本生理特点。男士若无特殊的宗教信仰和民族习惯，最好不要蓄须，并应及时地剃去胡须。在社交场合，即使胡子茬儿为他人所见，也是失礼的。青年男子尤其不要蓄须，否则既稀疏难看，又显得邋里邋遢。若女士因内分泌失调而长出类似胡须的汗毛，则应及时治疗，并予以清除，否则也是很不雅观的。

▌脖颈

脖颈与头部相连，属于面容的自然延伸部分。修饰脖颈，一是要防止其皮肤过早老化，与面容产生较大反差；二是要使之经常保持清洁卫生，不要只顾脸面，不顾其他。若脸上干干净净，而脖子上，尤其是脖后、耳后藏污纳垢，肮脏不堪，与脸部反差过大，是很不合适的。

（三）手臂

在正常情况下，手臂是人际交往之中人的身体上使用最勤、动作最多的一个部分，而且其动作还往往被附加了多种多样的含义，因此，手臂往往被人们视为社交之中每个人都有的“第二枚名片”。从某种程度上讲，它甚至比人们常规使用的印在纸片上的那枚名片更受重视。

修饰手臂，可以具体分为手掌、肩臂与汗毛三个方面来进行规范。

▌手掌

手掌，简称为手，是手臂的主要部位，也是形成形形色色的手语的关键部分。它的修饰重点有四。

（1）**洗涤**

在日常生活中，手是接触其他人、其他物体最多的地方。出于清洁、卫生、健康的角度考虑，手更应当勤于洗涤。用餐前后、如厕前后、接触过肮脏物体后、遭受到“污染”

后洗手，更是作为一个文明人的题中应有之义。否则，就会使自己与“不卫生”画等号。

（2）**指甲**

手上的指甲应定期修剪，大体上应每周修剪一次。不要长时间不剪手指甲，使其看上去脏兮兮、黑乎乎。不要无故蓄留长指甲，它不仅毫无实用价值，而且不美观、不卫生、不方便。修剪手指甲，应以其不超过手指指尖为宜。反之，即可被视为过长。指甲外形不美时，亦可略加修饰。

（3）**死皮**

因皮肤的新陈代谢，手指甲周围会产生死皮。若发现死皮，应立即将其修剪掉。但不宜当众操作，更不应用手去撕，或用牙去咬。

（4）**损伤**

对手部要悉心照料，不要让它常带着损伤。若皮肤粗糙、红肿、发皴、皲裂，应及时对其进行护理、治疗。若手部长癣、生疮、发炎、破损、变形，则不仅要治疗，而且应避免使之接触他人。否则不论直接的还是间接的接触，都会令他人不快，甚至产生反感。

肩臂

个人礼仪规定：在非常正式的政务、商务、学术、外交和服务活动中，人们的手臂，尤其是肩部，不应当裸露。也就是说，在这些场合不宜穿着半袖装或无袖装。而在其他一切非正式场合，则无此限制。

修饰肩臂，最重要的就是这一点。着装时肩臂的露与不露，则应依照具体所处场合而定。

汗毛

因个人生理条件的不同，个别人手臂上的汗毛往往生长得过浓、过重或过长。此点一般无关大局，没有必要非去进行“干涉”不可。不过，若是情况反常，特别是有碍观瞻的话，最好还是采用适当的方法进行脱毛。

还要强调，在他人面前，尤其是在外人或异性面前，腋毛是不应为对方所见的。它属于“绝对隐私”，不甚雅观，被人见到是很失礼的。根据现代人着装的实际情况，女士特别需要注意这一点。在正式场合，一定要牢记：不要穿着会令腋毛外现的服装。而在非正式场合，若打算穿着暴露腋窝的服装，则务必先行脱去或剃去腋毛。

（四）腿部

中国人打量别人的习惯性做法是：“远看头，近看脚，不远不近看中腰。”腿部在近距离之内常为他人所注视，故而在修饰仪容时对它自然不能偏废。

修饰腿部，应当注意的主要有三处，即脚部、腿部和汗毛。

脚部

修饰脚部时，必须对以下三点予以关注。

（1）**裸露**

严格地说，在正式场合是不允许光着脚穿鞋子的。那样做，既不美观，又有可能被人误会。在公共场所内光脚穿鞋，则往往被视为炫耀“性感”的做法。

不仅如此，一些有可能使脚部过于暴露的鞋子，如拖鞋、凉鞋、镂空鞋、洞洞鞋、绒毛鞋，也因此而不得登上大雅之堂。在正式场合趿拉着鞋子，则更是不合时宜的。总之，易于磨损、不甚雅观的脚趾与脚跟，切勿随意裸露在外。

（2）**清洁**

在正常情况下，应注意保持脚部的卫生。鞋子、袜子要勤洗勤换，脚至少要每天洗上一次，袜子则应每日一换，以防止其臭气熏人。不要穿残破、有异味的袜子。如有可能，应在办公桌或随身所带的公文包里装上备用的袜子，以应不时之需。

在非正式场合光脚穿鞋子时，务必确保其干净、清洁。

无论如何都不要在他人面前脱下鞋子，更不要脱下袜子抠脚。此类不良习惯均令人作呕，极其有损个人形象。

（3）**趾甲**

脚趾的趾甲需要勤于修剪，至少要做到每周修剪一次。不应任其藏污纳垢，或是长于脚趾的趾尖。趾部通常不应露出鞋外，所以不要随便穿露趾的鞋子活动于正式场合。

腿部

在正式场合，不允许男士的着装暴露腿部，即不允许其穿短裤。女士可以穿长裤、裙子，但在十分正式的场合里也不得穿短裤、热裤，或是暴露大部分大腿的超短裙。越是正式的场合，女士的裙子应当越长。在庄严、肃穆的场合，女士的裙长应长至膝部以下。

女士在正式场合穿裙子时，不允许光着大腿而不穿袜子，尤其不允许其光着的大腿暴露于裙子之外。

在非正式的场合，特别是在休闲活动中，则无此类规定。

汗毛

男士成年以后，腿部汗毛大都过重，所以在正式场合不允许其穿短裤，或是卷起裤管。设想一位男士若当众堂而皇之地露出一截“飞毛腿”，何其不雅！

女士一般无此问题。但是，腿毛浓、黑的女士，则最好以技术手段将其脱除或剃除。再者，可以选着深色丝袜对其加以遮掩；不要光着大腿，也不要穿浅色薄型的透明丝袜。

（五）化妆

化妆，是修饰仪容的一种高级方法。它是指依照常规的审美标准，采用一定的技法对自己进行修饰、打扮，以便使自己的容貌变得更加靓丽。

化妆的规则

在与人交往之前，进行适当的化妆是必要的。这样做既是自尊的表示，也意味着对交往对象的重视。

在一般情况下，女士对化妆更加重视。其实，它不只是女士的专利，男士往往也有必要进行适当的化妆。

在社交场合，化妆需要兼顾如下两个方面：其一，要掌握原则。其二，要回避禁忌。

化妆的原则

进行化妆前，一定要树立正确的意识。此种有关化妆的正确意识，就是所谓化妆的原则。关于社交场合化妆的原则，一共有以下四项。

（1）美化

化妆，意在美化化妆者，即使化妆者变得更加美丽，因此在化妆时要兼顾适度矫正、修饰得法、避短藏拙。在化妆时，不要自行其是、任意发挥、寻求新奇、刻意出位，更不要有意无意将自己老化、丑化、怪异化。

（2）自然

通常，化妆既要求美化、生动、具有生命力，更要求真实、自然、天衣无缝。一般而言，人们日常进行化妆的最高境界是“妆成有却无”。即没有任何明显的人工美化的痕迹，而好似天然如此美丽。

（3）得法

化妆虽讲究个性化，但有一些基本的知识必须通过学习来掌握，难以无师自通。化妆，首先必须得法，即一定要在化妆时遵守化妆之道。例如，工作时化妆宜淡，社交时化妆可以稍浓，香水不宜涂在衣服上和容易出汗的地方，唇彩与手指甲上的甲彩最好为同一颜色，等等。

（4）协调

高水平的化妆，强调的是其整体效果和谐悦目、浑然一体，此即所谓协调。所以在化妆时，应努力使妆面协调、全身协调、场合协调、身份协调，以体现出自己慧眼独具、品位不俗。

化妆的禁忌

化妆时，通常应避免触犯以下六项具体的禁忌。

（1）**勿当众化妆**

化妆，应在无人之处，或是在专用的化妆间进行。当众化妆，则有卖弄、表演或吸引异性之嫌，搞不好还会令人觉得化妆者身份可疑。

（2）**勿在异性面前化妆**

平时，聪明的人绝不会在异性面前化妆。对关系密切者而言，那样做会使其发现自己本来的面目；对关系普通者而言，那样做则有吸引异性关注之嫌。

（3）**勿使化妆妨碍他人**

有人将自己的妆化得过浓、过重，甚至使之香气四溢、令人窒息。此种“过量”的化妆，实际上就是对他人的妨碍。

（4）**勿使妆面出现残缺**

若妆面出现残缺，应及时避人补妆。若听任不理，往往会让别人觉得自己低俗、懒惰。

（5）**勿借用他人化妆品**

众所周知，借用他人的化妆品非常不卫生，故应予以避免。

（6）**勿评论他人的化妆**

化妆纯系个人之事，所以对他人的化妆不应自以为是地加以评论或非议。

二、举止

举止，通常指的是人们在外观上可以明显地被觉察到的活动、动作，以及在活动、动作之中身体各部分所呈现出的姿态。有时，它也称作举动、动作、仪姿、仪态或姿态。在一般情况下，它主要由人的肢体所呈现出的各种体态及其变动组成。在现实生活之中，人们正是通过身体的种种不同的姿势的变化，来完成自己的各项活动的。

人的举止，可以展现人类所独有的形体之美。平日人们所推崇的风度，其实指的就是训练有素的、动作优雅的、令人赏心悦目的举止。

人的举止，在日常生活里时刻都在表露着人的思想、情感以及对外界的反应。它可能是自觉的，也可能是不自觉的。因此，可将举止视作人类的一种无声的语言，又称第二语言或副语言。正如达·芬奇所言：“从仪态了解人的内心世界，把握人的本来面目，往往具有相当的准确性与可靠性。”

作为无声的语言，举止在一般情况下叫作体态语言，简称体态语。它的具体特点有三：其一，连续性。它往往连续不断，不可分割。其二，多样性。传递同一信息时，可以多种举止并行。其三，可靠性。相对于口语而言，它往往是下意识的，因而它对人的内心世界的反映更加可信。

在人际交往中，举止在人的相互沟通方面往往作用甚大。具体来讲，它表现在以下五个方面：其一，表达功能。它可以表达口语难以表达的信息，使交往双方免于受窘。其二，替代功能。它可以替代口语，直接与他人交流、沟通。其三，辅助功能。它可以辅助口语，使人“言行一致”，思想得以强化，被表达得更清楚、更深刻。其四，适应功能。它可以适应本人的心理、生理需要。其五，调节功能。它可以发出暗示，调节交往双方关系，促使交往对象做出积极反应。

在我国古代，仪容礼仪与举止礼仪往往相提并论。检点此二者，在《礼记》中被称为“正容体”。个人礼仪要求：人们在人际交往中，尤其是在正式场合，要遵守“举止有度原则”。其含义是：人们的举止，应当合乎约定俗成的行为规范，并应做到“坐有坐相，站有站相”。具体说来，则是要求人的举止文明、优雅、敬人。

所谓文明，是要求举止自然、大方，并且高雅脱俗，借以表现出自己良好的文化教养。

所谓优雅，是要求举止规范、美观，并且得体适度，不卑不亢，赏心悦目，风度翩翩，隽永姣好，颇具魅力。

所谓敬人，则是要求举止礼敬他人，可以体现出对对方的尊重、友好与善意。

根据个人礼仪的规范，举止礼仪主要涉及手姿、立姿、坐姿、行姿等。

（一）手姿

手姿，又叫手势。由于手是人的身体上最为灵活自如的一个部位，所以手姿是体态语之中最丰富、最有表现力的。手姿，实际所指的就是人的两只手臂所有的动作。其中，双手的动作是其核心所在。它既可以是静态的，也可以是动态的。

古罗马政治家西塞罗说过：“一切心理活动，都伴有指手画脚等动作。手势恰如人体的一种语言，这种语言甚至连野蛮人都能理解。”法国大画家德拉克洛瓦则指出：“手像脸一样富有表情。”他们的话，都从不同侧面指出了手姿的重要性。

一般而言，手姿由进行速度、活动范围和空间轨迹三个部分构成。在人际交往中，它主要具有表明态度、传达感情两个方面的作用。

由各种不同的手姿所构成的手势语，尽管千变万化、十分复杂，但仍可被分成下列五种类型：第一类，形象手势，即用来模拟状物的手势。第二类，象征手势，即用来表示抽象意念的手势。第三类，情意手势，即用来传递情感的手势。第四类，指示手势，即指示具体对象的手势。第五类，工作手势，即从事具体工作的各种手势。

基本的手姿

学习手姿，最重要的是要正确掌握和运用下述七种基本的姿势。

（1）**垂放**

垂放，是最基本的手姿。其做法有二：一是双手自然下垂，掌心向内，叠放或相握于腹前；二是双手伸直下垂，掌心向内，分别贴放于大腿两侧，多用于站立之时。

（2）**背手**

背手，多见于站立、行走时。它既可显示权威，也可稳定自己。其具体做法是：双臂伸到身后，双手相握，同时昂首挺胸。

（3）**持物**

持物，即用手拿东西。其做法多样：既可用一只手，也可用双手。但最关键的是，拿东西时，应动作自然，五指并拢，用力均匀。持物时不应跷起无名指与小指，显得忸怩作态。

（4）**鼓掌**

鼓掌，是用以表示欢迎、祝贺、支持的一种手姿，多用于讲座、会议、演出、比赛或迎候嘉宾。其做法是：将右手掌心向下，有节奏地拍击掌心向上的左掌。必要时，应起身站立。但是，不应以此表示反对、拒绝、讽刺、驱赶之意，即不允许“鼓倒掌”。

（5）**夸奖**

此种手姿，主要用以表扬他人，即为他人“点赞”。其做法是：伸出右手，跷起拇指，指尖向上，指腹面向被称道者。但在交谈时，不应将右手拇指竖起来反向指向其他人，因为它意味着自大或藐视。以之自指鼻尖，也有自高自大、不可一世之意。

（6）**友好**

向他人表示友好的手势，俗称“比心”，即用右手的拇指、食指相交成爱心的形状；用双手的拇指与其他手指构成爱心的形状；用双手在头顶构成爱心的形状。

（7）**指示**

指示，在此指的是用以引导来宾、指明方向的手姿。其标准的做法是：将右手或左手抬至一定高度，五指并拢，掌心向上，以肘部为轴，朝一定方向伸出手臂。

禁忌的手姿

在社交活动中，下列四种手姿均应禁止。

（1）**易误解的手姿**

易为他人所误解的手姿有两种：一是出自个人习惯，但不通用，不为他人所理解；二是因为文化背景不同，被赋予了不同的含义。例如，伸起右臂，右手掌心外向，拇指与食指合成圆圈，其余手指伸直这一手姿，在英美表示“OK”，在日本表示钱，在拉美则往往表示下流。对其不了解的人，就很容易产生误会。

(2) **不卫生的手姿**

在他人面前搔头皮、掏耳朵、剜眼屎、抠鼻孔、剔牙齿、抓痒痒、抠脚丫等一些手姿，均极不卫生、令人恶心，自然是不当之举。

(3) **欠稳重的手姿**

在大庭广众之下，双手乱挥、乱晃、乱动、乱摸、乱举、乱扶、乱放，或是咬指尖、折衣角、甩胳膊、抱大腿、拢头发等手姿，亦是应当禁止的欠稳重的手姿。

(4) **失敬于人的手姿**

掌心向下挥动手臂，勾动食指或除拇指外的其他四指招呼别人，用手指直接指点他人，都是失敬于人的手姿。其中指点他人，即伸出一只手臂、食指指向他人、其余四指握拢这一手姿，因有指斥、教训之意，故尤为失礼。

(二) 立姿

立姿，又叫站姿、站相，指的是人在站立时所呈现出来的具体姿态。立姿是人的最基本的姿势，同时也是其他一切姿势的基础。通常，它属于一种静态姿势。

基本的立姿

具体来讲，人们的立姿通常呈现为三种基本形态，即立正、稍息与跨立。

立姿的基本要求是：头端，肩平，胸挺，腹收，身正，腿直，手垂。

由于性别方面的差异，男女的基本立姿又各有一些不尽相同的要求。宏观而论，对男子的要求是稳健，对女子的要求则是优美。

(1) **男子的立姿**

男子在站立时，一般应双脚平行，大致与肩同宽，间距最好不超过一脚之宽。届时应全身挺直，双肩稍向后展，头部抬起，双臂自然下垂伸直，双手贴放于大腿两侧。

如果站立时间过久，可以将左脚或右脚交替后撤一步，身体的重心分别落在另一只脚上。但是，上身仍须挺直，伸出的脚不可伸得太远，双腿不可叉开过大，变换不可过于频繁，膝部要注意伸直。

(2) **女子的立姿**

女子在站立时，通常应当挺胸、收颔，目视前方，双手自然下垂，叠放或相握于腹前，双腿基本并拢，不宜叉开。

站立时，女子可以将重心置于某一脚上，即一条腿伸直，另一条腿则略微前伸或弯曲。也就是说，双腿一直一斜。此外还有一种站法，即双脚脚跟并拢，脚尖分开，张开的脚尖大致相距 10 厘米，其张角约为 45 度，呈现“V”形。

禁忌的立姿

人在站立时，如下四种具体的姿态或为不雅，或为失礼，都应当被禁止。

（1）**全身不够端正**

古人对站立的基本要求“站如松”，所强调的就是站立时身体务必端正。届时一定要十分用心，力戒站立时头歪、肩斜、臂曲、胸凹、腹凸、背弓、臀撅、膝屈。

（2）**两腿叉开过大**

站立过久，可采用稍息的姿势，双腿可以适当叉开。但出于美观与文明等方面的考虑，在他人面前双腿切勿叉开得过大，女士穿短裙时对此尤其应当谨记。双腿交叉，即别腿，亦不美观。

（3）**两脚随意乱动**

人在站立时，双脚应当老实规矩，不可肆意乱动。例如，不应用脚尖乱点乱画，双脚踢来踢去，蹦蹦跳跳，用脚去够东西、蹭痒痒，脱下鞋子，或是鞋子半脱不脱、脚后跟踩在鞋帮上。

（4）**表现自由散漫**

站得久了，若条件许可，应坐下来稍事休息。但切勿站没站相。不宜在站立时随意扶、拉、倚、靠、趴、踩、蹬、跨，否则便显得无精打采、自由散漫。

下蹲的姿势

下蹲的姿势，简称为蹲姿。它是人在处于静态的立姿时的一种特殊情况，多用于拾捡物品、帮助别人或照顾自己。例如，在他人面前需要捡拾地上某物时，弯腰、俯首、撅臀，显然就不如采取蹲姿雅观。

（1）**基本方法**

蹲的基本方法有三：其一，单膝点地式。即下蹲后一条腿弯曲，另一条腿跪着。其二，双腿交叉式。即下蹲时双腿交叉在一起。其三，双腿高低式。即下蹲后双腿一高一低，互为倚靠。

（2）**主要禁忌**

在公共场所下蹲，有三种禁忌应当避免：其一，面对他人。那样做，往往会使他人多有不便。其二，背对他人。那样做，对别人不够尊重。其三，双腿叉开。此举好像在上洗手间，故称“洗手间姿势”。它不甚文雅，对穿裙装的女士而言还有内裤被曝光的可能。

（三）坐姿

坐姿，即人在就座之后所呈现出的姿势。从总体上讲，坐姿是一种静态的姿势。在社交应酬之中，坐姿往往是人们采用得最多的姿势。

一种正确的坐姿，一般需要兼顾角度、深浅、舒展三个方面的具体问题。

其一，角度，即坐定后上身与大腿、大腿与小腿所形成的角度。这两个角度均有大小之分，坐姿因此而大有不同。

其二，深浅，即坐下时臀部与座位所接触面积的多少。以此而论，坐有深坐、浅坐之别。

其三，舒展，即入座前后手、腿、脚的舒张、展开与活动程度。其舒展与否，往往与交往对象相关，故可间接地反映双方关系。

坐姿的重点，自然是指坐定后的姿势。但就座与离座时的姿势，也应当尽量雅观。

就座的姿势

就座，即走向座位直到坐下来的一系列过程，它是坐姿的前奏，也是其重要的组成部分。就座由一系列的具体环节构成，而个人礼仪对其中的各个重要环节均有所规范。

（1）**注意顺序**

若与他人一起入座，则落座时一定要讲究先后顺序，以礼让尊长。就座时合乎礼仪的顺序有两种：一是优先尊长，即请位尊之人首先入座；二是同时就座，它适用于平辈人与亲友同事之间。无论如何，抢先就座都是失礼的。

（2）**讲究方位**

不论从正面、侧面还是背面走向座位，通常都讲究从左侧一方走向自己的座位，并且从左侧一方离开自己的座位。它简称为“左进左出”，在正式场合一定要予以遵守。

（3）**落座无声**

入座时，切勿与人争先恐后。在就座的整个过程中，不论移动座位还是放下身体，都不应发出嘈杂的声音。落座时不慌不忙、悄无声息，本身就体现着一种教养。调整坐姿时，同样也不宜出声。

（4）**入座得法**

就座时，应转身背对座位。如距其较远，可以右脚后移半步，待腿部接触座位边缘后，再轻轻坐下。身着裙装的女士入座，通常应先用双手拢平裙摆，随后再坐下。

（5）**离座谨慎**

离座之际，亦应注意礼仪序列。不要突然跳起，免得惊吓到其他人。不要因不注意而在离座时搞出声响，或把身边的东西弄到地上去。

坐定的姿势

坐定后的正确姿势，主要体现在如下几个方面：

第一，根据座位的高低，调整坐姿的具体形式。在较为正式的场合，或有位尊者在座时，通常坐下之后不应坐满座位，大体占据其 2/3 的位置即可。

第二，挺直上身，头部端正，目视前方，或面对交谈对象。在一般情况下，不可身靠座位的背部。只有在无人在场，或者个人休息时，此举方被许可。

第三，在极其正规的场合，上身与大腿、大腿与小腿，应当均为直角，此姿势即所谓“正襟危坐”。这两个角度若为钝角或锐角，不是表现放肆，就是会显现出疲乏之态。

第四，若有可能，尤其是当自己面对尊长而无屏障时，双腿最好并拢。具体来讲，男士就座后双腿可张开一些，但不应宽于其肩宽。女士就座后，特别是身着短裙时，一定要并拢大腿。

第五，在非正式场合，允许坐定之后双腿叠放或斜放。双腿交叉叠放时，应力求做到膝部之上的并拢。双腿斜时放，令其与地面构成45度夹角，则为最佳。

第六，双脚应自然下垂，置于地面之上，脚尖应对着正前方，或朝向侧前方。双脚可以并拢、平行，或呈外八字状。双脚一前一后，也是被允许的。

第七，正坐时，双手应掌心向下，叠放于大腿之上，或是放在身前的桌面之上。也可以双手分别扶住座位两侧的扶手。侧坐之时，双手以叠放或相握的姿势放置于身体侧向的那条大腿上，则最为适宜。

禁忌的坐姿

在就座以后，身体各部分所呈现的下述五种姿势，均不符合个人礼仪的要求。

（1）头部乱晃

坐定之后，不允许仰头靠在座位背上，或是低头注视地面。左顾右盼、闭目养神、摇头晃脑，亦不被许可。

（2）上身不正

不允许坐定之后上身前倾、后仰、歪向一侧，或是趴向前方、两侧。

（3）手部错位

坐下之后，不应以双手端臂、双手抱于脑后、双手抱住膝盖，或以手抚腿、摸脚。双手应尽量减少不必要的动作，不要摸摸、碰碰、敲敲、打打。身前有桌子时，不要将肘部支于其上，或双手置于其下。将双手夹在大腿中间，也应避免。

（4）腿部失态

在坐好后，双腿切勿敞开过大。不要在尊长面前高跷“二郎腿”，即不要将一条小腿交叉叠放于另一条大腿之上。两腿不要直伸开去，也不要反复抖动不止。不要骑坐在座位之上，或把腿架在其他高处。

（5）脚部乱动

切勿在坐定后将脚抬得过高，以脚尖指向他人，或是使对方看到鞋底。不要在坐下后脱鞋子、脱袜子，或是将脚放在桌面上、勾住桌腿、跷到自己或他人的座位上，尤其是不应穿着鞋子踩踏座椅。不要以脚踩踏其他物体。双脚不要交叉，不要将其摆成内八字；更不要两脚脚跟着地、脚尖朝上地晃荡、抖动不止。

（四）行姿

行姿，亦称走姿，它指的是人在行走的过程中所形成的姿势。与其他姿势所不同的是，它自始至终都处于动态之中，通常体现的是人类的运动之美和精神风貌。

从总体上讲，行姿属于人的全身性的综合活动。但是，其重点是在行进中的脚步上。因此，行姿有时也叫作步态。

对行姿的总的要求是：轻松、矫健、优美、匀速。在行走时，虽不一定非要做到古人所要求的“行如风”，但至少也要做到不慌不忙、稳重大方。

▌基本的行姿

行走时，应以正确的立姿为基础，并且要全面、充分地兼顾以下六个方面。

（1）全身伸直，昂首挺胸

在行走时，一定要面朝前方，双眼平视，头部端正，胸部挺起，背部、腰部、膝部尤其要避免弯曲，应使全身看上去形成一条直线。

（2）起步前倾，重心在前

在起步行走时，身体应稍向前倾，身体的重心应落在反复交替移动的前面那只脚的脚掌之上。如此一来，身体就会随之向前移动。需要注意的是：当前脚落地、后脚离地时，膝盖一定要伸直，踏下脚时再稍为松弛，并即刻使重心前移，如此走动时，步态就一定好看。

（3）脚尖前伸，步幅适中

在行进时，向前伸出的那只脚应保持脚尖向前，不要向内或向外。与此同时，还应保证步幅大小适中。步幅，在此是指行进之中一步的长度。通常，正常的步幅应为一脚之长，即行走时前脚脚跟与后脚脚尖之间相距一脚之长。

（4）直线前进，自始至终

在行进时，双脚两侧行走的具体轨迹，大体上应当呈一条直线。与此同时，要避免身体在行进中左右摇摆，并要使腰部至脚部始终保持以直线的轨迹进行移动。

（5）双肩平稳，两臂摆动

行进时，双肩、双臂都不可过于僵硬呆板。双肩应当平稳，并力戒摇晃。两臂则应自然地、一前一后地、有节奏地摆动。在摆动时，手腕要进行配合，掌心要向内，手掌要向下伸直。摆动的幅度，应以30度左右为佳。切记：不要双手横向摆动或同向摆动。

（6）全身协调，匀速前进

在行走时，大体上在某一阶段中速度要保持均匀，并要富有节奏感。此外，全身各个部分的举止要相互协调、配合，并应表现得轻松、自然。

▍禁忌的行姿

个人礼仪规定：行走时，下列几种举止俱为失礼。

（1）**方向不定**

在行走时，方向一定要明确。不可忽左忽右、变化多端，免得显得胆战心惊、心神不定。

（2）**瞻前顾后**

在行走时，不应左顾右盼，尤其是不应反复回过头来注视身后。此外，还应力戒身体乱晃不止。

（3）**速度多变**

行走时，切勿忽快忽慢。要么突然快步奔跑，要么突然止步不前，往往都让人感到莫名其妙。

（4）**声响过大**

在行走时用力过猛，搞得声响大作，往往会因此而妨碍或惊吓其他人。

（5）**八字步态**

在行走时，两脚脚尖向内侧伸构成内八字步，或两脚脚尖向外侧伸构成外八字步。不可否认，这两种步态都很难看。

三、表情

表情，此处是对“面部表情”一词的简称。它所指的是，人类在神经系统的控制下，面部肌肉及各种器官所进行的运动、变化和调整，以及面部在外观上所呈现出的某种特定的形态。不可否认，人体的其他部分也有表情，但表情主要呈现于人类的面部。在一般情况下，人们所说的表情，往往就是指面部表情。

与举止一样，表情也是人的无声的语言。现代传播学认为，它属于人际交流之中的“非语言信息传播系统”，并且是其核心组成部分。因为相对于举止而言，表情更为直观，更为形象，更易于为人们所觉察和理解。

在人际交往中，表情真实可信地反映着人们的思想、情感、反应，以及其他一切方面的心理活动与即时变化。现代传播学认为：在人们所接受的来自他人的信息中，只有不到45％来自有声的语言，此外55％以上则来自无声的语言。而在后者之中，又有70％以上来自表情，由此可见表情在人际交往中所处的重要位置。

人类是生物界的宠儿，人类的表情变化多端，不可胜数。法国作家罗曼·罗兰就曾感慨道：“面部表情是多少世纪培养成功的语言，是比嘴里讲的要复杂千百倍的语言。”尽管如此，表情却大都具有共性，它超越了地域文化的界限，成为人类的一种世界性“语言”，其民族性、地域性差异较小。它与举止有着很大的不同：表情在世界上几乎可以通用，而举止则做不到这一点。尽管如此，表情亦应有所节制，而不宜滥用。

节制表情，在《礼记》中被称为“齐颜色”。表情礼仪，主要规范的是眼神、笑容两个方面。其总的要求是：理解表情，把握表情，在社交场合努力使自己的表情热情、友好、轻松、自然。

（一）眼神

眼神，通常是对眼睛总体活动的一种统称。眼睛是人类的心灵之窗。对自己而言，它能够最明显、最自然、最准确地展示自身的心理活动。对他人而言，交往中所获信息的87%来自视觉，而来自听觉的信息则仅为10%左右。

人们在日常生活之中借助眼神所传递的信息，可称为眼语。因此，印度诗人泰戈尔便指出：“一旦学会了眼睛的语言，表情的变化将是无穷无尽的。”

眼语的构成，通常具体涉及时间、角度、部位、方式、变化五个方面。

时间

在人际交往中，尤其是与熟人相处时，注视对方时间的长短，往往十分重要。在交谈中，听的一方通常应当多去注视说的一方。

（1）**表示友好**

若对他人表示友好，则注视对方的时间应占全部相处时间的1/3左右。

（2）**表示重视**

若对他人表示关注，如听报告、请教问题时，则注视对方的时间应占全部相处时间的2/3左右。

（3）**表示轻视**

若注视他人的时间不到全部相处时间的1/3，则往往意味着对其根本瞧不起，或不感兴趣。

（4）**表示敌意**

若注视他人的时间超过了全部相处时间的2/3以上，有时会表示对对方抱有敌意，或是为了寻衅滋事。

（5）**表示兴趣**

注视他人的时间占全部相处时间的2/3以上，也有可能意味着对对方产生了兴趣。

角度

在注视他人时，目光的角度，即其发出的方向，是事关与交往对象亲疏远近的一大问题。注视他人的常规角度有四。

（1）**平视**

平视，即视线呈水平状态。它也叫正视，一般适用于在普通场合与身份、地位平等之人进行交往。

（2）**侧视**

侧视，实际上是平视的一种特殊情况，即位居交往对象一侧，在面向对方的同时平视着对方。它的关键在于面向对方，否则即为斜视对方，那样的话是很失礼的。

（3）**仰视**

仰视，即主动居于低处，抬眼向上注视他人。它表示尊重、敬畏之意，适用于面对尊长之时。

（4）**俯视**

俯视，即抬眼向下注视他人，一般适用于身居高处时。俯视可用于对晚辈表示宽容、怜爱，也可用于对他人表示轻慢、歧视。

▌部位

在人际交往中目光所及之处，就是所谓注视的部位。注视他人的具体部位不同，不仅说明自己的态度不同，而且往往说明双方的关系有所不同。

在一般情况下，与他人相处时，不宜注视其头顶之上，不宜注视其大腿、脚部与手部，不宜“目中无人”。对异性而言，通常不应注视其肩部以下，尤其是不应注视其胸部、腹部、裆部、腿部。一般而言，允许注视他人的常规部位有六。

（1）**双眼**

注视他人的双眼，表示自己聚精会神、一心一意、重视对方，但其时间不宜过久。这种注视，通常被称为关注型注视。

（2）**额头**

注视他人的额头，表示严肃、认真、公事公办。这种注视叫作公务型注视，适用于极为正规的公务活动。

（3）**眼部至唇部**

注视他人的眼部至唇部，是在社交场合面对交往对象时所采用的常规方法。它通常被称为社交型注视。

（4）**眼部至胸部**

注视他人的眼部至胸部，表示亲近、友善，多适用于关系密切的男女之间，故称近亲密型注视。

（5）**眼部至裆部**

注视他人的眼部至裆部，一般适用于注视相距较远的熟人，亦表示亲近、友善，故称远亲密型注视，但它并不适用于关系普通的异性。

（6）**任意部位**

对他人身上的某一部位随意一瞥，可表示注意，也可表示敌意，它叫作随意型注视。它多见用于在公共场合注视陌生人，但最好慎用。此种注视，有时亦称瞥视。

方式

注视他人，在社交场合可以有多种具体方式。其中，最常见的有下列几种。

（1）**直视**

直视，即直接注视交往对象。它表示认真、尊重，适用于各种情况。若直视他人双眼，即称为对视。对视往往表明自己大方、坦诚，或是关注对方。

（2）**凝视**

凝视，是直视的一种特殊情况，即全神贯注地直视他人，多用以特意表示专注、恭敬。

（3）**盯视**

盯视，即目不转睛，长时间地凝视他人的某一部位。它往往表示出神或挑衅，故不宜多用。

（4）**虚视**

虚视，是相对于凝视而言的一种直视。其特点是：目光不聚焦于某处，视点也不集中，多表示胆怯、疑虑、走神、疲乏，或是失意、无聊。

（5）**扫视**

扫视，即视线移来移去，注视他人时上下左右反复打量，表示好奇、吃惊。它通常不宜多用，对异性尤其应当禁用。

（6）**睨视**

睨视，又叫睥视，即斜着眼睛注视他人，多表示怀疑、轻视，通常应当忌用。与初识之人交往时，尤其应当忌用。

（7）**眯视**

眯视，即眯着眼睛注视他人，表示惊奇、看不清楚，其模样不甚雅观，故不宜采用。

（8）**环视**

环视，即有节奏地注视周围不同的人员或事物，表示认真、重视。它适用于同时与多人打交道，意在表示自己"一视同仁"。

（9）**他视**

他视，即与某人交往时不注视对方，反而望着别处，表示胆怯、害羞、心虚、反感、心不在焉。无论如何，它都是不宜采用的一种眼神。

（10）**无视**

无视，又叫闭视，即在人际交往中闭上双眼不去看自己的交往对象，表示疲惫、反感、生气、无聊或没有兴趣。它给人的感觉往往是不够友好，甚至会被理解为厌烦、拒绝。

变化

在人际交往中，当看着别人时，人们的目光、视线、眼神都是时刻变化的。其主要表现如下。

（1）**眼皮的开合**

人的内心情感变化，会使其眼睛周围的肌肉发生运动，从而使其眼皮的开合随之也产生改变，如瞪眼、眯眼、闭眼等。瞪大双眼，表示愤怒、惊愕；睁圆双眼，则表示疑惑、不满。眼皮眨动一般每分钟5～8次。眨动过快表示活跃、思索，眨动过慢则表示轻蔑、厌恶。有时，眨眼还可表示调皮或疑惑不解。

（2）**瞳孔的变化**

瞳孔的变化往往显而易见，但却不由自主地反映着人们的内心世界。平时，它变化不多。若其突然变大、发出光芒，显得目光炯炯，通常表示惊奇、喜悦、颇感兴趣。若其突然缩小，双目黯然无光，即所谓双目无神，则表示伤感、厌恶、毫无兴趣。

（3）**眼球的转动**

眼球的转动，不应表现得反常。若其反复转动，表示在动心思，甚至居心叵测。若其悄然挤动，则表示向他人进行某种暗示。

（4）**视线的交流**

在人际交往中，与他人交流视线常可表示特殊含义。其一，可表示爱憎。其二，可表示地位。其三，可表示补偿。其四，可表示威吓。视线交流的具体做法，应因人、因时、因事而异。与他人交往，不交流视线不行，交流视线不当肯定也不行。

（二）笑容

笑容，即人们在笑的时候所呈现出的面部表情，通常表现为脸上露出喜悦之色，有时还会伴以口中所发出的欢喜的声音。

从广义上讲，笑容是一种令人感觉愉快的、既悦己又悦人的、发挥正面作用的表情。它是人际交往中的润滑剂。利用笑容，人与人之间可以缩短彼此的心理距离，打破交际障碍，为深入的沟通与交往创造和谐、温馨的良好氛围。正所谓“笑一笑，十年少”，适时地多笑，还可以健身养性。

笑的种类

在日常生活中，笑的种类很多，绝大多数含有善意，但也有极少数笑是失礼、失仪的。出于实际需要的考虑，在此重点介绍的是合乎礼仪的笑容的种类。这一类笑容，基本上可以分为以下六种。

（1）**含笑**

含笑，是一种程度最浅的笑。它的特点是：不出声、不露齿，仅是面含笑意，意在表示接受对方，并显示自己待人友善。其适用范围较为广泛。

（2）**微笑**

微笑，是一种程度较含笑为深

的笑。它的特点是面部已有明显变化：唇角向上移动，略呈弧形，但牙齿不会外露。它是一种典型的自得其乐、充实满足、知心会意、表示友好的笑。在人际交往中，其适用范围最广。

（3）**轻笑**

轻笑，在笑的程度上较微笑为深。它的主要特点是面容进一步有所变化：嘴巴微微张开，上齿显露在外，不过仍然不发出声响。通常，此种笑会令人露出上齿的6～8颗牙齿，表示欣喜、愉快，多用于遇见亲友，向熟人打招呼，服务于人，接待来宾，或是遇上喜庆之事的时候。

（4）**浅笑**

浅笑，指的是轻笑的一种特殊情况。与轻笑稍有不同的是，浅笑表现为笑时抿嘴，下唇大多被含于上下齿之间。它多见于年轻女性表示害羞之时，通常俗称抿嘴而笑。

（5）**大笑**

大笑，是一种在笑的程度上又较轻笑为深的笑。其特点是：面容变化十分明显；嘴巴大张，呈现为弧形；上齿下齿都暴露在外，并且上下齿分开；口中发出“哈哈哈”的笑声，但肢体动作不多。它多见于开心时刻的尽情欢乐，或是表示高兴万分。

（6）**狂笑**

狂笑，是一种在程度上最深的笑。它的特点是：面容变化甚大，嘴巴张开，牙齿全部露出，上下齿分开，笑声连续不断，肢体动作很大，往往笑得前仰后合、手舞足蹈、泪水直流，甚至上气不接下气。它多出现在极度快乐、纵情大笑之时，平日并不多见。

美在微笑

在以上六种常规的笑容之中，前四种比较常见，并且以微笑最美、最受欢迎。

在所有种类的笑容里，微笑通常被视为最自然、最得体的笑容，并且最为真诚友善，为世界各民族所认同。如果说笑的本质在于自信、热情、友好的话，那么这种本质在微笑中便得到了充分而全面的体现。

在工作岗位上，微笑是礼貌待人的基本要求。在社交场合里，微笑可以使人自然放松、如沐春风。正因为如此，微笑被视为“社交的通行证”，又被称为基本笑容或常规表情。

进而言之，微笑至少发挥了以下几个方面的作用。

（1）**表现心境良好**

只有心底平和、心情愉快、心理正常、善待人生、乐观面世的人，才会拥有真诚的微笑。

（2）**表现充满自信**

只有不卑不亢、充满信心的人，才会在人际交往中为他人所真正接受。而面带微笑者，则往往说明对自己的个人能力和魅力确信无疑。

（3）**表现真诚友善**

以微笑示人，反映了自己心地善良、坦坦荡荡、处世真诚、待人友善，而非假情假意、敷衍了事。

（4）**表现乐业敬业**

在工作岗位上面含微笑，说明自己热爱本职工作，乐于恪尽职守，乐于认真工作。

▍笑的方法

不同的笑容，来自不同的具体方法。笑的共性在于：面露喜悦之色，表情轻松愉快。笑的个性则在于：每个人的眉部、唇部、牙部、声音的具体运作与配合，往往不尽相同。

以微笑为例，它的具体做法大致上可分为四点：

其一，额部肌肉进行收缩，使眉位提高，眉毛略为弯曲成弯月形。

其二，两侧面颊上的笑肌进行收缩，并稍微向下拉伸，使面部肌肤看上去出现笑意。

其三，唇部肌肉进行配合，唇形稍为弯曲，嘴角稍稍上提，双唇关闭，不露出牙齿。

其四，自觉地控制发声系统，一般不应发出笑声。

总的来讲，笑的时候应注意下述三个方面的具体细节。

（1）**声情并茂**

笑的时候，应当做到表里如一，令笑容与自己的举止、谈吐相辅相成，并锦上添花。切勿脸上挂笑，却出言不逊、举止粗鲁；或是语言高雅、举止得体，却面无笑意。这两种情况，都会使自己待人接物的态度受到怀疑。

（2）**气质优雅**

会笑的人，不仅讲究笑的适时、尽兴，而且更讲究笑时精神饱满、气质典雅。真正的笑，应当发自内心，并且真心实意。总之，它应当非常自然地反映着人们的文化修养和精神追求。倘若笑的时候粗心大意，表现得粗俗、放肆，实乃自毁个人形象。

（3）**表现和谐**

笑，从直观上看，实际上是人们的眉、眼、鼻、口、齿以及面部肌肉与声音所进行的协调行动。在笑的时候，要使各个部位运动到位、不温不火、合作成功，而不至于顾此失彼，不可笑得勉强、做作、失真。

▍笑的禁忌

在正式场合笑的时候，应力戒下述七种不佳的表现。

（1）**假笑**

假笑，即笑得虚假，皮笑而肉不笑。它有悖于笑的真实性原则，是毫无礼貌可言的。

（2）**冷笑**

冷笑，即含有怒意、讽刺、不满、不屑、无可奈何、不以为然等意味的笑。这种笑，非常容易使人产生敌意。

（3）**怪笑**

怪笑，即笑得怪里怪气，令人心里发麻，它多含有恐吓、嘲讽之意，往往会令人十分反感。

（4）**媚笑**

媚笑，即有意讨好别人的笑。它亦非发自内心，而来自一定的功利性目的。

（5）**怯笑**

怯笑，即害羞或怯场的笑。例如，笑的时候，以手掌遮掩口部，不敢与他人交流视线，甚至面红耳赤、语无伦次。此种笑，通常难登大雅之堂。

（6）**窃笑**

窃笑，即偷偷地笑，大多表示洋洋自得、幸灾乐祸，或者在看他人的笑话。

（7）**狞笑**

狞笑，即笑时面容凶恶。它往往表示愤怒、惊恐、吓唬他人。此种笑容，毫无任何美感可言。

四、服装

服装，是对人们所穿着的衣服的总称。在人际交往中，服装被视为人的“第二肌肤”。它既可以遮风、挡雨、防暑、御寒、蔽体、掩羞，发挥多重实用性功能；又可以美化人体，扬长遮短，展示个性，反映精神风貌，体现生活情趣，发挥多种装饰性功能。不但如此，在正式场合，它还具有反映社会分工，体现地位、身份差异的社会性功能。

正因为如此，在社交场合，只讲究“穿衣戴帽，各凭所好”，显然是远远不够的。意大利影星索菲亚·罗兰就曾深有感触地说过：“你的服装，往往表明你是哪一类人物，它们代表着你的个性。一个和你会面的人，往往自觉不自觉地会根据你的衣着来判断你的为人。”

在社交场合，服装在某种意义上好似每个人手持的一封无言的介绍信，时时刻刻向自己的每一位交往对象传递着各种信息。美国心理学家彼得·罗福甚至认为：一个人的服装并不只是表露他的情感，而且还显示着他的智慧。一个人的衣着习惯，往往透露出他的人生观和价值观。英国戏剧家莎士比亚则进一步强调：“服装往往可以表现人格。”

实际上，在日常生活里，一个人的服装的确会给他人以一定的印象。对初次谋面者而言，此种印象则尤为深刻。服装是由面料、色彩、款式三要素所构成的。此外，它的穿着方法也关系甚大。一般而言，人们的服装留给他人的印象，或者说每个人对自己的服装应予重视的要点，主要指的就是面料、色彩、款式、着装这几个方面的问题。

中国自古以来就被称为“衣冠上国”。孔子曾经强调人“不可以不饰。不饰无貌，无貌不敬，不敬无礼，无礼不立”。他所谓的“饰”，应该指的就是服装。由此可见，学习服装礼仪，遵守服装礼仪，实乃人际交往取得成功的一个重要的前提，同时也是当代中国人所应具备的基本教养。

（一）面料

服装用面料制作而成，面料就是用来制作服装的材料。作为服装三要素之一，面料不仅属于服装的物质基础，可以诠释服装的风格和特性，而且直接左右着服装的色彩、造型的表现效果。

在服装的大千世界里，服装的面料五花八门、日新月异。但从总体上来讲，优质、高档的面料，大都具有穿着舒适、吸汗透气、悬垂挺括、视觉高贵、触觉柔美等几个方面的特点。

制作在正式社交场合穿着的服装，宜选纯棉、纯毛、纯丝、纯麻制品。以这四种纯天然质地面料制作的服装，大都档次较高。穿着纯皮革制作的服装，通常也是允许的。

下面，将对常见服装面料的具体特性分别进行简单的介绍。

▌棉布

棉布，是各类棉纺织品的总称。它多用来制作时装、休闲装、内衣和衬衫。它的优点是：轻松保暖，柔和贴身，吸湿性、透气性甚佳。它的缺点则是：易缩、易皱，外观上稍欠挺括美观，在穿着时必须时常熨烫。

▌麻布

麻布，是以大麻、亚麻、苎麻、黄麻、剑麻、蕉麻等各种麻类植物纤维所制成的面料。一般被用来制作休闲装、工作装，目前也多以其制作普通夏装。它的优点是：强度极高，吸湿、导热、透气性甚佳。它的缺点则是：穿着不甚舒适，外观上显得较为粗糙、生硬。

▌丝绸

丝绸，是以蚕丝为原料纺织而成的各种丝织物的统称。与棉布一样，它的品种很多、特性各异。它可被用来制作各种服装，尤其适合用来制作女士服装。它的长处是：轻薄、合身、柔软、滑爽、透气，而且色彩绚丽、富有光泽、高贵典雅、穿着舒适。它的不足则是：易生折皱、容易吸身、不够结实、褪色较快。

呢绒

呢绒，又叫毛料，它是对用各类羊毛、羊绒织成的织物的泛称。它通常适用于制作礼服、西装、大衣等正规、高档的服装。它的优点是：防皱耐磨，手感柔软，高雅挺括，富有弹性，保暖性强。它的缺点则是：洗涤较为困难，质地上较为厚重，不大适合于制作夏装。

皮革

皮革，在此指的是经过鞣制而成的动物毛皮面料。它多用以制作时装、冬装。皮革又可以分为两类：一是革皮，即经过去毛处理的皮革；二是裘皮，即处理过的连皮带毛的皮革。它的优点是：轻盈保暖，雍容华贵。它的缺点则是：价格昂贵，在储藏、护理方面要求较高，故不宜普及。在某些动物保护主义盛行的国度，皮革服装还受到广泛的抵制。

化纤

化纤，是化学纤维的简称，它是以高分子化合物为原料制作而成的纤维的纺织品。它的优点是：色彩鲜艳、质地柔软、悬垂挺括、滑爽舒适。它的缺点则是：耐磨性、耐热性、吸湿性、透气性较差，遇热容易变形，并且容易产生静电。它虽可用以制作各类服装，但总体上档次不高，难登大雅之堂。

混纺

混纺，是将天然纤维与化学纤维按照一定的比例，经过混合纺织而成的织物，可用来制作各种服装。它的长处是：既吸收了棉、麻、丝、毛与化纤各自的优点，又尽可能地克服了它们各自的缺点，而且在价格上相对较为低廉，所以大受欢迎。

（二）色彩

色彩，通常是服装留给人们记忆最深的印象之一，而且在很大程度上也是服装穿着成败的关键所在。在服装的三要素之中，色彩对他人的刺激最快速、最强烈、最深刻，所以被称为“服装的第一可视物”，故应引起高度重视。

人们在穿着服装时，在色彩的选择上往往既要考虑个性、性别、年龄、流行趋势、爱好、季节，又要兼顾他人的观感和所处的具体场合。所以世界著名的服装设计师伊迪丝·海德才说：“也许在取得衣着成功方面，色彩是最有帮助的要素。色彩可以是您最好的朋友，也可以是您最凶恶的敌人。”

对一般人而言，在服装的色彩上要想获得成功，最重要的是要掌握色彩的特性、色彩的搭配、色彩的调节以及正装的色彩选择四个方面的问题。

色彩的特性

从本质上讲，色彩乃是人的眼睛对物体反射的不同波长的光所产生的印象。从色彩的功能上来看，它具有如下基本特性。

（1）**色彩的冷暖**

每种色彩，都拥有区别于其他色彩的独特的相貌特征，即色相。色彩因色相不同，而使人产生温暖或寒冷的感觉。使人有温暖、热烈、兴奋之感的色彩，叫暖色，如红色、黄色等；使人有寒冷、压抑、平静之感的色彩，则叫冷色，如蓝色、黑色等。

（2）**色彩的轻重**

色彩的明暗变化的程度，被称为明度。不同明度的色彩，往往给人以轻重不同的感觉。色彩越浅，明度就越强，它使人有上升感、轻感；色彩越深，明度就越弱，它使人有下垂感、重感。人们平日的着装，通常就讲究：上浅下深。

（3）**色彩的软硬**

色彩鲜艳明亮的程度，叫作纯度。色彩纯度越高，就越鲜艳、纯粹，并给人以软的感觉；色彩纯度越低，就越为深、暗，并给人以硬的感觉。前者适用于喜庆场合的着装，后者则适用于庄重场合的着装。

（4）**色彩的缩扩**

光的色彩，实际上取决于它的波长。色彩的波长，指的是各种物体被光照射后的反射波的长度。色彩的波长不同，给人收缩或扩张的感觉便有所不同。一般来讲，冷色、深色属于收缩色；暖色、浅色则为扩张色。运用到服装上，前者使人苗条，后者使人丰满，二者皆可使人在形体方面避短遮羞。但若运用不当，往往也会令人在形体上出丑露怯。

色彩的搭配

不论整体运用还是局部运用，服装的色彩往往都是几种一起搭配起来使用的。搭配色彩时，有下述几种常用的方法可循。

（1）**统一法**

统一法，即配色时应当尽量采用同一色系之中各种明度不同的色彩，按照其深浅不同的程度进行搭配，以便创造出和谐之感。它适用于工作场合或庄重场合的着装配色。

（2）**对比法**

对比法，即在配色时运用冷暖、深浅、明暗等特性相反的两种色彩进行组合。它可以使着装在色彩上反差强烈，静中有动，借以突出个性。此法适用于各种场合的着装配色。

（3）**呼应法**

呼应法，即配色时在某些相关的部位刻意采用同一种色彩，以便使其遥相呼应，产生美感。例如，穿西装的男士讲究鞋与包同色，即为此法的具体运用。它也适用于各类场合的着装配色。

（4）**点缀法**

点缀法，即在采用统一法配色时，为了有所变化，而在某个局部小范围内，选用其他某种不同的色彩加以点缀美化。此法若运用得当，往往会有很好的效果。这种方法主要适用于工作场合的着装配色。

（5）**时尚法**

时尚法，即在配色时酌情选用届时正在流行的某种色彩。它多适用于普通社交场合与休闲场合的着装配色。

色彩的调节

在配色时，可运用适当的方法在整体上对其进行调节，以求使之趋于合理而悦目。

（1）**强调法**

当服装的整体配色过于单调、乏味时，可加入某种较为强烈的色彩作为重点，使之产生紧张感、变化感。这就是运用强调法调节色彩。

（2）**平衡法**

服装色彩过于深沉或淡雅时，往往会令人感到软弱无力、整体失衡。此刻可在保持个人风格的前提下，添加与之相反的色彩进行调节。这就是运用平衡法调节色彩。

（3）**分割法**

当两种对比色过分强烈时，可运用其他较为协调的色彩，在其交界处对二者进行分割，以使其更为和谐。这就是运用分割法调节色彩。

（4）**渐变法**

若两种色彩的组合不甚协调时，可在二者之间配以呈阶梯变化的色彩，使之形成有次序而又有层次的渐变。这就是运用渐变法调节色彩。

正装的色彩选择

非正式场合所穿的便装，色彩上要求不高，往往可以听任自便。而正式场合穿着的正装，对其色彩的选择却有常规可循。

（1）**“三色原则”**

“三色原则”，是选择正装色彩的基本原则。它的含义是：大凡正装的色彩，在总体上应当以少为宜，并最好将其控制在三种色彩之内。这种做法，有助于保持正装庄重、保守的总体风格，并使正装在色彩上显得规范、简洁、和谐。正装的色彩倘若超出三种色彩，一般都会给人以繁杂、紊乱、低俗之感。

（2）**基本色彩**

正装的色彩，一般应为单一色彩，并且应当无任何图案。最标准的套装色彩是深色，并应首选蓝色、灰色、棕色、黑色。衬衫的色彩，最佳则为白色。皮鞋、袜子、腰带、公文包的色彩宜为深色，并以黑色最为常见。正装的色彩若为多色、艳色，或带有花哨的图案，则会使之发生“质变”，令人讶然。此点对男士而言尤为重要。

服装搭配三色

（三）款式

服装的款式，在此指的是它的种类、式样与具体造型。它不仅与着装者的性别、年龄、体型、职业、偏好有关，还受制于文化、习俗、道德、宗教与流行趋势。

在社交场合选择服装，有时对款式方面的要求更高。这是因为在服装三要素之中，有关款式方面的礼仪规范最详尽、最具体、最严格。

根据礼仪规范，选择服装的款式，最重要的是使之合乎身份、维护形象，并且对交往对象不失敬意。在这几个方面丝毫不可疏忽大意。

“TPO 原则”

总的说来，着装要规范、得体，就要牢记并严守“TPO 原则”。所谓“TPO 原则”，是有关服饰礼仪的基本原则之一。其中的 T、P、O 三个字母，分别是英文“时间”（time）、“地点”（place）、“目的”（objective）这三个单词的缩写。它的含义是：人们在选择服装、考虑其具体款式时，首先应当兼顾时间、地点、目的，并应力求使自己的着装及其具体款式与着装的时间、地点、目的协调一致。唯其如此，才能较为和谐般配。

（1）**时间**

从时间上讲，一年有春、夏、秋、冬四季的交替，一天有 24 小时的变化。显而易见，在不同的时间里，着装的类别、式样、造型应因此而有所变化。例如，冬天要穿保暖、挡风、御寒的冬装；夏天要穿透气、吸汗、凉爽的夏装。白天穿的衣服需要面对他人，应当合身、严谨；晚上穿的衣服不为外人所见，则应当宽大、随意。

（2）**地点**

从地点上讲，置身在室内或室外，驻足于闹市或乡村，停留在国内或国外，身处于单位或家中，在这些不同地点着装的款式理当有所不同，切不可以不变应万变。例如，穿泳装出现在海滨、浴场，是人们司空见惯的；但若是穿着它去上班、逛街，则非引起哗然不可。在国内，一位少女只要愿意，随时可以穿小背心、超短裙，但她若是以这身行头出现在着装保守的某些阿拉伯国家里，便是极度不尊重当地人的习俗了。

（3）**目的**

从目的上讲，人们的着装往往体现着其一定的意愿。即自己对着装留给他人的印象如何，往往是抱有一定预期的。换言之，着装应适应自己所扮演的社会角色。根本不讲其目的性，在现代社会中是不大可能的。服装的款式，在表现服装的目的性方面发挥着一定的作用。自尊还是敬人，保守还是前卫，从众还是出位，颓废还是消沉，放肆还是嚣张，等等，俱可由此得知。一个人身着款式庄重的服装前去应聘新职、洽谈生意，通常会表明他郑重其事、渴望成功。而在此类场合，若选择款式暴露、性感、另类的服装，则表示其自视甚高，对求职、生意的重视远远不及对本人偏好的重视。

场合的要求

具体选择服装的款式时，应在遵守“TPO原则”的同时，优先区分自己所处的具体场合，并且依照礼仪规范，在不同的场合选择不同款式的服装。

从总体上来划分，人们在交际应酬之中所面临的种种场合，可被分为公务、社交、休闲三大类。人的全部活动，无不包含在其中。在这三类不同的场合，着装的款式应各有不同。原则上讲，公务场合、社交场合属于正式场合，其总的要求是：正规、讲究。休闲场合则属于非正式场合，其总的要求是：随意、自便。

（1）**公务场合**

公务场合，在此指的是人们置身于工作地点，用于上班的时间。但凡处于工作之中，均属于公务场合。公务场合对服装款式的基本要求是：庄重、保守、传统。

符合这一要求，适用于公务场合的服装款式为：制服、套装、套裙、工作服等等。不适合在公务场合穿着的服装款式有：时装、牛仔装、运动装、沙滩装、街市装、家居装等等。

（2）**社交场合**

社交场合，此处特指人们置身于交际地点，用于上班之外在公共场合与熟人交往、共处的时间。在这个意义上，聚会、拜会、宴会、音乐会等，都是典型的社交场合。社交场合对服装款式的基本要求是：典雅、时尚、个性。

符合这一要求，适用于社交场合的服装款式为：礼服、时装、民族服装，以及个人缝制或私人订制的个性化服装等等。不适合在社交场合穿着的服装款式则有：制服、工作服、牛仔装、运动装、沙滩装、街市装、家居装等等。

（3）**休闲场合**

休闲场合，此处所指的是人们置身于闲暇地点，用于在公务、社交之外一人独处，或是在公共场合与不相识者共处的时间。居家、健身、旅游、娱乐、逛街等，都属于休闲活动。休闲场合对服装款式的基本要求是：舒适、方便、自然。

符合这一要求，适用于休闲场合的服装款式为：牛仔装、运动装、沙滩装、街市装、家居装等等。不适合在休闲场合穿着的服装款式则有：工作服、制服、礼服、套裙、套装、时装等等。

（四）着装

着装，在此是指服装的穿着。严格地说，它既是一门技巧，更是一门艺术。从礼仪的角度来看，着装是一项系统工程。它不仅指穿衣戴帽，更是指由此而折射出的人们的教养与品位。从本质上讲，着装与穿衣并非一回事。穿衣，往往看重的是服装的实用性。它仅仅是将服装穿在身上，用以蔽体、遮羞、挡风、御寒或防暑而已，往往无须考虑其他。着装则大不相同，着装实际上是一个人基于自身的阅历、修养和审美品位，在对服装搭配技巧、流行时尚、所处场合、自身特点进行综合考虑的基础上，在力所能及的前提下，对服装所进行的精心选择、搭配和组合。在各种正式场合，不注重个人着装者往往会遭人非议，注重个人着装的人则会给他人留下良好的印象。

依照个人礼仪，着装要赢得成功，进而做到品位超群、令人钦佩，就必须兼顾其个体性、整体性、整洁性、文明性、技巧性。对此五个方面，均丝毫不能偏废。

▌个体性

孟子尝言：“夫物之不齐，物之情也。”正如世间每一片树叶都不会完全相同一样，每一个人都具有自己的个性。在着装时，既要认同共性，又绝不能因此而泯灭自己的个性。着装要坚持个体性，具体来讲有以下两层含义：第一，着装应当照顾自身的特点。要做到“量体裁衣”，使之适应自身，并扬长避短。第二，着装应创造并保持自己所独有的风格。在符合总体规范的前提下，着装在某些方面允许与众不同。切勿穷追时髦、随波逐流，致使个人着装千篇一律，毫无特色可言。

▌整体性

正确的着装，应当基于统筹的考虑和精心的搭配，其各个部分不仅要“自成一体”，彼此之间还要相互呼应、配合，在整体上尽可能地显得完美、和谐。若是着装的各个部分之间缺乏联系、自行其是，那么哪怕再完美也毫无意义。着装要坚持整体性，重点要关注以下两个具体方面：第一，要恪守服装本身约定俗成的搭配。例如，穿西装时，应配皮鞋，而不能穿布鞋、凉鞋、拖鞋、运动鞋。第二，要使服装各个部分保持相对而言比较统一的风格。即局部服从于整体，力求展现着装的整体之美、全局之美。

整洁性

在任何情况之下，人们的着装都应力求整洁干净，避免肮脏或邋遢。着装所要坚持的整洁性，应体现于下述三个方面：第一，着装应当整齐。不应又折又皱、不熨不烫。第二，着装应当完好。不应又残又破、乱打补丁。至于成心自残的“洞洞装”“穗穗装”“补丁装”“乞丐装”，在正式场合亦应禁穿。第三，着装应当干净。不应当又脏又臭，不可令人生厌。以任何理由搪塞应付而穿脏衣、破衣，都没有任何道理。对于各类服装，都要勤于换洗，不应允许其存在明显的污渍、油迹、汗味与体臭。

文明性

穿着服装，是人与兽的一大区别。在日常生活里，不仅要做到会穿衣戴帽，而且要做到文明着装。着装的文明性，主要是要求着装得体、大方，符合社会的道德传统、公序良俗与常规做法。它的具体要求是：第一，忌穿过露的服装。尤其是在公务场合里，袒胸露背，暴露大腿、脚部和肩部的服装，均应忌穿。在大庭广众之下打赤膊，则更在禁止之列。第二，忌穿过透的服装。倘若穿得又薄又透，致使内衣、内裤“透视”在外，甚至令人一目了然，显然有失检点。若不穿内衣、内裤，则更要禁止。第三，忌穿过短的服装。不要为了标新立异，而穿着小一号的服装。更不要在正式场合穿背心、抹胸、热裤、迷你裙之类过短的服装。它们不仅会使自己行动不便，频频“走光”“亮相”，而且失敬于人，使他人多有不便。第四，忌穿过紧的服装。不要为了展示自身优美的线条而有意选择过于紧身的服装；更不要不修边幅，使自己内衣、内裤的轮廓在过紧的服装之外隐约可见。

技巧性

不同的服装，通常都有它不同的搭配和约定俗成的穿法。此即着装的技巧性。例如，穿单排扣西装上衣时，两粒纽扣的要系上面一粒，三粒纽扣的要系中间一粒或是上面两粒。女士穿裙子时，所穿丝袜的袜口应被裙子下摆遮掩，而不宜露于裙摆之外。穿露趾凉鞋、拖鞋时，一般不宜穿袜子。穿正装时，通常忌穿凉鞋、拖鞋、绒绒鞋。穿西装不打领带时，内穿的衬衫应当不系领扣，等等。这些要求，都属于着装的基本技巧。着装所要坚持的技巧性，主要是要求着装时依照其具体的穿法而行，要掌握穿法、遵守穿法。对此既不可以不知，也绝对不可以另搞一套，免得贻笑大方。

五、配饰

配饰，也叫饰物，指的是人们在着装的同时所佩戴的装饰性物品。配饰的实用价值不是很强，有些配饰甚至毫无实用价值。从总体上讲，它对于人们的穿着打扮，尤其是对于服装而言，只起着辅助、烘托、陪衬、增色、美化的作用。与人类须臾不可离开的服装所不同的是，配饰既可以使用，也可以不使用。

然而，从审美的角度来看，它却与服装、化妆一道被列为人们用以打扮、装饰、美化自身的三大基本方法之一。较之于服装，它更具有打扮、装饰、美化人体的功能。所以有人不仅将它视为服装的一个有机组成部分，而且认为它在人们的服饰之中会成为他人视觉的焦点，认为它发挥着画龙点睛的作用。

在社交场合，配饰的佩戴尤为引人注目，并具有一定的交际功能。此种交际功能主要体现于两个方面：第一，它是一种无声的语言，可借以表达使用者的知识、阅历、教养和审美品位。第二，它是一种有意的暗示，可借以了解使用者的地位、身份、财力和婚恋现状。它的这两种功能，特别是第二种功能，是普通服装所难以替代的。

从广义上讲，与服装同时使用并发挥装饰作用的一切物品，诸如首饰、手表、领带、手帕、帽子、手套、包袋、眼镜、钢笔、鞋子、袜子等，皆可称作饰物。其中最重要的，当推首饰、手表、领带等。

以下所介绍的，就是有关首饰、手表、领带使用方面的礼仪规范。在一般情况下，它们皆为人们日常使用最多并最受他人关注的配饰。

（一）首饰

首饰，以往特指戴在头上的装饰品，现在则泛指各类没有任何实际用途的饰物。由于其装饰作用十分明显，因而受到社会各界，尤其是广大女性的青睐。

学习首饰礼仪，需要掌握的主要有以下两点：一是使用规则；二是佩戴方法。

使用规则

在较为正规的场合佩戴首饰，一定要遵守其使用规则。这样做的好处是：既能让首饰发挥其应有的打扮、美化、装饰功能，又能合乎常规，并且在其选择、搭配、使用时不至于洋相百出、被人耻笑。

个人礼仪规定：具体使用首饰时，通常应当恪守如下八项规则。

(1) **数量的规则**

戴首饰时数量上的规则是：以少为佳。在必要时，可以一件首饰也不必佩戴。若有意同时佩戴多种首饰，其上限一般为三，即不应当在总量上超过三种。除耳环、手镯外，最好不要使同时佩戴的同类首饰超过一件。但是，新娘可以例外。

(2) **色彩的规则**

戴首饰时色彩上的规则是：力求同色。若同时佩戴几种首饰或者同时佩戴两件以及两件以上首饰，应使其色彩一致。戴镶嵌珠宝的首饰时，应使其主色调保持一致。千万不要使所佩戴的首饰万紫千红、色彩斑斓，把佩戴者打扮得像一棵“圣诞树”。

(3) **质地的规则**

戴首饰时质地上的规则是：力求同质。若同时佩戴数种或者两件以及两件以上首饰，应使其质地相同。戴镶嵌珠宝的首饰时，应使其镶嵌物质地一致，托架也应力求一致。这样做的好处是，能令其总体上显得协调一致。此外还须注意，高档饰物，尤其是珠宝首饰，多适用于隆重的社交场合，但不适合在工作、休闲时佩戴。

(4) **身份的规则**

戴首饰时身份上的规则是：要令其符合身份。选戴首饰时，不仅要照顾个人爱好，更应当使之服从于本人身份，要与自己的性别、年龄、职业、工作环境保持大体上的一致，而不宜使之相去甚远。

(5) **体型的规则**

戴首饰时体型上的规则是：要使首饰为自己的体型扬长避短。选择首饰时，应充分正视自身的形体特点，努力使首饰的佩戴为自己扬长避短。避短是其中的重点，扬长则须择时而定。

(6) **季节的规则**

戴首饰时季节上的规则是：所戴首饰应与季节相吻合。一般而言，季节不同，所戴首饰也应随之有所不同。金色、深色首饰适合于冷季佩戴，银色、浅色首饰则适合于暖季佩戴。

(7) **搭配的规则**

戴首饰时搭配上的规则是：要尽力使之与着装彼此协调。佩戴首饰，应被视为服装整体中的一个组成部分。要兼顾同时所穿着的服装的质地、色彩、款式，并努力使之在搭配、风格上相互般配。

(8) **习俗的规则**

戴首饰时习俗上的规则是：要遵守各地有关首饰佩戴的不同习俗。不同的地区、不同的民族，佩戴首饰的习惯做法多有不同。对此，一是要了解；二是要尊重。戴首饰若不讲习俗，是万万行不通的。

▌佩戴方法

首饰的种类很多，以其所使用的部位而论，便有头饰、颈饰、胸饰、手饰、足饰之分。在具体品种上，则有戒指、项链、挂件、耳环、手镯、手链、脚链、胸针、领针等。在佩戴方法上，除必须遵守以上八项使用规则之外，不同品种的首饰，往往各自还有许多不同的要求，对此切不可不闻不问。

（1）戒指

戒指，又叫指环，它佩戴于手指之上，男女老少皆宜。戴戒指时，一般讲究戴在左手上，而且最好仅戴一枚。如果想多戴，至多可戴两枚，只有新娘方可例外。戴两枚戒指时，可戴在一只手上两根相邻的手指上，也可分别戴在两只手上对应的手指上。拇指通常不戴戒指，一根指头上也不应戴多枚戒指。

戴薄纱手套时若戴戒指，应戴于其内，只有新娘不受此限制。戒指的粗细，宜与手指的粗细成正比。表示已婚的结婚戒指，一般戴在左手无名指上。对女性而言，钻戒是最正规的结婚戒指。从造型上讲，老年人戴的戒指应古朴庄重，年轻人戴的戒指则应小巧玲珑，并注重其艺术性。

（2）项链

项链，是指戴于颈部的环形首饰，男女均可使用，但男士所戴的项链一般不应外露或过于粗大。通常，所戴的项链不应多于一条，但可将一条长项链折成数圈佩戴。

项链的粗细，应与脖子的粗细成正比。从长度上区分，项链可分为四种。第一，短项链。它约长40厘米，适合搭配低领上装。第二，中长项链。它约长50厘米，可广泛使用。第三，长项链。它约长60厘米，适合女士使用于社交场合。第四，超长项链。它约长70厘米以上，适合女士于隆重的社交场合佩戴。

在公务场合所佩戴的项链，通常不应露在衣外。在社交、休闲场合，则无此一说。

（3）挂件

挂件，又叫项链坠，多与项链同时配套使用。其形状、大小各异，常见的有文字、动物、鸡心、锁片、元宝、花篮、十字、像盒、镶宝、吉祥图案、艺术造型等等。

选择挂件，要优先考虑它是否与项链般配，并要求二者在整体上协调一致。此外，在正式场合不要选用过分怪异或令人误解的图形、文字的挂件，也不要同时佩戴两个或两个以上的挂件。

（4）耳环

耳环，又叫耳饰，具体又可分为耳环、耳链、耳钉、耳坠等。在一般情况下，它仅为女性所戴，并且讲究成对使用，即每只耳朵上均佩戴一只。若无特殊原因，不宜在一只耳朵上同时戴多只耳环。在某些区域，男子也有戴耳环的。但其习惯做法是仅在左耳上戴一只，右耳则通常不戴。

佩戴耳环，应兼顾脸型。总的来说，不要选择与脸部形状相似的耳环，以防同型相斥，使脸型方面的短处被夸大。

若无特殊要求，不要同时佩戴链形耳环、项链与胸针。三者皆集中于齐胸一线，若同时出现，容易显得过分张扬。

（5）**手镯**

手镯，亦称手环，即佩戴于手腕上的环状饰物。佩戴手镯，所强调的是手腕与手臂的美丽，故二者不美者应慎戴。男人一般不戴手镯。

手镯可以只戴一只，也可以同时戴两只。戴一只时，通常应戴于左手。戴两只时，可每只手各戴一只，也可以都戴在左手上。同时戴三只手镯的情况，比较罕见。不要在一只手上戴多只手镯。

（6）**手链**

手链，是一种佩戴于手腕上的链状饰物。与手镯不同的是，男女均可佩戴手链。

在一般情况下，手链应仅戴一条，并应戴在左手上。在一只手上戴多条手链，双手同时戴手链，手链与手镯同时佩戴，一般都是不允许的。在一些国家，所戴手镯、手链的数量、位置，可用以表示婚否。它和手镯均不应与手表同戴于一只手上。

（7）**脚链**

脚链，即佩戴于脚踝部位的链状饰物。它是时下新兴的一种饰物，多为青年女性所喜爱，主要适用于非正式场合。

佩戴脚链，意在强调脚腕、小腿等相关使用部位的柔美、细腻与光泽。若此处不甚美观，或是缺点较多，则切勿使用。

脚链一般只戴一条，戴在哪一只脚踝上都可以。若戴脚链时穿丝袜，则应将脚链戴在袜子外面，以便使其更为醒目。把脚链戴在袜子里面，则会使其装饰作用难以发挥。

（8）**胸针**

胸针，即别在胸前的饰物，多为女士所用。其图案以花卉为多，故又称胸花。

别胸针的部位，通常多有讲究。穿西装时，应别在左侧衣领上。穿无领上衣时，则应别在左侧胸前。发型偏左时，胸针应当居右。发型偏右时，胸针则宜偏左。其具体高度，应在从上往下数的第一粒、第二粒纽扣之间。

（9）**领针**

领针，即专用于别在西式上装左侧衣领之上的饰物。严格讲，它是胸针的一个分支，但男女皆可选用。

佩戴领针，数量上以一枚为限，而且不宜与胸针、奖章、纪念章、企业徽记等同时使用。在正式场合，不要佩戴具有广告作用的领针。不要将其别在诸如右侧衣领、帽子、书包、围巾、衣袖、裙摆、腰带、裤襻、裤腰、裤管等不恰当的位置上。

（二）手表

手表，又叫腕表，即佩戴在手腕上的用以计时的工具。在社交场合，佩戴手表，通常意味着时间观念强、作风严谨；而不戴手表的人，或是动辄向他人询问时间的人，则总会令人嗤之以鼻，因为此举多表明其时间观念不强。

在正规的社交场合，手表往往被视同首饰。对于平时只有戒指一种首饰可戴的男士来说，更是备受其重视。有人甚至强调说："手表不仅是男人的首饰，而且是男人最重要的首饰。"

与首饰相同的是，在社交场合，人们所戴的手表往往体现着其地位、身份和财力状况。因此，在人际交往中，人们所戴的手表，尤其是男士所戴的手表，大都引人注目。

手表的选择

佩戴手表若要正确无误，自然先要了解手表，并且善于选择手表。选择手表时，应注重其形状、色彩、图案、功能四个方面的具体问题。

（1）形状

手表的造型，往往与其定价、档次有关。在正式场合佩戴的手表，在造型方面应当庄重、保守，避免怪异、另类。男士，尤其是位尊者、年长者则更要注意。造型新奇、花哨的手表，仅适用于少女及儿童。一般而言，正圆形、椭圆形、正方形、长方形以及菱形手表，因其造型庄重、保守，适用范围极广，特别适合在正式场合佩戴。

（2）色彩

选择在正式场合佩戴的手表，其色彩应力戒繁杂凌乱，一般宜选择单色手表、双色手表，不应选择三色或三种颜色以上的手表。无论是单色手表还是双色手表，其色彩都要纯正、高贵、典雅。金色表、银色表、黑色表，即表盘、表壳、表带均为金色、银色、黑色的手表，是最理想的选择。金色表壳、表带与乳白色表盘的手表，也能经得住时间的考验，在任何年代佩戴都不会落伍。

（3）图案

除数字、商标、厂名、品牌外，手表上没有必要再出现其他任何图案。选择使用于正式场合的手表，尤其需要牢记此点。倘若手表上的图案稀奇古怪、多种多样，不仅不利于使用，还有可能遭人笑话。

（4）功能

计时，通常是手表最主要的功能。因此，正式场合所使用的手表，不论是指针式、跳字式还是报时式，都应具有这一功能，并且应当精确到时、分，能够精确到秒则更好。只精确到时的手表，显然不符合要求。有些附加的功能，诸如温度、湿度、风速、方向、血压、步速等，均属可有可无，而且以没有为好。至于陀飞轮手表、日月星手表、双时区手表、万年历手表等，则价格昂贵，并非人人可以企及。总之，手表的功能要少而精，并要具有实用价值。

▍忌戴的手表

在比较正式的交际场合，成年人通常不应佩戴以下三种不符合礼仪规范的手表。

（1）**怀式表**

怀式表，又叫怀表、袋表、链表。它是一种极具古典浪漫风格的手表。在今天使用怀式表，虽意味着怀旧，但已与“只争朝夕”的时代气息格格不入，而且与日常所穿的服装也难以进行搭配。

（2）**广告表**

广告，通常指的是一种付费的宣传。广告表，即用作广告宣传的手表。在正式场合佩戴广告表，不仅有可能被人理解为自己是在替人进行广告宣传，而且会给人以缺乏品位之嫌。在正式场合，最好不要戴广告表。

（3）**卡通表**

卡通表，即以卡通图形为表壳、表盘主图案制造而成的手表。它属于时装表，可以之与时装、便装搭配，广受少女、儿童的欢迎。但它不能与正装搭配，不适合在庄重、严肃的场合佩戴，尤其不适合成年男子佩戴。

（三）领带

在男士穿西装时，最引人关注的通常不是西装本身，而是其领带。因此，领带被称为西装的“画龙点睛之处”。一位仅有一套西装的男士，只要经常更换不同的领带，往往也能给人以耳目一新的感觉。

领带属于男士的饰物，因此女士一般不打领带。男士打领带，以穿着西装之时为佳，故领带又叫“西装的灵魂”。穿西装时，特别是穿西装套装时，若不打领带，往往会使西装黯然失色。然而在平时穿着其他服装，如大衣、风衣、棉衣、夹克、猎装、毛衣、短袖衬衫而不穿西装时，则大可不必打领带。

西装是男士的正装、礼服，而穿西装时是离不开领带的。鉴于领带在男士着装中所起的至关重要的装饰、美化、点缀作用，对其选择与打法的规范化问题应更为重视。

▍领带的选择

要打好领带，首先就要选择好领带。在选择领带时，重要的问题大体上涉及其面料、色彩、图案、款式等。

（1）**面料**

制作领带的最高档、最正宗的面料，是真丝与纯毛。除此之外，尼龙亦可制作领带，但其档次较低。以其他面料，例如棉布、布料、皮革、塑料、纸张、珍珠等制作的领带，大多不适合在正式场合使用。

（2）**色彩**

从色彩上讲，领带有单色、多色之分。单色领带适用于公务活动和隆重的社交场合，并以蓝色、灰色、黑色、棕色、白色、紫红色最受欢迎。多色领带一般不应超过三种色彩，可用于各类场合。色彩过于鲜艳、亮丽的领带用途并不广泛，只有在非正式的社交、休闲时，使用它才不会遭到非议。通行的规则是：吉庆场合宜打紫红色领带，日常活动中所打的领带则应与西装属于同一色系。

（3）**图案**

用于正式场合的领带，其图案应简单、传统，最常见的有斜条、横条、竖条、圆点、方格，以及规则的碎花。它们多有一定的寓意。带有人物、动物、植物、花卉、房屋、景观、建筑、文字、字母、符号以及其他怪异、神秘图案的领带，仅适用于非正式的场合。带有广告、团体标志、单位标识、家族徽记的领带，平时则最好不要滥用。

领带的选择和打法

（4）**款式**

领带的款式，即其具体的形状、外观。一般来说有宽窄之分，它主要受到时尚流行的左右。进行选择时，最好使领带的宽度与自己身体的宽度成正比，而不可令二者反差过大。它还有箭头与平头之别。前者下端为倒三角形，适用于各种场合，比较传统。后者下端为平头，比较时髦，则大多适用于非正式场合。

领带的打法

打领带时，只有对领带的结法、领带的长度、领带的位置、领带的配饰多加兼顾，才有可能将领带打得相对完美。

（1）**领带的结法**

领带打得好不好看，关键看领带结打得如何。打领带结有以下四点技巧。第一，领带结要力求打得端正、挺括，并在其外观上呈倒三角形。第二，领带结在被收紧时，可有意在其下压出一个窝或一条沟来，使其看起来美观、自然。第三，领带结的具体大小不可以完全自行其是，而应令其大体上与同时所穿的衬衫领子的大小成正比例。第四，领带结打好后必须收紧，即打好之后的领带结应直抵衬衫的衣领底端，而不宜与后者若即若离，甚至看上去松松垮垮、空隙多多。需要说明的是：穿立领衬衫时不宜打领带，穿翼领衬衫时则适合扎蝴蝶结。

（2）**领带的长度**

成人日常所用的领带，通常长130～150厘米。领带打好之后，其外侧应略长于内侧。其打好之后标准的长度，应当是下端正好触及腰带扣的上端。这样做，当外穿的西装上衣系上扣子后，领带的下端便不会从衣襟下面显露出来。当然，领带也别打得太短，不要让它动不动就从衣襟上面跳出来。出于这一考虑，不提倡在正式场合选用难以调节其长度的"一拉得"领带，或"一挂得"领带。

（3）**领带的位置**

领带打好之后，应被置于合乎常规的既定位置。穿西装上衣系好衣扣后，领带应处于西装上衣与内穿的衬衫之间。穿西装背心、羊毛衫、羊绒衫、羊毛背心时，领带应处于它们与衬衫之间。穿多件羊毛衫时——这种情况并不符合常规，故此最好不要出现——应将领带置于最内侧的那件羊毛衫与衬衫之间。不要让领带逸出西装上衣之外，或是处于西装上衣与西装背心、羊毛衫、羊绒衫、羊毛背心之间，更别让它夹在两件羊毛衫之间。

（4）**领带的配饰**

打领带时，在一般情况下没有必要使用任何配饰。在清风徐来、快步疾走之时，听任未受束缚的领带轻轻地随风飘动，是颇能替男士平添潇洒与帅气的。有的时候，或为了减少领带在行动时任意飘动所带来的不便，或为了不使其妨碍本人工作、行动，可酌情使用领带配饰。领带配饰的基本作用是固定领带；其次才是装饰。常见的领带配饰，有领带夹、领带针和领带棒。它们分别适用于不同的位置，但不能同时登场，一次只能选用其中的一种。选择领带配饰，应多考虑金属质地的制品，并要求素色为佳，其形状与图案则要雅致、简洁。

领带夹，主要用于将领带固定于衬衫上，因此不能只用其夹着领带，或是将其夹在上衣的衣领上。使用领带夹的正确位置，是在常规衬衫从上朝下数的第四粒、第五粒纽扣之间，最好不要让它在系上西装上衣扣子之后外露。若它夹得过于朝上，甚至被夹在鸡心领羊毛衫或西装背心领子开口处，则是非常不美观的。

领带针，主要用于将领带别在衬衫上，并发挥一定的装饰作用。其一端为图案，应处于领带之外，并宜为外人所见；另一端为细链，则应免于外露。使用它时，应将其别在衬衫从上往下数第三粒纽扣处的领带正中央。需要注意，别把领带针误当领针使用。

领带棒，主要适用于穿着扣领衬衫时。应以之穿过领带，并将其固定于衬衫领口处。使用领带棒如果得法，会使领带在正式场合显得既飘逸，又减少麻烦。

总之，使用领带配饰时，宁可不用，也不要随意乱用。

思考题

1. 什么是“三应原则”?
2. 什么是“修饰避人原则”?
3. 为什么要注重对个人仪容进行修饰?
4. 化妆有哪几项基本原则?
5. 化妆的主要禁忌是什么?
6. 哪些手姿属于禁忌之列?
7. 正确的坐姿是怎样的?
8. 要做到行姿正确,需要兼顾哪些基本方面?
9. 在运用眼神时,有必要遵守哪些礼仪规范?
10. 笑的时候需要避免哪些禁忌?
11. 什么是服装的三要素?
12. 为什么选择正装时色彩上应当遵守“三色原则”?
13. 怎样根据场合的不同选择服装?
14. 佩戴首饰时必须遵守哪些规则?
15. 选择领带时有哪些应当注意的事项?

第二章 公共礼仪

公共礼仪，在此是指人们置身于公共场合时所应遵守的个人行为规范。它的基本要求是：独善其身，礼待他人，本章所讲授的内容，具体包括有关行路、行车、乘船、乘机、住宿宾馆等方面的礼仪规范。

学习目的

- 重视公共场所的各种活动与个人表现。
- 掌握规范化的公共礼仪。
- 在公共场合里独善其身。
- 在公共场合里礼待他人。
- 避免在公共场合失礼于人。

本章要点

- 本章讲授的是公共礼仪，它是指人们置身于公共场合时所应遵守的个人行为规范。它的基本要求是：独善其身，礼待他人。运用公共礼仪，是遵守社会公德的基本要求之一。
- 第一节讲授的是有关行路的礼仪，涉及人们在公共场合步行时的各种礼仪规范。
- 第二节讲授的是有关行车的礼仪，涉及骑自行车、驾驶汽车，以及乘坐轿车、公共汽车、火车等交通工具时的礼仪规范。
- 第三节讲授的是有关乘船的礼仪，涉及乘坐客轮时的安全、休息、交际等方面的礼仪规范。
- 第四节讲授的是有关乘机的礼仪，涉及先期准备、登机手续、乘机表现等礼仪规范。
- 第五节讲授的是有关住宿宾馆的礼仪，涉及客房内的休息与宾馆内的活动等方面的礼仪规范。

公共礼仪，具体指的是人们置身于公共场合时所应遵守的个人行为规范。它是社交礼仪的重要组成部分之一，也是人们在交际应酬之中所应具备的基本素养。

所谓公共场合，又称公共场所，它所指的是可供全体社会成员进行各种活动的公用、共享的公共活动空间，例如街头、巷尾、楼梯、走廊、公园、车站、码头、机场、商厦、卫生间、电话亭、娱乐场所、邮政设施、交通工具等等。公共场合最显著的特点，是它的公用性和共享性。它为全体社会成员服务，是全体社会成员进行社会活动的处所。

人是社会的人，除个人生活、家庭生活之外，人们还必不可少地要置身于公共场合，参与社会生活。在这种情况下，与他人共处，彼此交往、礼让、包容、互助，也是做人的根本要求。公共礼仪的基本内容，就是人们在公共场合与他人共处时维护秩序、和睦相处、礼让包容的有关行为规范。

学习、应用公共礼仪，应当掌握好以下两项基本原则。

其一，“遵守公德”。公德，又称社会公共道德或社会公德，它是人们在长期社会生活中根据客观需要形成的，用以维持公共生活秩序，调节人们在公共生活中相互关系的一种约定俗成的行为规范。它以种种秩序、规则维护着社会的稳定和公共场合的良好秩序。《中华人民共和国宪法》明文规定：“国家倡导社会主义核心价值观，提倡爱祖国、爱人民、爱劳动、爱科学、爱社会主义的公德”。公共礼仪从属于社会公德，并且以更为具体的形式和要求来对其进行贯彻落实。所谓“遵守公德”，就是要求人们在公共场合活动时，一定要具有维护社会公德的意识，并要自觉、自愿地履行社会公德。若不讲究社会公德，遵守公共礼仪就无从谈起。

其二，“勿碍他人”。与私人交际有所不同，人们置身于公共场合时，或为过客，或为休闲，或为生活需求，并不一定非要与其他人打交道不可。实际上，人们在公共场合所面对的，往往也多半是一些自始至终不会与自己发生正面接触的陌生人。“勿碍他人”的原则，就是对人们在公共场合面对他人时个人行为方面的具体要求。它的基本含义是：在公共场合，每个人都应当有意识地检点、约束、调整自己的个人行为，并要尽一切可能防止自己的个人行为妨碍、影响、打扰到其他任何人。

一、行路

行路，又叫步行，指的是人们举步行走。对任何一个正常人来讲，行路无一例外都是其日常活动的基本方式。即使采用其他任何交通工具，例如汽车、火车、地铁、轮船、飞机或者自行车、滑板车、平衡车，行路依然必不可少。

根据公共礼仪，行路亦须自尊自爱、以礼待人。行路之时，不但有普遍通行的礼仪守则，在不同的场景下还有其各自不同的具体要求。

（一）基本要求

行路之时，不论一个人独行，还是多人同行，不论行走于偏僻之地，还是奔走于闹市街头，都有诸多基本的礼仪规范应当遵守。这方面的基本要求有三。

▍始终自律

行路，对一般人而言，在多数情况下是一种个人在室外所进行的单独活动，往往并无熟人在场。在这种缺少他人监督的时刻，讲究礼仪的人尤其需要慎独。在一人独处之时，行事依然需要处处谨慎、好自为之、一如既往。切不可人前一个样、人后一个样。切不可在家中、单位里处处恪守礼仪，而在街头巷尾行路之时却面目全非、肆意妄为，将礼仪规范与社会公德置诸脑后。

要遵守社交礼仪，在行路时就要对自己始终自律，严格约束个人行为。具体而言，特别是要做好以下几点。

（1）**不吃零食**

在行路时大吃大喝，不仅吃相不雅、不够卫生，而且不利于身体健康。更重要的是，还有可能给其他过往的行人造成不便、有碍于人。

（2）**不要吸烟**

众所周知，香烟有害于个人健康。在行路时吸烟，必定会污染空气，令身边经过之人被动地吸烟，甚至还有可能烧毁别人的衣物，令人望而生畏。

（3）**不乱扔废物**

行路时，若有必要处理个人的废弃物品，应将其投入专用的垃圾箱。不要随手乱丢，不要破坏公共场合的环境卫生。

（4）**不随地吐痰**

行路时，若需要擤鼻涕、清嗓子、吐痰，应于身旁无人时，将鼻涕或痰置于纸巾里包好，然后投入垃圾箱。不要让其“自行消化”，更不能随地乱擤、乱吐。将其直接擤入或吐入垃圾箱，也不甚卫生。

（5）**不过分亲密**

恋人或夫妻一齐行路时，不宜勾肩搭背、又抱又搂、边走边吻，表现得过分亲密。将此类个人隐私当众“公演”，极不自重，而且也会令在旁之人感觉不舒服、不自在。

（6）**不围观尾随**

路遇街头冲突时，应予以劝阻，但切莫围观、起哄、煽风点火。对于不相识的异性、明星、外国人，不应浅薄轻浮、频频回首顾盼，更不许尾随其后。

（7）**不毁坏公物**

对于公共场所的各种设施、物品，一定要自觉爱护。不要攀登树木、采折花卉、蹬踏雕塑。不要在墙壁上信手涂鸦、划痕，不要践踏绿地、草坪。爱护公物，应当成为每个人主动与自觉的行动。

（8）**不窥视私宅**

对于同自己毫不相干的私人居所，不要贸然上前打扰，更不要趴在其门口、窗口、墙头偷偷观望，以免干涉他人的活动自由。

（9）**不违反交规**

行路时务必要遵守交通规则：过马路要走人行横道、天桥或地下通道，要看交通信号灯或听从交警指挥。不要乱闯红灯、翻越隔离栏，或是在马路上随意穿行。在行路时使用手机接打电话、拍摄照片，或使用手机收发短信、微信、微博，亦有碍个人安全。

相互体谅

在行路时，对于任何人，即使是素昧平生的人，也要相互关心、相互帮助、相互照顾、相互体谅，并且友好相待。这一要求，应主要表现在下列几个方面。

（1）**热情问候**

路遇熟人，通常应当主动问候对方，至少也要以适当的方式向其打个招呼，不应当对其视若不见。对于其他不相识者，如正面发生接触时，也有必要首先向对方问好，然后再论其他。

（2）**答复问路**

有人向自己问路时，应尽力相助，有可能时还可为之带路。不要不耐烦，或不予理睬。向他人问路时，则事先要用尊称并问好，事后勿忘道谢。

（3）**帮助老幼**

遇到老弱病残者，或是孕妇、孩子有困难时，应主动上前加以关心、帮助。不要视若不见，甚至对其讥讽或呵斥。

（4）**彼此谦让**

通过狭窄路段时，应请他人先行，不要争先恐后。在拥挤之处不小心碰撞到别人，要立即说“对不起”，对方则应答以“没关系”。不要若无其事，或是借题发挥、寻衅滋事。

保持距离

行路多在公共场合进行，故而应当随时与其他人保持适当的距离。人际距离，在某种情况下属于一种无声的语言。它不仅反映着人们彼此之间关系的现状，而且体现着其中某一方，尤其是保持某一距离的主动者对另一方的态度、看法。因此，对其不可马虎大意。

通常人与人之间的距离大体上可以分为下列四种类型，行路之时对此应正确地加以运用。

（1）**私人距离**

当两人相距 0.5 米之内时，即私人距离，又称亲密距离。它仅适用于家人、恋人、至交之间。与一般关系者，尤其是与陌生人、异性、外国人共处时，对此应避免采用。

（2）**社交距离**

当两人相距 0.5～1.5 米时，即社交距离。这一距离，主要适用于交际应酬之时。平时，它是人们在其人际交往中采用得最多的人际距离，故此又称常规距离。

（3）**礼仪距离**

当两人相距 1.5～3 米时，即礼仪距离，有时亦称示敬距离。该距离，主要适用于向交往对象表示特有的敬重，或适用于会议、庆典、仪式。

（4）**公共距离**

当两人相距 3 米开外时，即公共距离。它又叫作大众距离或者“有距离的距离”，主要适用于与自己不认识的人共处。在公共场合行路时，与陌生人之间应尽量采取此种距离。

（二）具体场景

人们在步行时，往往会置身于不同的处所，面临不同的情况。此时此刻，既要遵守上述基本要求，又要具体情况具体对待。

行路时遇上的具体情况，大体上包括漫步、道路上行进、上下楼梯、进出电梯、出入房间、通过走廊、经过拥挤之处、排队等等。

漫步

漫步，又叫散步。它是指以随意行走为表现形式的一种行进方式，一般不受时间、地点、速度等方面的限制。

漫步通常可分为两种情况：

第一，个人漫步。在个人漫步时，无须顾忌太多，只要注意自身安全，并确保不“误入歧途”即可。

第二，多人漫步。多人一起漫步，尤其是与尊长、来宾、异性一起在较为正式的场合漫步时，重要的是要在位置的具体排列上符合礼仪。当多人并排行走时，一般以右为尊、以内侧为尊；同时以左为卑、以外侧为卑。若并行者多于三人时，则以居中者为尊。当多人单行行走时，则大都以前为尊、以后为卑。

道路上行进

在道路上行走，尤其是在街头巷尾行走，讲究要比漫步时多得多。

第一，在道路上行走时，要自觉地选择走人行道，不要走车行道，并应自觉让出专用的盲道。若无人行道时，应尽量选择走路边。

第二，在道路上行走时，按惯例应自觉地走在右侧一方，不可为图省时省力，而逆行于左侧一方。大家都那样做，交通将必乱无疑。偶遇无路之时，仍应行走于右侧。

第三，在道路上行走时，宜单行行进，而不宜并排行走，更不允许多人携手而行或勾肩搭背而行，否则将人为地制造路障。

第四，在道路上行走时，应保持一定的速度。不要行动过于迟缓，以至于阻挡身后之人。尽量不要在道路上停留、休息，也不要停在路上与亲朋好友进行长谈。

上下楼梯

上下楼梯时，通常有必要注意以下六点：

第一，上下楼梯均应单行行走，不宜多人并排行走。

第二，不论上楼还是下楼，都应身靠右侧而行。即应当右上右下，将自己的左侧留出来，以方便身后有紧急事务者快速通过。

第三，上下楼梯时，若为人带路，应走在前面，而不应位居被引导者之后。

第四，上下楼梯时，因为大家都需要脚下留心，故不应进行交谈。站在楼梯上或楼梯拐角处进行深谈，因有碍他人通过，亦不允许。

第五，与尊者、来宾、异性一起下楼梯时，若其过陡，应主动行走在前，以防身后之人有闪失。

第六，上下楼梯时既要多留意自己的脚下，又要与身前、身后之人保持一定距离，以防碰撞。

除此之外，还要约束上下楼梯时的具体姿势、速度。不论自己的事情多么紧急，都不应在上下楼梯时推挤他人，或是坐在楼梯扶手上快速下滑。上下楼梯时快速奔跑，也甚是不当。

进出电梯

进出电梯时，需要考虑以下两个问题：

第一，注重安全。当电梯关门时，不要扒门，或是强行挤入。在电梯人数超载时，不要心存侥幸地非挤进去不可。当电梯在升降途中因故暂停时，要耐心等候，不要冒险攀缘而出。

第二，讲究顺序。乘坐电梯，通常讲究先出后入，即里面的人先出来，外面的人随后再进去。与不相识者同乘电梯，进入时要讲先来后到，出来时则应由外而里依次而出，不可争先恐后。与熟人同乘电梯，尤其是与尊长、来宾、女士同乘电梯时，则应视电梯类别而定：进入有人管理的电梯时，应主动地后进后出。进入无人管理的电梯时，则应当先进去、后出来。先进去，是为了控制电梯；后出来，同样也是为了控制电梯。

进出电梯的规则

▌出入房间

个人出入房间，若无人在场，自然不宜过分拘束。若有他人在场，尤其是遇上比较正式的情况时，则应在下面几点上多加留意：

第一，开关房门。不论是出是入，都应以手轻推、轻拉、轻关房门，绝不可以身体的其他部位代劳。例如，不能以肘推门、以脚踢门、以臀拱门、以膝顶门，也不能听任房门自由开关。

第二，关注面向。进门时，如已有人在房内，则应始终面向对方，尤其是切勿反身关门，从而背向对方。出门时，若房内依旧有人，则在行至房门、关门这一系列过程中，都应尽量面向房内之人，不要以背示之。

第三，兼顾顺序。在一般情况下，应请尊长、来宾、女士率先进入房间，率先走出房间。必要时应主动为之效劳，替对方开门或关门。若出入房间时恰逢他人与自己方向相反，也要出入房间，一般的讲究是：房内之人先出，房外之人后入。倘若对方为尊长、来宾、女士、外国友人，亦可不遵此例，而应优先对方。

▌通过走廊

在建筑物之内，许多房间往往由长度、宽窄不等的走廊连接在一起。走廊有室内走廊与露天走廊之分，但讲究的行路礼仪却基本相近。

第一，单排行进。此时，至多允许两人并排行走在一起。若多人并行，对大多数相对而言不大宽敞的走廊来说显然不适宜，因为那样做有可能阻挡别人。

第二，主动右行。这样做的话，即使有人从对面走来，也会两不相扰。不过若在仅容一人通过的走廊里遇上了此种情况，则应面向墙壁，侧身相让，请对方先通过。若对方先那样做了，则勿忘向其道谢。

第三，缓步而行。通过走廊时，宜步伐和缓，并悄然无声。因为走廊大多连接着房间，若快步奔走、大声喧哗、制造噪声，难免会干扰别人。

第四，循序而行。不要为了走捷径、图省事、找刺激，而去跨越某些室外走廊的栏杆，或是行走于其上。

▌经过拥挤之处

在商厦、机场、车站、码头、邮局、校园、居民小区、农贸市场、通衢大道等处行走，难免会行人如织、摩肩接踵、熙熙攘攘、人来人往。在此类相对较为拥挤之处行走时，应对以下几点予以关注：

第一，别逗留过久。在这类地方将事情处理完之后，应马上离开。千万不要没事找事干，留在拥挤之地聊天、休息、看热闹，从而使其拥挤更甚。

第二，别阻挡他人。没有万分必要，最好不要在这种场合与人拉手、挽臂、勾肩、搂抱而行或打打闹闹。若携带东西，则最好将其抱在身前，或以一只手提拎。

第三，别手舞足蹈。由于此类地方行人太多，因此最好不要做出任何毫无必要的动作，例如猛然挥手、踢腿蹬脚、蹦蹦跳跳、手舞足蹈等，以免生事端。

第四，别高声谈笑。在此处与人交谈，切记调低音量，能让对方听清楚即可。不要大喊大叫、大吵大闹或放声谈笑。那种令人瞠目的表现，不但会制造噪声，而且有存心吸引他人关注之嫌。

排队

在公共场合，每逢许多人需要同时做某件事情，而又需要区分其先后次序时，排队通常是解决问题的最好方法。排队，简单来说，就是人们按照先来后到的具体顺序，一个挨一个地排列成行，以便依次从事某事。在排队时，应当遵守的礼仪规范有如下三项：

第一，养成排队的习惯。需要排队的时候，就要保持耐心，自觉地排队等候。不要起哄、拥挤、不排队，或破坏排队。排队自觉与否虽系区区小节，但却反映着人格的一个侧面。

第二，遵守排队的顺序。排队的基本顺序是：先来后到，依次而行。排队时，一定要遵守并维护这一秩序。不仅要自己做到不加塞、不插队，还要做到不让自己的任何熟人加塞、插队。

第三，保持适当的间隔。在排队时，大家均应缓步而行，人与人之间最好保持0.5～1米的间隔，至少不能一个人紧挨着另一个人、前胸贴着后背，否则会让人很不舒服，甚至会直接影响他人所办的事情。例如，在排队购物、银行存钱、自动取款机上进行操作时，后边的人要是与前边的人贴得过紧，就有可能使前边的人感到很不舒服，或是心生戒备。在此种场合，应主动与其他人保持1米的距离，以表示对他人隐私的尊重。

二、行车

在来去匆匆、争分夺秒的现代生活中，人们往往需要驾驶或乘坐各种车辆以求方便。驾驶或乘坐车辆，具有节省体力、方便舒适、快速省时、较为安全等多种优点。因而在可能的情况下，都是可以优先考虑的。

可供人们驾驶或乘坐的车辆有多种类型，下面主要涉及的是有关骑自行车、驾驶汽车，以及乘坐轿车、公共汽车、火车等交通工具时的具体规范。

（一）骑自行车

自行车，亦称单车、脚踏车，是一种国人常用的两轮小型陆上车辆。因其使用者人数的不同，又可分为单人自行车、双人自行车、多人自行车。平时，单人自行车最为常用。由于使用自行车时凭借的是人力，故此它也被视为绿色环保的交通工具。

骑自行车，俗称骑车，以下仅指骑单人自行车。在日常生活里，不论代步、出行，还是旅游、健身，骑自行车都颇受青睐，并且也是人们短途出行时的首选。

骑自行车时，既要掌握一定的骑车技巧，也应在遵守法规、尊重他人、安全至上、共享单车、境外骑车诸方面知礼、守礼。

遵守法规

《中华人民共和国道路交通安全法》以及其他相关的交通法律、法规，必须为骑车者所自觉遵守。

一是须依法骑行。我国规定：包括自行车在内的非机动车，应当在非机动车道内行驶。在没有非机动车道的道路上，则应当靠车行道的右侧行驶。

二是避禁行之路。虽说骑车时可以自行选择的具体路线往往甚多，但仍须主动回避相关法规所明确规定的禁行之路。诸如高速公路、机动车道、人行道（步道）、盲道，以及军事禁区、步行街、旅游区等等，皆应自觉予以回避。

三是行指定之路。目前，不少城市都设有专门的自行车道。它自然是骑车时的最佳之选。不论在非机动车道、自行车道还是慢行道上骑行，均不得越线。

尊重他人

与走路、开车一样，尊重他人也是骑车者所应具备的基本教养。以下几个时刻，骑车者尤须以礼待人。

一是与人寒暄时。倘若方便，骑车时路遇熟人，宜首先下车，并随后致意，以示尊重。待对方离开自己的视线后，方可上车继续骑行。

二是出入大门时。出入有人值守的办公大院、居民小区大门时，骑车者应提前下车推行，以示对值守者的尊重。

三是礼让行人时。骑行之际，必须时刻礼让行人。骑车者届时务必做到：遇红灯不越线，遇黄灯不抢行，遇人行横道宜等行人率先通过，遇到上下学的幼儿园小朋友、中小学学生或者老年人、残疾人、孕妇，则更是要对对方无条件地以礼相让。

四是面对骑友时。骑车时偶遇其他骑友，不论与对方相识与否，均不得吵吵闹闹、争先恐后。遇到驾驶汽车、非机动车者，亦应予以礼让。骑行中需要拐弯时，务必提前向身后的骑友、车友以手势示意。

安全至上

骑车时尽管往往属于个人独往独来的“自由行”，并无上级、前辈、师友在旁监督，但依旧不可忘乎所以，不可置自身与他人的安全于不顾。以下各点，均应予以特别关注。

一是不违法载人。依照我国现行的交通法规，骑自行车时均不得载人。

二是不违规带货。骑车时，若搭载超大、超重、超长、超宽的物品，也是违反相关交通法规的。

三是不自“秀”车技。骑行之中，切莫反身、站立、单手或双手撒开车把。如此大“秀”其车技，极有可能会伤己或伤人。

四是不冒险骑车。与其他骑车者勾肩搭背、动手动脚、相互追逐、飞车比赛，甚至曲折行驶，皆为骑行时安全之大忌。骑着非赛车型的自行车与其他赛车型自行车进行比赛，尤其是在非比赛场地那么做，也是不合适的。

▍共享单车

进行室外活动时，人们往往喜欢使用共享单车。骑共享单车时，亦应在下列三方面“慎独”、守礼：

一是扫码付费。使用共享单车，一定要按照其规定的程序扫码、付费。

二是停放到位。共享单车使用完毕，务必将其停放于指定之处。附近未设停放地点的，则应在停放时以不妨碍其他车辆、行人通行为宜，切切不可将使用完毕的共享单车随处乱放，更不得将其扔倒在地。

三是爱惜车辆。从某种意义上讲，共享单车亦为公众所共同使用之公物。对其加以爱惜，乃社会公德也。

▍境外骑车

在境外骑自行车，务必事先“入国问禁”。下述两方面的特殊规定，骑车爱好者理应一清二楚。

一是有关室外禁骑的规定。有的国家规定：自行车属于健身器械。它只能在室内健身时使用，绝对不得骑行于室外。

二是有关配套护具的规定。另有一些国家规定：在指定的路段可以骑自行车，但骑车时必须戴专用的头盔、眼镜、护掌、护肘、护膝，甚至还要穿特制的骑行服，否则为违规甚至违法。

使用摩托车、电动车（电动自行车）、平衡车、滑板车以及滑板时，均可参照上述骑自行车的礼仪规范执行。

（二）汽车的驾驶

在当代生活里，越来越多的人钟情于汽车的驾驶。对大多数人而言，驾驶汽车外出早已并非其谋生的手段，而是提高其生活质量与生活效率的一大乐趣。

驾驶汽车时，每一名驾驶者都必须牢记：出行有礼、礼让三先，时时刻刻不允许忘乎所以、目中无人。在技术合格、服从管理、安全行驶、礼让他人四个方面，必须努力表现得好上加好。

技术合格

在世界各国，驾车上路均应提前进行系统的知识学习、技术培训与正规考试，并取得正式的资格。技术不合格者，绝对不被准许驾驶汽车外出。

具体而言，每一名汽车驾驶者均应一丝不苟地对待下述各点。

（1）掌握驾驶技术

掌握熟练的驾驶技术，是每一名汽车驾驶者畅行无阻的前提条件。只有在驾驶车辆的过程中找到“人车一体”的感觉，并且能够逐渐对车辆的速度、位置，车辆所在的空间及其周边的各种动态、静态物体的间距了然于心，才能够算是自己所驾驶车辆的真正主人。

（2）精心维护车辆

任何一名具有责任心的车辆驾驶者，都必须爱车如己，精心地对自己所驾驶的车辆进行定期或不定期的保养、检查与维护。经验证明：每一部车辆自身状况的好坏、涉及行车安全的相关部件是否齐全与有效，往往是发生交通事故与否的关键因素。

（3）取得正式资格

根据《中华人民共和国道路交通安全法》的规定，我国的每一名机动车驾驶者，均须经过车辆管理机关考试合格，领取驾驶证后，方可驾驶车辆。申请机动车驾驶证时，申请者在其身体条件、技术掌握、交规学习、手续合法等方面，必须符合规定。此外，我国还规定，对机动车驾驶者需要进行定期审验。

服从管理

驾驶汽车外出时，如欲高兴而出、满意而归，就必须认真遵守有关规定，虚心接受管理。

（1）遵守规定

依照《中华人民共和国道路交通安全法》，我国的每一名机动车驾驶者都必须自觉地遵守如下几个基本点：

第一，驾驶人应按照驾驶证载明的准驾车型驾驶机动车；驾驶机动车时，应随身携带机动车驾驶证与行驶证。

第二，驾驶人驾驶机动车上路行驶前，应对机动车的安全技术性能进行认真检查；不得驾驶安全设施不全，或机件不符合技术标准等具有安全隐患的机动车。

第三，饮酒后，服用国家管制的精神药品或者麻醉药品，患有妨碍安全驾驶机动车的疾病，或者过度疲劳影响安全驾驶者，均不得驾驶机动车。

第四，机动车驾驶者应遵守道路安全法律、法规的规定，并按照操作规范安全驾驶、文明驾驶。

第五，应定期接受公安机关交通管理部门对机动车驾驶证的审验。

（2）**接受管理**

在驾车行驶时，为了自己与他人的安全，为了交通的畅行无阻，每一名驾驶者都应以小我服从大我，自觉地接受管理。

第一，严格地遵守交通法则。在任何时候、任何情况下，每一名机动车驾驶者均应严格地遵守各种交通法规。此乃保证自己安全驾驶的第一准则。

第二，自觉地服从交警管理。对于交警的指挥、检查、处罚与管理，必须无条件地服从。

第三，及时地了解临时状况。要及时地掌握交通管理部门就有关重大活动场所、路线所发布的有关道路交通管理通告，以便确定、调整自己的行车时间与路线。

第四，认真地进行车辆检验。依照国家的有关法规与标准，公安交通管理部门负责对机动车进行初次登记检验、核（补）发牌证、变更、转籍、过户、报废、停驶、定期检验。对驾驶机动车的交通违规、违法行为，有关部门要进行教育、处罚。此外，每一部机动车还须定期缴纳车船税、交强险（“机动车交通事故责任强制保险”的简称）。以上环节，每一名机动车驾驶者都不可忽略。

安全行驶

俗话说：“行船走马三分险”；“安全是金”。在驾驶汽车外出时，不论为了自己还是为了他人，都必须始终牢记安全第一。

（1）**树立安全意识**

每一名机动车驾驶者均应认真地树立安全意识，力求有备无患。具体而言，树立所谓安全意识，就要做到“查一查”“问一问”“想一想”“严一严”“看一看”“停一停”“让一让”。

第一，“查一查”。开车上路前，一定要耐心细致地再次对所要驾驶的汽车进行例行检查。

第二，“问一问”。出发前，务必要问一问自己：将要驾驶的车辆燃料够不够用。燃油车的油料，一定要提前加够；电动车的电量，则一定要提前充满。

第三，“想一想”。为了自己、家人与其他人的安全与幸福，在驾驶车辆时，始终都要想到安全第一。

第四，“严一严”。在驾驶期间，律己务必从严。务必切记没有休息好不要开车，吃了某些容易令人嗜睡的药品不要开车，喝了酒不要开车，情绪欠佳不要开车，打手机时尤其不要开车，未系安全带不要开车。

第五，“看一看”。通过陌生路段

时，一定要首先看清楚路况再行驶。

第六，“停一停”。遇到红灯、拥堵、道路管制时，当停则停。严格地讲，当黄灯亮起时，即应停车“等一等”。

第七，“让一让”。万一遇到其他车辆或车辆驾驶者不遵守交通法则时，不必与之争强斗胜，更不要为此去当“路怒族”。务必谨记：当让则让，“退一步海阔天空”。

（2）**采取安全措施**

要真正做到安全驾驶车辆，还应当采取一些必要的安全措施。

第一，掌握道路特点。通过平坦道路时，千万不可麻痹大意。通过高速公路时，应保持合理的车速。通过坡路、窄路、胡同、隧道、坑洼、沟槽、泥泞或涉水路段时，则需要依据不同的具体情况减速、限速。

第二，警惕异常天气。当遭遇大风、暴雨、山洪、下雪、结冰、雾霾以及沙尘暴等异常天气时，应尽量减少驾车外出。万一有此必要时，要及时了解道路管制情况，并要谨慎再三。

第三，重视夜间行车。有必要夜间行车时，要注意身体条件、道路状况、人身安全、夜灯使用等问题。尤其要集中精力，保持警惕，因为夜间能见度差、视野变窄、光亮有限，往往易于出现问题。

第四，善于处置危险情况。在驾驶汽车出行时，万一遇到发生危险情况，不论自己的车辆出了问题，还是前方道路或车辆发生问题，均应沉着冷静、机智勇敢，并且善于面对。

第五，始终坚持安全第一。在任何情况下，驾驶车辆者均不得无视行车安全。诸如连吃带喝、与人交谈、接打电话、收发微信，甚至随意超车、飞车或充当“飙车党”，皆为行车安全之大忌。

礼让他人

行车之礼，礼让第一。所谓礼让，在此具体是指驾驶车辆应当礼貌待人、谦让于人。进而言之，就是要“礼让三先”，即路遇交通状况时，自己一定要先让、先慢、先停。其本质，则是要谦让他人、让开危险。在任何条件下，汽车的驾驶者均应以自己的实际行动对其他人、其他车辆礼让三分。

（1）**礼让其他机动车**

驾驶机动车行驶时，应当具有平等意识。大车不宜欺负小车，新车不宜欺负旧车，高档车不宜欺负低档车。同样的道理，老司机不可欺负新司机，男司机不可欺负女司机，大车司机不可欺负小车司机，本地司机不可欺负外地司机。

在行驶期间，每一名汽车的驾驶者都要遵守交通法规。不要强行超车，不要动辄挤占其他车辆的车道。万一有人那么做了，则不妨主动避让、让出车道，请其先行。

一旦自己的车辆与其他车辆发生事故，不要与对方吵嘴、打架，更不要因此而阻塞道路、制造交通拥堵。届时应与对方协商处理办法，或听从交警的处理意见。

（2）**礼让非机动车与行人**

对“实力”不如自己的非机动车与行人，机动车驾驶者更要认真礼让。切勿在行驶时“唯我独尊”“仗势欺人”，更不可以“车匪”或“路霸”自居。

第一，礼让非机动车。对自行车、三轮车、架子车、手推车、畜力车等非机动车，最好避免并行，错开行使。

第二，礼让行人。对行人，尤其是老人、孩子、孕妇、残障人士，一定要予以照顾。该避让就要避让，该减速就要减速，该停车就要停车。遇到雨雪天时，则要防止自己的车辆通过时溅起的污泥浊水弄脏行人。

第三，礼让外国贵宾。遇到外国贵宾乘坐的车辆通过时，不论当时是否进行了交通管制，机动车驾驶者均应对其礼让。

（三）轿车的乘坐

轿车，亦称小客车、小轿车，此处是指载送人员且座位布置在两轴之间的汽车。包括驾驶者在内，座位数最多为九个。在内地，为了区别于货车、皮卡车、大轿车与越野车，它亦称小轿车。

乘坐轿车，通常是讲究快节奏、高效率的人士因事外出时在“行”的问题上的首要选择。虽然乘车时间短暂，但仍有保持风度、以礼待人的必要。

乘坐轿车时，应当遵守的礼仪规范主要涉及座次、举止、上下车的顺序三个方面。

乘坐轿车的规则

座次

在比较正规的场合，乘坐轿车时一定要分清座次的尊卑，并在自己适得其所之处就座。而在非正式场合，则不必过分拘礼。

轿车上座次的尊卑，从礼仪上来讲，主要取决于下述四种因素：

（1）**驾驶者身份**

驾驶轿车的司机，一般可分为两种人：一是主人，即轿车的拥有者；二是专职司机，即以驾车为其职业者。我国内地目前所见的轿车多为双排座与三排座，以下分述其驾驶者不同时，车上座次尊卑的差异。

第一，主人驾驶轿车。由主人亲自驾驶轿车时，一般前排座为上，后排座为下；以右为尊，以左为卑（见图 2－1）。

（双排五人座轿车）（双排六人座轿车）　（三排七人座轿车）（三排九人座轿车）

图 2－1　由主人亲自驾驶的双排座与三排座轿车上的座次排列（驾驶座居左）

其一，双排五人座轿车。在双排五人座轿车上，座位由尊而卑应当依次是：副驾驶座，后排右座，后排左座，后排中座。

其二，双排六人座轿车。在双排六人座轿车上，座位由尊而卑应当依次是：前排右座，前排中座，后排右座，后排左座，后排中座。

其三，三排七人座轿车。在三排七人座轿车（中排为折叠座）上，座位由尊而卑应当依次是：副驾驶座，后排右座，后排左座，后排中座，中排右座，中排左座。

其四，三排九人座轿车。在三排九人座轿车上，座位由尊而卑应当依次是：前排右座，前排中座，中排右座，中排中座，中排左座，后排右座，后排中座，后排左座。

乘坐主人驾驶的轿车时，最重要的规矩是不能令前排座位空着。一定要有一个人坐在那里，以示与主人相伴。由先生驾驶自己的轿车时，则其夫人一般应坐在副驾驶座上。由主人驾车送其友人夫妇回家时，其友人之中的男士，一定要坐在副驾驶座上，与主人相伴，而不宜形影不离地与其夫人坐在后排。

第二，专职司机驾驶轿车。由专职司机驾驶轿车时，通常仍讲究右尊左卑，但座次同时变化为：后排为上，前排为下（见图 2－2）。

其一，双排五人座轿车。在双排五人座轿车上，座位由尊而卑应当依次为：后排右座，后排左座，后排中座，副驾驶座。

其二，双排六人座轿车。在双排六人座轿车上，座位由尊而卑应当依次为：后排右座，后排左座，后排中座，前排右座，前排中座。

其三，三排七人座轿车。在三排七人座轿车（中排为折叠座）上，座位由尊而卑应当依次为：后排右座，后排左座，后排中座，中排右座，中排左座，副驾驶座。

其四，三排九人座轿车。在三排九人座轿车上，座位由尊而卑应当依次为：中排右座，中排中座，中排左座，后排右座，后排中座，后排左座，前排右座，前排中座。

（双排五人座轿车）（双排六人座轿车）（三排七人座轿车）（三排九人座轿车）

图 2－2　由专职司机驾驶的双排座与三排座轿车上的座次排列（驾驶座居左）

（2）轿车的类型

上述方法，主要适用于双排座、三排座的小轿车，对于其他一些特殊类型的车辆并不适用。

以下，将简单地介绍吉普车、大轿车的座次排列。

第一，吉普车。吉普车，简称吉普，是一种轻型越野客车。它大都是四座车。不论由谁驾驶，吉普车上座次由尊而卑均依次是：副驾驶座，后排右座，后排左座（见图 2－3）。

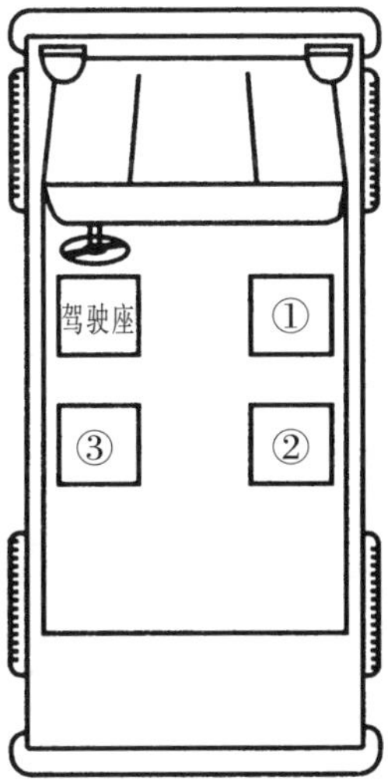

图 2－3　吉普车上的座次排列

第二，大轿车。大轿车，亦称多排座客车，此处指的是四排以及四排以上座位的大型客车。它不论由何人驾驶，均以前排为上，以后排为下；以右为尊，以左为卑；并以距离前门的远近，来排定其具体座次的尊卑。

以一辆六排十七座的大轿车为例，其座位的尊卑依次应为：第二排右座，第二排中座，第二排左座，第三排右座，第三排中座，第三排左座，第四排右座，等等（见图 2－4）。

图 2－4　六排十七座中型轿车上的座次排列

（3）**座次的安全**

从某种意义上讲，乘坐轿车理当优先考虑安全问题。客观上讲，在轿车上，后排座比前排座要安全得多。最不安全的座位，当数前排右座。最安全的座位，则当推后排左座（驾驶座之后），或是后排中座。

当主人亲自开车时，之所以以副驾驶座为上座，既是为了表示对主人的尊重，也是为了显示与之同舟共济。由专人驾车时，副驾驶座则一般称为随员座，通常坐于此处者多为随员、译员、警卫、助理、秘书或主要陪同人员等等。

有鉴于此，一般不应让女士就座于由专职司机驾驶的轿车的副驾驶座，孩子与尊长也不宜在此座就座。

在某些地方，出租车的副驾驶座通常不允许乘客就座。此举既是为了防范歹徒劫车，更是出于出租车司机的安全考虑。

（4）**嘉宾的意愿**

通常，在正式场合乘坐轿车时，应请尊长、来宾、女士就座于上座，这种做法，是给予对方的一种礼遇。然而更为重要的是，与此同时，不要忘了尊重嘉宾本人的意愿和选择，并应将此点放在最重要的位置。

换言之，应当优先尊重嘉宾本人对轿车座次的选择，嘉宾坐在哪里，即应认定那里是上座。即便嘉宾不明白座次、坐错了地方，也轻易不要对其指出或纠正。这时，务必应当坚持“主随客便”。

上面这四种因素往往相互交错。在对其具体运用时，可根据实际情况而定。

举止

与其他人一同乘坐轿车时，即应将轿车视为一处公共场所。在这个移动的公共场所里，同样有必要对个人的行为举止多加约束。具体来说，应当注意以下问题。

（1）**别争抢座位**

上下轿车时，要井然有序、相互礼让。不要推推搡搡、拉拉扯扯，尤其是不要争抢座位，更不要为与自己同行的人抢占座位。

（2）**别动作不雅**

在轿车上应检点本人的举止，切勿与异性过于亲密，或是坐得东倒西歪。穿短裙的女士上下车时，最好采用背入式或正出式。即上车时双腿并拢，背对车门坐下后，再收入双腿；下车时则正面面对车门，双脚着地后，再移身车外。这样做的好处，是不会令自己“走光”。若跨上跨下、爬上爬下，则姿势往往极不雅观。

（3）**别不讲卫生**

上车以后，切勿连吃带喝、随手乱扔。不要往车外丢东西、吐痰或擤鼻涕。不要在车上脱鞋、脱袜、换衣服，或是用脚蹬踩座位，更不要将手或腿、脚伸出车窗之外。

(4) 别不顾安全

上车以后，不论坐在哪个座位上，都应全程系好安全带；切勿与驾车者交谈，以防其走神。不要让驾车者接听移动电话或看书刊。协助尊长、来宾、女士上车时，可为之开门、关门、封顶。在开、关车门时，不要搞出较大声响，不要莽莽撞撞地夹伤人。在封顶时，应一手拉开车门，一手挡住车门门框上端，以防止其碰人。当自己上下车、开关车门时，要先看后行，切勿疏忽大意、伤到他人。

上下车的顺序

上下轿车的先后顺序，也有礼可循。其基本要求是：倘若条件允许，应请尊长、来宾、女士先上车，后下车。具体而言，它主要包括以下几种情况。

(1) 主人亲自驾车

当主人驾驶轿车时，如有可能，主人均应后上车、先下车，以便照顾客人上下车。

(2) 分坐于前后排

乘坐由专职司机驾驶的轿车时，坐于前排者，大都应后上车、先下车，以便照顾坐于后排者。

(3) 同坐于后一排

乘坐由专职司机所驾驶的轿车，并与其他人同坐于后一排时，应请尊长、来宾、女士从右侧车门先上车，自己再从车后绕到左侧车门后上车。下车时，则应自己先从左侧下车，再从车后绕过来帮助对方。若车停于闹市，左侧车门不宜开启，必须由右侧车门上车时，应当里座先上、外座后上。下车时，则应外座先下、里座后下。总之，届时应以方便易行为宜。

(4) 乘折叠座轿车

为了上下车方便，坐在折叠座位上的人，应当最后上车、最先下车。这是广为沿用的做法。

(5) 乘三排九座车

乘坐三排九座车时，一般应是低位者先上车，后下车；高位者后上车，先下车。

(6) 乘大轿车

乘坐大轿车，亦即多排座客车时，通常应以距离车门的远近为序。上车时，距车门最远者先上，其他人随后由远而近地依次而上。下车时，距车门最近者先下，其他人则随后由近而远地依次而下。

(四) 公共汽车的乘坐

公共汽车，此处指的是由单位或专人经营，有着固定的线路和车站，供社会公众付费乘坐的多排座客车。它又叫巴士，既有大型、中型、小型之分，又有机动、电动之别。公共汽车一般是无轨的，在某些城市也有有轨的公共汽车。

乘坐公共汽车，应当注意以下四个方面的主要问题。

上下车辆

乘坐公共汽车的人平日比较多，因此必须遵守上下车时的公共秩序，以求大家方便。只有大家方便，才能真正地使个人方便。上下公共汽车时，必须重视下述几点。

（1）上车依次排队

若等候公共汽车的人较多，则一定要自觉地按先来后到的顺序，排队候车，排队上车。除规定允许被照顾的老幼病残孕以及抱着孩子的乘客之外，其他人概莫能外。

排队候车时，应站在站台上。不要涌入街道，妨碍交通。同时还要注意，队列不要排得过度拥挤。

公共汽车进站后，只有车停稳了，方能按照排队的顺序依次上车。不要蜂拥而上、挤作一团；不要不排队而去加塞。

上车时，要礼让他人。对行动不便的老人、孕妇、病人、残障人士以及妇女、儿童、抱着孩子的乘客，要加以帮助。若车上人太多，上不去了，应再等下一辆，不要扒门、硬挤。

（2）下车提前准备

在拥挤的公共汽车上，下车一定要提前准备。在自己目的地的前一站，就要向车门靠近。不要等车到站之后，才不慌不忙向外挤；别让大家为自己一个人浪费时间。当然，一上车就等在车门口，唯恐坐过站，从而使车门口处过于拥堵，也是不应该的。

进行下车的准备时，如需要请求他人让路，应有礼貌地先打一声招呼，如说“借光”“劳驾”或“请您让一下”。不要默不作声地猛挤猛冲，更不要为此而大发脾气，或出言不逊。

（3）物品安放到位

上了公共汽车后，应将随身所带的物品放到适当的位置。应当注意：不要让它占座位、挡路，或有碍他人安全。

不要携带有碍安全的物品上公共汽车。携带重、硬、尖、长或易碎品上车时，需要提醒他人留心注意。

雨雪天上车后，应将雨伞、雨衣放入塑料袋中，或提前抖掉身上的雨水和雪花，不要任其弄湿其他人。对已湿的物品，亦应妥善处理。

购买车票

乘坐公共汽车时，一定要遵守有关车票购买的规定事项。

（1）使用月票

使用月票者，下车前要主动出示，不要不理睬售票员。若售票员查票，应主动合作，不要不耐烦或出言不逊。不要使用过期月票或假月票，也不要借用他人的月票。

（2）**用智能卡**

在一些公共汽车上，并无专人售票，而由乘客自行使用事先购买的储值智能卡刷卡上车。使用智能卡车票时，一定要主动刷卡，不准蒙混过关。使用打孔车票，亦可参照以上要求。

（3）**购买车票**

需要购买车票时，应积极、主动。不准逃票，不得使用假票、废票，或有意坐“过站车”。与尊长、来宾、女士一同乘车时，应主动为之购票。带小孩时，亦应按有关规定购票。

（4）**无人售票**

在无人售票的公共汽车上，应自觉投币或刷卡、扫码，不要不交车费或少交车费。坐不找零的公共汽车时，还应事先备好零钞，不得以没有零钱为由赖账，或强词夺理、胡搅蛮缠。

选择座位

乘坐公共汽车时，座位的选择有其特殊性，对此必须加以注意。

（1）**对号入座**

路途较长的公共汽车，一般按座售票，对号入座。乘这种车时，不要乱坐其他人的座位，也尽量不要找人换座位。

（2）**自由择座**

绝大多数的公共汽车并不对号入座，通常讲究就座时先来后到，自由择座。坐这种车时，切勿与人争抢座位，也不要为同行的人抢占座位，更不要为此而对他人恶语相向，甚至大打出手。

（3）**主动让座**

与尊长、来宾、女士一同坐公共汽车时，应请其优先入座，或就座于较好的位置，如靠前、靠窗、面向前方的位置。遇上老人、病人、残障人士、儿童、孕妇、抱孩子的乘客，亦应主动让出自己的座位，切勿对其熟视无睹。当他人为自己让座时，应立即道谢，不要认为理所当然而一语不发。

（4）**留出特殊座位**

在有的公共汽车的前门或中门附近，设有专门为老、弱、病、残、孕者所预留的特殊用座。这些座位即使空着，不符合者也不应去坐，更不能假冒身份去此种座位就座。

（5）**不宜随处乱坐**

在公共汽车上，除座位外不宜随处乱坐。例如，窗沿、地板、扶手、发动机等处，均不宜就座。挤坐他人座位，亦为不当之举。

乘车表现

乘坐公共汽车时，多无熟人在场。此时应一如既往地严于律己，不可使个人的表现肆意放纵。

（1）**不大吃大喝**

乘坐公共汽车时，不宜吃东西、喝饮料；不论用快餐还是吃小吃、水果，都不合适。在公共汽车上大吃大喝，既会妨碍他人，又会破坏车上的环境卫生。

（2）**不勾肩搭背**

与恋人、配偶乘车时，不应表现得过于亲热。至于相互搂抱、一人坐在另外一人腿上，则颇为不当。

（3）**不碰撞他人**

若有可能，应与其他人的身体保持一段距离。万一因为车辆摇晃或自己不小心碰撞、踩踏了别人，应立即道歉。若他人因此向自己道歉，则应大度地表示“没关系”，不要小题大做、借题发挥。任何时候，都不要用手去推、拉、摸别人。

（4）**不设置路障**

不论是坐是站，均应坐有坐相、站有站相。不要把腿伸到过道上，人为地设置路障。有人通过身前时，应主动避让，不要认为事不关己、视若不见。

（5）**不有碍安全**

在公共汽车上切勿吸烟，也不要随手往通道上或窗外乱扔废弃物。不要将头探出窗外，不要在过道上乱晃。站立时，不要忘了去扶扶手，不要手扶门缝、窗缝。上下车时，不要起哄、硬挤、猛挤、推人、拉人。

乘坐地铁、轻轨、磁悬浮列车的礼仪规范，与乘坐公共汽车的礼仪规范大致相仿，故在此不再赘述。

（五）火车的乘坐

在国内，目前人们进行长途旅行时，火车，包括动车、高铁、城际列车、普通列车，往往乃是第一位的考虑。在此背景下，任何人都有必要学习有关乘坐火车的礼仪。

乘坐火车的礼仪，其具体内容由上车、寻位、休息、用餐、交际、下车等几个方面组成。

▍上车

上火车，通常由下述三个环节构成。对其中每一个环节，都不应轻视、忽略。

（1）**持票上车**

乘坐火车，均应预先购票，并持票上车。万一来不及购票，应在上车时预先声明，并尽快补票。持月票、磁卡上火车时，要按照规定出示、验票或检票。使用电子客票、身份证、二维码，或直接刷脸上车时，则应遵守相关的规定。

（2）**排队上车**

坐火车因为人多，停车时间短，

故应提前到站，在候车室等候检票。检票时，一定要排队。进入站台后，待火车停稳，方可在指定车厢排队上车。届时不要拥挤，不要拒绝排队。

（3）**携物定量**

目前，火车对乘客所携物品的具体内容、数量均有规定。不应携带违禁物品或超重、超量物品上车。必要时，应办理行李托运。当工作人员检查行李时，应主动予以配合。

寻位

上火车后，应立即寻找座位。寻找座位时，必须注意以下几点。

（1）**乘坐指定车次**

坐火车时，一定要乘坐车票上所指定的车次。不要不分东西、上错车次，以致“南辕北辙”。明智的做法是：上车时，首先询问一下乘务员，此次列车是否是自己所要乘坐的。

（2）**乘坐指定座位**

因为车票价格不同，所以座位有所差别，如卧铺与座席、软卧与硬卧、软座与硬座、商务座与普通座等等。不要为图舒适，而去卧铺、软卧、软座、商务座占据本来不属于自己的座位休息。

（3）**中途上车找座**

中途上车找座时，应先以礼貌用语向他人致意，不要硬挤、硬抢、硬坐。身边有空位时，则应主动请无位者就座，不要占着不让。不要对他人的询问不理睬，或说假话骗走对方。

（4）**让出自己的座位**

若发现有老人、孩子、病人、孕妇、残障人士无座时，应尽量挤出地方请其就座，或干脆让出自己的座位来，以照顾对方。

（5）**座位亦有尊卑**

火车上座位的尊卑，可由下述几点决定：靠窗为上，靠边为下；靠右为尊，靠左为卑；面向前方为佳，背对前方为次。就卧铺车厢而言，则是软卧优于硬卧，下铺优于中铺、中铺优于上铺。有人同行时，应为其让出上座。若座位不够，则应请其首先坐下。与不相识者一同对号就座时，则不必如此讲究。

休息

坐火车的人大都行程较远，因此在火车上的绝大多数时间都是在休息。在火车上休息时，应当切记下列礼仪规范。

（1）**着装文明**

在车上休息时，一般不应宽衣解带。若非在卧铺车上就寝或就座于商务座、特等座，脱鞋、脱袜也并不合适。不论天气多么炎热，都不要打赤膊，下装亦不应过于短小。不要当众更换衣服，或当众袒胸露背、撩衣撩裙。

（2）**姿势优雅**

在座席车上休息，不要东倒西歪，不要卧倒于座席上、座席下、茶几上或过道上，不要靠在他人身上，不要将脚跷到对面的座席之上。在卧铺车上休息，通常应当头朝通道、脚朝窗户。不要与恋人、配偶共用一张铺位，不要采用不雅的姿势。此外，也不要注视他人的睡相和睡前准备。

（3）**管好孩子**

带孩子的人，一定要管好孩子，不要任其随地大小便、哭哭闹闹、到处乱跑，以免影响别人休息。不要让孩子乱动他人物品，或纠缠他人。

（4）**慎用电子设备**

使用手机、平板电脑、笔记本电脑或车上所提供的其他电子设备时，不论接打手机、收听音乐还是观看影片，均应调低其音量，并以其不有碍他人为限。

用餐

在火车上用餐时，必须注意以下几点具体事项。

（1）**去餐车用餐**

去餐车用餐，应预约或购票。若去时人数过多，则应耐心排队等候。在用餐时，应节省时间，不要大吃大喝，不要饮酒划拳。用餐完毕，即应离开，不要赖着不走、待在餐车上休息或谈天。

（2）**在车厢用餐**

若不去餐车，则可在自己的车厢内享用自己所带的食物，或购买服务员送来的套餐、盒饭。在一般情况下，不应索要他人的东西吃。当他人请自己品尝时，应当婉言谢绝。尽量不要在车上吃气味刺鼻的食物，例如熏鸡、大蒜、大葱、韭菜、榴梿、虾酱、臭豆腐等。吃剩的东西不要扔到过道上或投出窗外。在茶几上，不要过多地堆放自己的食物。别忘记：它是大家公用的。

（3）**自觉地禁烟**

火车上通常都实行禁烟。如有此规定，一定要认真遵守，不要若无其事照样抽，即便吸电子烟也不允许。即使未明令禁烟，也最好不要吸烟。不要因自己吸烟而污染车厢里的空气，进而引起其他乘客的反感。

交际

在火车上旁若无人，不与他人进行任何交流，往往是不可能的，也很不礼貌。在火车上与他人交际，有下列三点要求。

（1）**主动问候**

上车之后，即应主动向邻座之人打招呼问好。若有必要，还可对自己进行简单介绍。若对方反应一般，向其点点头，微笑一下，也是可行的。

（2）**交谈适度**

与邻近的乘客交谈，要注意话题的分寸，并尽可能地降低说话的音量。不要瞎吹乱侃、大发牢骚、随意吐槽、怨天尤人，不要传播小道消息与政治谣言。当他人兴致不高或打算休息时，应适可而止。有人主动找自己交谈，可与之进行合作，不要置之不理。与异性交谈，则不应过多涉及个人情况。

（3）**相互关照**

在火车上，大家尽管萍水相逢，但也算有缘千里来相会，因此彼此要相互关心、相互照顾。别人行李拿不动时，应援之以手。有人前去用餐或方便，应为之照管行李、孩子。有人晕车或病了，应多加体谅。他人帮助了自己，则要当即予以感谢。

下车

下火车时，有下述三个细节问题不应忽视。

（1）**提前准备**

在到达目的地的前10分钟，即应开始准备下车。不要“临阵磨枪”，显得手忙脚乱。更不能坐过了站，或是下车时少带了行李。

（2）**与人道别**

在下车前，应与邻人道别。遇上乘务员、保洁员、乘警，也要主动说一声“再见”。在一般情况下，与邻座道别时，没有必要主动要求与之交换地址或手机号、微信号、电子信箱地址。

（3）**排队下车**

下车时若人较多，应当自觉排队等候、依次而下。不要往前硬挤，更不要争先恐后。

三、乘船

船只，是人们用于水上交通的主要工具。在日常生活里，当人们在江河湖海上旅行时，大都优先选乘客轮。客轮，此处指的是专门用以载客的机动船只。较之乘坐火车、飞机或公共汽车而言，乘坐客轮不仅舒适、安全，而且拥有更大的自由活动空间，有风景如画的湖光山色可以尽情地观赏。因此，乘船旅行一直被许多人看作一件饶有情趣、富有诗情画意的事情。

乘坐客轮，不似居家，却又美似居家。然而，要想使自己的乘船旅行一帆风顺，使个人的心情舒畅，使同自己萍水相逢的其他乘客与自己和睦相处，就必须遵守有关的乘船礼仪。对乘坐客轮进行旅行的人来讲，乘船礼仪主要涉及安全、休息、交际等方面的问题。

（一）安全

乘船旅行，安全第一。这一点对于任何乘客都没有例外。因此，乘坐客轮时，一定要具有安全意识，遵守安全规则，采取安全措施，竭尽一切努力，确保自己的旅途平安。

在通常情况下，在乘船时所必须顾及的安全问题，具体涉及以下几点。

▍行李的准备

为了确保客轮的安全，一般规定：乘船时不得随身携带易燃品、易爆品、易腐蚀物品、枪支弹药、管制类刀具、腐烂性物品、家畜动物，以及其他一切违禁品。为了自己和他人的健康，一定要遵守此类明文规定，不要擅自偷带任何违禁物品上船。

登船之前，往往必须接受对人体和行李的安全检查。对此要积极配合，不要加以非议或拒绝。

此外，所带行李的件数与重量要符合有关规定，坚决不超过标准。

▍上船与下船

上下客轮的时候，一定要注意安全。不要为了争时间、抢速度，而有碍自己或他人的安全。

上船时，一定要按先后次序排队。有可能的话，应早到一些，以便在时间上留有充分的余地。与长者、女士、孩子一起上船时，应请其走在前面，或者以手相扶。不要加塞、乱挤、造成拥堵，由此而产生有可能危及安全的诸多问题。

下船时，要提前做好准备工作。与其他乘客要相互礼让，并且依次而下。与长辈、女士、孩子一起下船时，可以手相扶，或是请其走在自己身后。这样一来，万一对方有个闪失，走在前面的自己便可以有个照应。

上下船时，若不是通过舷梯，而是通过跳板或借助于小船，则切勿乱蹦乱跳。应小心翼翼，以免落水或影响到其他人。

▍晕船与生病

没有船上生活经历的人，尤其是身体虚弱的人，在乘船之前一定要预备好一些应急的药品。与此同时，在船上还应尽可能地多加休息，以养精蓄锐。

一旦晕船，应立即服药，并卧床休息。如果呕吐不止、身体虚脱，则应请船上的医生进行治疗。

在船上突然患病、犯病，要及时进行求治。不要得过且过，使小病变成大病，或使大病发展到有碍生命安全。

若自己周围的人晕船、生病，要给予对方力所能及的帮助。不要对其视若不见，勿忘“同舟共济”之古训。

▍室外的活动

在轮船上进行室外活动时，必须处处以安全为重。切勿存在侥幸心理，自找麻烦。

不要去不宜去的地方，例如轮机舱、救生艇。凡无护栏之处，最好避而远之，切勿逞英雄、充好汉。

当风浪大作或者夜深人静时，尽量不要一人在甲板上徘徊，免得自己在流连忘返、自我陶醉之际被风浪无情地卷入水中。此刻若失足落水，是难以被他人发现并获救的。

未经允许，不论自己水性多么好，都不要擅自下水游泳。无人之际，船行于深水区、鲨鱼出没处时，更是不可自惹麻烦。

▍紧急的事件

乘船旅行途中，若发生了难以预料的天灾人祸，诸如火灾、沉船、撞船、触礁、劫船、台风等，应当处变不惊，与其他人一道进行自救，共渡难关。

如果需要离船，应当听从船员的指挥，并乘坐对方所安排的交通工具。不要惊慌失措、急不择路，或是跳水逃走。

遇到此类突发性事件，不仅要奋起自救，而且要尽心尽力地救助其他人。只有“一人为大家，大家为一人”，才有可能使大家共保平安。同心同德，在此时不仅必要，而且必需。

（二）休息

从广义上讲，上船之后的主要时间是用作休息的。在休息的整个过程之中，有下列几个十分重要的礼仪问题不应当被忽略。

▍寻位

在一般情况下，乘船是要对号入座的。国内客轮的舱位，大体上分为头等舱、一等舱、二等舱、三等舱等几种。它们大都提前售票，票价各异，对号入座，并且一人一座或一人一铺。所以，买到有座号、铺号船票的乘客，上船后所要做的就是对号入座，不要争抢、占据不属于自己的座席，也不要随便同不相识者调换座号或铺号。

若自己所买的是不对号的散席船票，则上船之后需要听从船员的指示、安排，前往指定之处休息，不要任意挪动或是自己选择地方。

自娱

在自己所属的船舱之内，可以自行安排自己的一切活动。在可能的情况下，可进行一些具有自娱性质的活动，以便使自己的船上生活过得更加充实有趣。

通常，欣赏两岸景色，观看电视、电影，收听音乐、戏剧，阅读书刊报纸，玩游戏机，下棋、打扑克，或者利用平板电脑、笔记本电脑播放音频与视频，等等，都是可以自行选择的自娱活动。同行的亲友一起聊天、散步、做游戏，也是可取的。

进行自娱活动时，切莫妨碍别人。不要打扰别人休息，或是因此而给别人带来不便，否则应立刻停止。不要只图自己高兴，而令他人反感。需要他人参与自己的自娱活动时，一定要彼此情愿，不要勉强。对要求参与自己的自娱活动的人或者旁观者，应表示欢迎。如有必要，在进行自娱之前，尚需征得周围之人的同意，免得影响到对方。

健身

乘船的时间一长，往往会使人产生疲乏与不适。在这种情况下，有经验的乘客通常会进行一些适度的健身运动。从某种意义上讲，此时此刻的健身其实也是一种特殊形式的休息。

在船舱内进行健身时，需要考虑时间、空间是否允许。不要只顾自己尽兴、舒服，而不考虑其他乘客的感受。

去健身房活动，或是去泳池游泳时，务必爱惜公物、讲究公德、遵守秩序、尊重异性，在那里切勿忘乎所以、目中无人。

在甲板上健身或者晒日光浴时，着装应保持在绝大多数人所能接受的程度之内。不要过分地裸露身体，更不许一丝不挂，把客轮当作“天体浴场”。

卫生

不论同一客舱里有多少人，不论其他人的表现如何，在乘船的自始至终，都要自觉地维护环境卫生，保持环境整洁。切勿不讲卫生、损害环境。

与他人同住一间客舱时，千万不要吸烟。与不吸烟者同住时，更不能自得其乐地吞云吐雾。

如果因晕船而发生呕吐，千万不要直接吐在地上，而是应当去洗手间进行处理，或是吐在呕吐袋内。万一不小心吐到地上，应立即将其打扫干净。

凡吃剩的食物、废弃的物品、果皮纸屑等，不可随手乱丢。即使将其扔到甲板上或是水流之中，也是很不卫生的。

客舱的空间较为狭小，因此要注意及时地漱口、洗澡，以消除体味、汗臭。有汗脚的人，应有自知之明：尽量不要脱鞋脱袜，以防脚臭熏人。

▌睡眠

在客舱内需要更衣时，应去专用的更衣室或洗手间内进行，最好不要当众进行。睡觉前后穿衣服、脱衣服时，也要对他人有所回避。当他人更衣时，应起身暂避，或是目视他方，不要紧盯着对方不放。

在铺位上睡觉时，要注意睡姿、睡相，不要衣衫不整，或睡相惨不忍睹。与其他人的铺位相对、相邻或相接时，不要让身体闯入对方的范围，并最好不要面对着对方。

除家人之外，不要注视、打量其他任何酣然大睡的人，对异性尤其不宜如此。

（三）交际

一般来讲，轮船行驶的时间较长。在乘船的过程中，主动或被动地与其他人进行交际在所难免。乘船期间与他人进行交际时，有一系列的礼仪规范应当遵循。

▌与船员交际

乘船旅行，少不了要与船员打交道。船员对乘客而言，既是服务者，也是其交际对象。因此，对船员应该平等相处、热情友好。

行驶期间，船长是客轮的临时首长，地位极其尊贵。若无要事相求，一般不宜前去打扰船长。倘若在用餐时受到船长的邀请，与他同桌用餐，那将是对方给予自己的一种荣誉，所以不仅要高兴地接受，而且要准点到达。遇到这种情况时，着装应尽量庄重、保守，不可穿短裤、背心、泳装、睡衣、拖鞋前往。若未得到邀请，不可贸然坐在船长的餐桌旁。女士在舞会上受到船长的邀请，亦应视之为一种荣誉，不要随意谢绝。平时遇到船长，应主动向其问候。

客舱服务员平常与乘客接触最多，对其绝对不容忽视或无礼。遇上对方时，要首先向对方打招呼。对方先打了招呼，要立即回应。对方帮助了自己或为自己服务时，要进行感谢。有什么困难和要求，应尽量以友善的方式向客舱服务员提出来，但不要让对方为难，不要提过高要求，更不要抢白、挖苦、抱怨、责难对方，或是在背后对其飞短流长、品头论足。

对其他普通船员也要尊重。有问题请教时，态度要虚心诚恳。需要帮助时，要善解人意，不为难对方。反映困难时，要实事求是，不要有意进行夸张。平时相遇时，不论以前是否与其见过面，都要笑容可掬地跟对方打招呼。在船上，如有船员想与自己交谈时，不应拒绝。在娱乐时，与船员一起玩一玩亦被允许。只是在一般情况下，不宜只身一人前往船员工作地点打扰，也不要前往其住宿之处探访。在船上用餐吃鱼时，切勿将其翻身，也不要讲“沉”与“翻”字，此为船员所深忌。

与其他乘客交际

进入自己所在的客舱后，应向先到的周围人打一声招呼。必要时，还可对本人情况进行简单的介绍。如果对方有兴趣，则可以在大家各自安顿停当后，与之随意进行交谈。面对沉默寡言之人或喜欢宁静的人时，一般不宜打扰，不要没话找话、对对方过分关心。

在船上，到处都洋溢着宽松、愉快、休闲的气氛。在这种情况下，只要彼此情愿，可以同遇到的任何人结交朋友。同这些临时结交的朋友，可以一道去甲板上散散步、看夜景、吹海风、跳舞唱歌，甚至一起用餐。但是，一定切记：给对方留下一定的个人活动的时间。不要只顾自己高兴，而与对方形影不离，使对方心生不快。

在船上与其他乘客聊天时，要多选择轻松愉快的、符合时尚流行的话题。对于撞船、沉船、劫船、失火、台风、凶杀一类耸人听闻的话题，非议船上服务或其他乘客的话题，以及传播小道消息、政治谣言的话题，既不要主动涉及，也不要随声附和。

对于异性，可以大大方方地进行适度的交往。但交际的圈子应该尽量扩大一些，不要长时间地只围着某一个人转。对对方可以表示热情，但不可热度过高，不要如影随形、长时间地相伴于其左右。面对对方的友情、热情，则不必受宠若惊。

在船上的任何地方，如甲板、餐厅、酒吧、影院、歌厅、舞厅、泳池、健身房、阅览室等处，遇到任何其他乘客，都要和睦共处、相互礼让。不要搞小圈子、拉帮结派，也不要对任何人都不理不睬。

倘无邀请，一般不应前去其他乘客所住的客舱做客。在夜晚、凌晨、午休时，尤其不要那么做。对刚刚结识的其他乘客，也大可不必邀请对方前来自己所住的客舱访问。

下船之前，应与周围的其他乘客互道再见。有些时候，在客轮到目的地之前，船长会为全体乘客举办告别晚会。在这种晚会上，可与他人相互作别。此外，不要忘记就船上提供的各种服务，向全体船员表示郑重的感谢，并祝大家彼此平安、后会有期。

四、乘机

飞机，是目前最现代化的交通工具。它快速方便、安全可靠、轻松舒适，这些优点都是其他交通工具所难以比拟的。在现代生活中，乘坐飞机已成为越来越多的人的选择。

乘坐飞机，必须遵守有关的乘机礼仪。唯有如此，才会使自己的旅行既饶有兴味，又不会有失身份。社交礼仪对乘坐飞机的有关规范，主要涉及先期准备、登机手续与乘机表现三个方面。

（一）先期准备

乘坐飞机，如欲确保平安、舒适、顺畅、准时地抵达目的地，必须具有一定的有关乘坐飞机的常识，并提前做好必要的准备。

为乘坐飞机而提前进行的准备工作，主要有选择航班、购买机票、打点行李等等。

选择航班

所谓航班，具体指的是飞机定期从始发地点按规定航线起飞，直至到达终点的运输飞行。飞行于国内航线上的航班叫作国内航班，飞行于国际航线上的航班则称为国际航班。选择自己所乘飞机的具体航班，在可能的前提下，应着重考虑如下几点。

（1）**选择直达的航班**

为了节省时间、费用，减少中转飞机所带来的人力、物力的消耗，在选择航班时，应尽量选择直达自己目的地的航班。除非万不得已，不要选择异地中转的航班，以免自找麻烦。

（2）**选择白天抵达的航班**

在绝大多数城市，飞机场都设在远郊区，因此应尽量挑选白天抵达目的地的航班，并在时间上为自己留下充分的余地，从而保证自己顺利到达自己所要前往的地方。当航班在晚上，尤其是半夜或凌晨抵达目的地时，将会令人多有不便。

（3）**选择安全舒适的航班**

选择航班时，安全与舒适自然应当兼顾。要做到这一点，第一，要选择声誉好的大航空公司的航班。第二，要选择拥有大型、先进机型的航班。一般说来，大型、先进机型的客机的空间大、科技含量高，所以相对而言更舒适、更安全。

购买机票

飞机一律按座位数售票，并预先售票。购买飞机票，可以预订，也可以临时购买。购票时，应注意的主要事项如下。

(1) **持证件购票**

在我国，购买飞机票时，必须使用居民身份证、其他有效证件或其号码。不合乎要求者，不能购票。

(2) **分等级购票**

机票通常分为三个等级，它们的价格各有不同。其中，经济舱机票最便宜，头等舱机票最贵，公务舱机票的价位则居于二者之间。使它们售价不同的，主要是其座舱的舒适程度，而与安全无关。在购票时，最好量力而行。目前，国内一些航空公司的机票可打折销售，有的折扣还较大。但要注意，折扣机票通常有许多附加条件，例如不准退票，不准签转，等等。

(3) **机票有效期1年**

我国规定：正常标价的机票有效期为1年。在此期限之内，一般可按规定变更旅行日期，或者退票。一旦过期，机票将被视作无效。在有效期内，机票可进行变更，但以一次为限，并且应当在航班规定离站24小时前提出。

(4) **机票不得转让**

在机票上，均列有旅客的姓名。按规定它只供旅客本人使用，不得擅自转让他人。

(5) **机票必要时需要再证实**

旅客持有订妥座位的联程或回程机票，如在该联程或回程地点停留72小时以上，必须在该联程或回程航班飞机离站前两天中午12点以前，办理座位再证实手续。否则，原定座位将不予保留。

(6) **退票**

中国民航规定：在机票上列明的航班规定离站时间24小时之前退票，收取客票价5%的手续费。在航班规定离站时间24小时之内两小时以前退票，收取客票价10%的退票费。在航班规定离站时间前两小时以内退票，收取客票价20%的退票费。在航班规定离站时间后退票，按误机处理，收取客票价50%的退票费。误机，在此是指旅客未按规定时间办理乘机手续，或是因其旅行证件不符合规定而未能乘机。

打点行李

因为飞机载重有限，故对乘客所携带的行李有着明文规定。收拾行装时，对此应有所了解，并比照办理。有关乘客所携带的行李的现行规定如下。

(1) **随身携带的行李**

持头等舱票的旅客，每人可随身携带两件手提行李。持公务舱或经济舱票的旅客，每人只能随身携带一件手提行李。每件手提行李的总重量，不得超过5公斤。

(2) **免费托运的行李**

乘坐飞机时，每位旅客可免费托运一定数量的行李。超重的行李，则应付费托运。可能的话，行李最好交付托运。那样做，可使自己行动方便，并且省时、省力、省心。

（3）**托运行李的规格**

交付托运的行李，每件不得超过50公斤。应将其包装完好，捆扎牢固，锁闭严实，并使之能够承受一定压力。

（4）**禁止托运或随身携带的物品**

按照国家规定，禁运物品、限制运输物品、危险物品以及带有异味或容易污损飞机的其他物品，不准托运或随身携带。重要的文件资料、外交信袋、货币、证券、汇票、贵重物品、易碎易腐蚀物品、锂电池与移动电源，以及其他需要专人照管的物品，也不宜交付托运。枪支、弹药、刀具、利器等，不准随身携带乘机。不准随身携带登机的物品，还有饮料、超规格的化妆品、超标准的移动电源、动物、磁性物质、可聚合物质、放射性物质等等。

（二）登机手续

我国民航规定：旅客必须在机票上列明的航班规定离站前90分钟到达指定机场，办理登机手续。一般来说，国内航班规定离站前30分钟，登机手续将停止办理。国际航班规定离站前45分钟，登机手续将停止办理。此后抵达机场者，将难以办理登机手续。

办理登机手续，既要早些抵达机场，留出充裕时间，又必须处处符合有关规定。除托运行李之外，需要办理的登机手续主要有换取登机牌、接受安全检查等几项。

换取登机牌

登机之前，每位乘坐飞机的旅客都必须在机场内的指定处换取或自行打印登机牌，然后凭登机牌登机。直接凭机票登机，是不被允许的。

换取登机牌的时候，应当注意下述几个具体的环节。

（1）**所需证件**

在值机柜台前换取登机牌时，必须向工作人员出示身份证或其他有效证件。换取登机牌之后，应对其加以妥善保存。若丢失，将难以登机。

（2）**确定座位**

换取登机牌的实际意义有三：第一，确认乘客的身份，严防冒名顶替。第二，清点最终将要登上飞机的实际人数。第三，替乘客确定其已购买的本等客舱内的具体座位。

乘客在换取登机牌时，可根据本人的实际情况和座位的剩余情况，提出自己对座位的要求，并且通常都会被满足。喜欢欣赏苍茫云海的人，可要求紧靠舷窗的座位。乐于活动的人，则可要求过道两侧的座位，或是靠近应急出口的座位。害怕晕机的人，则可要求尽可能靠前一些的座位。要求具体座位时，应诚恳、客气，切勿胡搅蛮缠、要求过高，更不要得寸进尺。持电子机票者，则可选择自助式选座服务。

（3）**托运行李**

在换取登机牌的同时，可办理托运行李的手续。此处不再重复有关事项。需要强调的是，托运行李的行李牌一定要保存好，不然提取行李时就会有麻烦。

接受安全检查

为了保证国家财产和人民生命的安全，在每位乘客登上飞机之前，均须接受例行的安全检查。安全检查的对象，是所有乘客及其随身携带的行李物品。接受安全检查时，应注意以下三点。

（1）**接受技术检查**

接受此种检查时，乘客必须通过特制的安全门，或接受手提式金属探测器的检查。在检查之前，应脱下外套，取出自己身上全部的金属制品，以保证检查的顺利进行。

（2）**接受手工检查**

所谓手工检查，即旅客人身或其随身携带的行李由安全检查人员进行手工触摸。进行人身检查时，通常由同性别的安检人员担任。需要对乘客携带的行李开包检查时，务必要予以配合。此种检查，目前多为技术检查的辅助形式。

（3）**自觉配合检查**

接受例行的安全检查时，乘客务必主动、自觉地进行合作。不要以为事不关己而拒绝配合，不要态度粗暴，表现得极不耐烦，不要对安全人员冷嘲热讽、恶语相伤。在接受检查时若态度恶劣或口出无忌，不仅失礼，而且有可能受到处罚。

（三）乘机表现

乘坐飞机期间，要注意约束个人行为，检点个人表现，并在严格要求自己、尊重乘务人员、善待其他乘客等诸方面做到合乎礼仪规范。

严格要求自己

在任何情况下，严于律己、宽以待人都是做人的一种美德，乘机时自然也不能例外。要特别牢记：必须在以下几方面自我约束。

（1）**不耽误登记时间**

按惯例，飞机起飞前10分钟停止登机。因此，乘客在候机时一定要关注通知登机的广播，免得误机。登机时，一定要服从管理。登机后，通常不得离开飞机。

（2）**不侵占他人位置**

上飞机后，即应在属于本人的座位上就座。不要前去高档座舱或空闲的座位抢占本不属于自己的位子。坐好之后，腿、脚不要乱伸，尤其是不要伸到通道上，或是别人的座位上。不要将自己的行李放到他人头顶的行李箱里，或是他人的座位底下。

（3）**不乱占小便宜**

不要贪图小便宜、顺手牵羊，偷拿不属于自己的公用物品。例如，进餐用的刀叉、阅读用的书刊、洗手间里的卫生纸、座位底下的救生衣、座位上方的氧气面罩等等，均不可取走。那样做既不讲公德，还有可能触犯法律。

（4）**不乱动乱摸**

对于飞机上的一切禁动之处，例如，安全门、应急滑梯按钮等等，都要“敬而远之”，不可出于好奇而乱摸乱动，甚至因此而危及飞机上全体乘客的生命安全。这一点尤为重要。

（5）**不使用违禁物品**

在飞机上切勿吸烟。此外还要牢记：飞机上禁用移动电话、激光唱机、手提电脑、调频收音机、电子游戏机以及电子玩具等有可能干扰无线信号的物品。至于飞行期间可否将移动电话调成飞行模式后使用，则须遵守所乘航班的具体规定。

（6）**不破坏环境卫生**

在飞机上绝不能乱扔、乱吐东西。万一因晕机而呕吐，应使用专用的卫生袋。不要当众更换衣服，不要在乘机期间脱去袜子。

尊重乘务人员

登上飞机之后，即应对乘务人员平等相待。要尊重、支持、配合对方的工作，而不要给对方出难题。

（1）**回应乘务人员的问候**

上下飞机时，均有机组乘务人员在机舱门口列队迎送。当对方主动打招呼、道问候时，不要置之不理，而应予以友善的回应。

（2）**感谢乘务人员的服务**

每逢乘务人员送来饮料、食物、报刊，或是引导方向、帮助搬放行李时，要主动向对方道上一声“谢谢”，不要熟视无睹、心安理得。当飞机安全着陆后，可以鼓掌，以示对全体乘务人员的感谢之意。

（3）**服从乘务人员的管理**

飞机升空或降落前，乘务人员都要巡视、检查每位乘客的安全带是否已扣好、座椅靠背是否已调直、遮光板是否已打开、身前小桌板是否已收起，此刻务必服从其指挥。对乘务人员、安全人员其他方面的正确管理，也要无条件服从。

（4）**体谅乘务人员的难处**

万一遇上飞机晚点、停飞、返航或临时改降其他机场，应从大局着眼、随遇而安，届时不要向乘务人员发脾气，尤其是不要骂人、打人、侮辱人，更不要动辄聚众闹事、毁坏相关设施，甚至阻拦飞机起飞，或是飞机降落后拒绝下飞机。

（5）**减少乘务人员的麻烦**

乘务人员的工作异常辛苦，因此应尽量少给他们增加麻烦。不要动不动就揿呼叫按钮，让他们跑来跑去。不要跟漂亮的空中小姐插科打诨、攀谈不止。对乘务人员信口开河、危言耸听，以劫机或携带违禁物品相威胁，则会惹火烧身、自讨苦吃。

善待其他乘客

在飞机上，与其他旅客应当和睦相处，对之友好相待。不要妄自尊大、目中无人。

（1）**不无视秩序**

在上下飞机，上机、下机时搭乘摆渡车或轻轨，以及使用机上卫生间时，假如人数较多，应自觉排队等候。不要不守秩序，勿忘先来后到。下飞机之后领取本人行李时，也要注意这一点。

（2）**不高声谈笑**

在飞机飞行期间，尤其是在飞机夜间飞行，或身边有人休息时，切勿喋喋不休、高谈阔论、大声喧哗，免得影响其他乘客休息。

（3）**不吓唬别人**

与周围之人交谈片刻是被允许的，但不要谈论有关劫机、撞机、坠机一类不幸的飞机事故。不要对所乘飞机的性能与飞行员的水准随便乱讲，从而增加他人的心理压力，甚至制造恐慌。

（4）**不令人不适**

不要在飞机上反复打量、窥视其他乘客。对明星、女士、外国人，尤其不应当那样做。此种失礼的做法，往往会无意之中令对方感到不适。没事情时，不要在机上到处乱走。

（5）**不摇摇晃晃**

在座位上休息时，不要晃动不止、摇摇摆摆。那样做，自己可能自得其乐，他人却会因此受到妨碍。不要把椅背调得太朝后，从而使后座之人活动不便。不要把身前的小桌板反复收放，让前座之人因此大受“牵连”。

五、宾馆

在现代人的日常生活中，宾馆往往扮演着十分重要的角色。出门在外、人在旅途、办公会友、出席会议、举办展览、用餐娱乐，乃至出差出国，宾馆经常成为人们的必到之处。有时，它还会成为一些公司、企业、机构的办公地点。

宾馆，又叫饭店、酒店，它通常规模较大、设备较好、档次较高。在此，它特指星级宾馆，不包括普通的公寓酒店、经济酒店、快捷酒店以及民宿、旅馆、招待所在内。不论去宾馆访友、娱乐、健身、用餐，还是在宾馆办公、住宿，都必须遵守宾馆所通行的特殊礼仪。

从广义上讲，宾馆属于公共场所，因为它拥有广大的公众活动的空间。从狭义上讲，宾馆也可以算作私人居所，因为每间客房仅供其住宿者个人所专用，他人概莫能入。宾馆礼仪，实际上就是对客人在宾馆里的两种不同的活动空间中所作所为的具体行为规范。

（一）客房休息

客房，是宾馆的基本组成单位。它具体是指供客人付费享用的，主要用作休息的房间。客人在客房内休息时，虽然拥有极大的个人自由，无须在意外人的反应，但依然不能忘乎所以、随心所欲。

在客房之内，住宿的客人应当遵守的礼仪，主要包括如下三个方面。遵守这些礼仪，既有助于展示个人的良好教养，也有助于使客人更好地享用宾馆所提供的各项服务。

人际关系

客人在客房这一私人空间之内休息，仍须面临种种特殊的人际关系。它主要涉及客人有可能与之相处或接触的宾馆服务员、同屋室友、来访客人、周围邻居等等。在处理与这些人的人际关系时，勿忘敬人为先、克己自律。

（1）对待服务人员

进入客房的前前后后，会遇到形形色色的宾馆服务人员。对对方，应平等相待，并处处尊重其人格。

出入宾馆大门时，经常会遇上门童、保安人员。当门童为自己开启大门，或向自己问好时，要表示感谢，或予以回应。保安人员因职责所在，往往会对每位进入宾馆的人士倍加关注。遇到对方打量或者盘问自己时，要进行合作，不应怒目而视、口有微词，或者拒绝进行合作、扬长而去。

在总服务台登记客房或咨询问题时，不必低声下气、战战兢兢，但也不要趾高气扬、咄咄逼人。届时应当出示完备的证件或预订记录，并且表现得友好而有耐心。若要求住某间客房或换房时，应以协商的方式与对方相互通融。

搭乘有专人服务的电梯时，应口齿清晰地报出自己欲去的楼层，并随后道一声“谢谢”。不要自己下手去操作，无视对方的存在。

若有行李员到自己房间送行李或取行李时，应对其表达谢意，不要对对方不屑一顾、爱答不理，或提出过高要求。

当客房服务员进入客房打扫卫生、赠送果盘或报刊时，应表示欢迎，并且道谢。在走廊里遇上客房服务员，尤其是对方首先向自己打招呼时，应向对方问好。

拨打总机人工接转的电话时，要主动向接线员问好，并且道谢。不要口气粗暴、吼声如雷，而缺少礼貌用语。

万一客房之内个别设备出现故障，应表现得宽容而大度。当维修工人出现后，要得理让人，不要刁难对方或是借机小题大做。

需要送餐服务时，可打电话通知餐厅。当自己所订的餐饮送到后，不要吹毛求疵、求全责备。用餐完毕，应主动通知餐厅来取餐具。

（2）对待同屋室友

有些时候，极有可能与家人、同事同住于一间客房之内。与他人同住一间客房时，不仅要符合宾馆与公安机关的有关规定，还要相互适应、相互理解。切勿以我为尊、目中无人。

与配偶一起住宿时，要相互关心、相互爱护，不要打打闹闹、大秀恩爱或无事生非。

带着小孩一起住宿时，要对其严加管束。不要听任其自由行动，免得损坏宾馆设施或造成自伤。不要在客房内打骂孩子，或任其大哭大叫，更不要让孩子独自跑出房门、东跑西窜。

与长辈一起住宿，对对方要多加照顾。使用客房设备、用具时，应请长辈优先。在作息时间上，应以长辈的个人习惯为准。

与同事一起住宿，最重要的是要互谅互让、尊重对方。有事要彼此商量，作息时间应大体保持一致。

（3）对待来访客人

所租客房若非公司、企业用作办公之用，一般不提倡在客房之内会晤来访的客人。若有必要，宾馆大堂吧与咖啡厅是接待访客的最佳场所。当然，在一般情况下，偶尔在客房之内见一见来访的客人，也是被允许的。但以下几点禁忌万万不要忽略：

第一，接待的客人数目不宜过多。若其数量太多、人声鼎沸，则会破坏宾馆的肃静、影响他人。

第二，待客的时间不宜过久。否则大家都会疲劳不堪，而且还会让外人产生误会。

第三，不要让来访的客人在客房之内留宿，或使用客房内的各项设备。此种占小便宜的做法，是宾馆所不允许的。

第四，不要在客房内接待关系普通的异性客人。万一确有必要，则最好不要关闭房门，时间也不要长于半小时，以防引起误会。

第五，不要邀请刚刚结识的人前往自己所住的房间做客，免得造成不必要的麻烦或损失。直接在客房里接待快递、外卖人员，也未必得当。

（4）对待周围邻居

进出自己客房之际，遇到周围的邻居，可向对方先打招呼。若对方先向自己打了招呼，应予回应。一旦与对方相识，此后再见面时，应首先问候对方。

万一周围邻居因故求助于自己，如有条件，应尽力相助，不要事不关己、懒于相助。

一般没有必要邀请刚认识的周围邻居来自己客房里做客，自己也不宜前去打搅。有必要前去时，需要先按门铃，不要推门而入，一定要得到允许后再入内。夜晚10点之后，早上8点之前，一般不应前去打扰。午休时刻，也不要登门拜访对方。在拜访对方时，若已先有他人在座，应改时再去，不要主动介入，免得有碍主人的交际。

经过周围邻居房门开启的客房时，不要随便窥视。对不认识的人的房间，更不能那么做。

享受服务

住宿宾馆，自然主要是为了能够享受它所提供的高档次的服务。而要充分享受宾馆为客人所提供的常规服务，前提是必须对其有一定程度的了解。要想做到这一点，一是要进行学习；二是要不懂就问。千万不要自以为是、不懂装懂、硬充内行，从而贻笑大方。

一般情况下，要享受宾馆为客人提供的常规性服务，需要注意如下几点。

（1）**遵守规章**

每一家宾馆为严格管理，都制定有自己的规章、制度。入住宾馆以后，一定要首先了解这些事关个人利益的规章制度，并且认真、自觉地加以遵守。例如，在宾馆客房内做饭、聚赌、吸毒、嫖娼，或随意留宿他人，都是被严格禁止的。

（2）**阅读介绍**

在客房之内，大都备有客人须知、业务介绍等各种资料。入住以后，一定要详细阅读，以便全面地了解宾馆为客人所提供的各项业务，并酌情享用。不懂得这一点，往往会使自己在宾馆里疑难丛生、“举步维艰”。

（3）**爱护设备**

对宾馆所提供的各种设备，都要倍加爱护，不要有意加以损坏。若无意之中损坏了，要主动声明，并按规定进行赔偿。对宾馆提供给客人使用的物品，要尽量地节约使用。不要在离开宾馆时偷带不允许带走的物品。

（4）**安全至上**

在每间客房的正门背后，通常都张贴着宾馆内部构造示意图。一定要抽出时间对此有所了解，熟记应急通道的具体位置，以供发生紧急情况时逃生之用。

万一在住宿期间遭遇突发事件，一定要服从宾馆工作人员的安排，不要东躲西藏、乱冲乱撞、自行其是。

（5）**存放财物**

在一般情况下，不应将贵重物

品、现金、有价证券存放于客房之内。许多宾馆都有为住宿的客人免费临时保管贵重物品的业务，因此一定要在入住之后，将自己的贵重物品交予宾馆方面代为存放，不要因为怕麻烦而造成财物损失。

一旦发现个人物品丢失或被盗，应尽快报警或通知宾馆保卫部、公关部，请对方协助查找。

（6）**遇事咨询**

不论遇到什么疑问、难题，客人都可以向客房服务员、房务中心、总服务台、公关部咨询或求助。对方将会鼎力相助，尽一切可能为客人排忧解难。可以毫不夸张地说：只要客人主动咨询，其绝大多数的疑问、难题通常会迎刃而解。

（7）**利用电话**

宾馆的每间客房里，一般都有电话。善于利用客房电话，会对自己帮助极大。不论有事找客房服务员、房务中心、总服务台，还是找公关部，都不必亲自前去，打一个电话即可。需要早点起床，或是被提醒某件事情，都可以告知宾馆电话总机自己的姓名、房间号和具体的要求，对方一定会准时进行电话提示。

当总服务台有自己的信件、留言时，总服务台将通过电话进行及时的通知。

（8）**避免打扰**

进入客房后，一般均应立即关闭房门。休息时，还须插上保险栓或保险链。长时间地敞开房门的话，既不安全，又可能有碍于他人。若自己希望安安静静地多休息一下，不想被宾馆工作人员打扰，可在门外把手上悬挂专用的“请勿打扰”告示牌，或者开启“请勿打扰”指示灯。

离开房间时，则应取下此牌或关闭指示灯。必要时，还须在门外把手上悬挂“请打扫房间”的告示牌，或开启“请打扫房间”的指示灯，以便客房服务员进行工作。

（9）**衣物洗涤**

住宿宾馆之后，如需清洗衣物，最好交付洗衣房代劳。具体做法是：将衣物装入专用的洗衣袋放在客房内，或交给客房服务员。若需要快洗，不仅要事先说明，而且要多付费用。

通常不允许在客房内洗衣服。即便自己洗了少量的内衣、袜子，也不允许挂在窗外、屋内、走廊上，或晒到阳台上去，而是只能够将其晾在浴室里边。

（10）**预约预订**

需要购买某物、递发信件、购买演出票，可请总服务台代为预约。需要预订出租车、机票、船票、车票或自己租车时，也可以请其代办。

保持卫生

入住客房之后，理应自觉地保持卫生。这样做不仅对自己有益无害，也是对客房服务员辛勤工作的一种尊重。保持客房卫生，主要应该注意的事项大致有五。

（1）**放好个人物品**

客房，好比客人临时的家一样。在这个“家”里，个人物品要尽量分类摆放、定点摆放。这样做，用起来方便，看起来也舒服。

大件物品最好放在壁橱里，小件物品则最好放在抽屉内。尽量不要将小件物品，例如钱包、现金、钢笔、手表、手机、记事簿等，乱扔在桌子上，或放在枕头下面、被子或毛毯之中。搞不好，它会被客房服务员整理房间时当作无用物品而扔掉。

（2）**维持房间整洁**

休息之后，应将被子、毛毯叠好，并摆放整齐。脱衣休息时，衣服、鞋袜亦应分别放好，不要信手乱抛、乱丢。

在客房内吃水果、糖果、点心之后，不要将果皮纸屑乱扔一地。最好将其装入果盘，或倒入垃圾桶内。

（3）**关注浴室卫生**

在浴室内洗脸、洗澡时，务必采取必要的措施，例如使用防水帘、减少水量等等，以防止地上水流成河。

洗脸、洗澡之后，一定要马上将水放掉，不要留待客房服务员前来处理。

大小便之后，一定要立即放水冲洗干净。不要不拘小节，对此不管不顾。

（4）**防止空气污染**

在客房内，尤其是在使用空调的客房内，千万不要吸烟。即便吸烟，也要避免乱弹烟灰、乱扔烟头，搞得地上肮脏无比，甚至烧毁地毯。若自己客房的所在楼层为禁烟楼层，则绝对不要吸烟犯规。

不要在室内吃气味难闻的食物，不要存放容易腐败的食物。

切记：衣服要勤换，身体要勤洗。不要让客房之内衣味、体味浓重而混杂，令他人窒息难忍。

（5）**禁止开火做饭**

按常规，宾馆一般都不准客人在客房之内自行开火做饭。需要用餐的话，既可以叫外卖、请餐厅派人送餐，也可以自己前往餐厅用餐。

之所以禁止客人在客房内开火做饭，主要是因为其有碍环境卫生。此外，使用电炉、电热杯等工具做饭时，还有可能会使电路超过正常负荷，从而造成短路、火灾。

（二）内部活动

在宾馆内，通常有许多餐饮、娱乐、购物、办公设施。因此，不仅住宿于宾馆的客人有地方可去，非住宿者往往也会到此会友、就餐、娱乐、健身、购物或者是参加其他的活动。不论是谁，在宾馆内部活动时，都应遵守下述几个方面的具体礼仪规范。

着装

在宾馆内部活动时，着装既要与周围的环境相协调，又要文明得体、不失身份。在这方面，对住宿者与非住宿者的具体要求稍有不同。

（1）**住宿者**

住宿者在自己的客房内活动时，着装可相对自由一些。即使穿睡衣，也是被允许的。但是，无论如何，住宿者切切不可身着睡衣、内衣、拖鞋之类的室内装出现在宾馆的公用、共享空间之内。至于光着膀子或穿泳装出行，当然更在禁止之列。

（2）**非住宿者**

对于外来之人，在着装方面总的要求是：务必文明雅致，力戒衣冠不整。具体而言，宾馆不欢迎衣衫不整者、不修边幅者入内。穿背心、短裤、拖鞋的男士，穿着过于暴露的女士，均会被禁止入内。

活动

在宾馆之内活动，既要不超出规定的活动范围，又要注意使自己的行为举止不妨碍别人。

（1）**范围**

在宾馆内部活动的主要范围，对一般人而言，主要是指宾馆所划定的公用、共享空间，例如，大堂、花园和餐饮、健身、娱乐、购物场所。这些地方，一般人均可遵照指路牌的引导畅行无阻。

非公用、共享的内部空间以及危险之处，例如，公司企业的办公室、其他陌生客人的客房、宾馆服务人员的工作室、休息室、配电室、楼顶等处，均是一般客人的活动禁区。除有必要外，均不宜前去。

（2）**走动**

在宾馆内部走动时，要保持一定的正常速度，并要显得落落大方、不忙不慌。若无特殊原因，不要在宾馆内狂奔乱跑、四处乱窜，免得让人觉得形迹可疑。

不要尾随其他人，包括名人、明星在内；在无人之处尤其要注意这一点。单身的女士最好不要长时间独自一人在宾馆内的公共场所徘徊，尤其不要在大堂等处久久停留，免得令人感到形迹可疑。

走动的时候，尽量不要有意无意搞出声响。穿硬底鞋或鞋子钉有金属鞋跟、鞋掌的人，对此更应切记。

（3）**交谈**

在宾馆之内的走廊、电梯、楼梯等处，除打招呼之外，不适合逗留过久或在此与人交谈。若打算与他人在客房之外、宾馆之内找个地方好好聊一聊的话，最佳的地点有大堂吧、咖啡屋或酒吧。虽健身、娱乐场所允许与人交谈，但其氛围仍是不适合深谈的。

在大堂吧、咖啡屋、酒吧与其他人交谈时，应注意调低音量。不要大吵大闹、高声谈笑，影响到其他人。一边与熟人交谈，一边窥视陌生人，也很不合适。此举极易给人以低俗轻浮之感。

用餐

在宾馆之内，通常都设有专供客人使用的餐厅。大一些的宾馆里，餐厅通常还不止一处。除餐厅之外，大堂吧、咖啡屋、酒吧，也可以向客人提供餐饮。在宾馆之内用餐时，应注意以下几点。

（1）**耐心等候**

某些位于宾馆之内的热门餐厅，因其名声在外，往往宾客如云。要想前去用餐的话，最好提前打电话预订座位。如果临时决定前往的话，遇上人多，则要遵守先来后到的顺序，取号之后耐心地排队等候。不要以任何理由搞特殊化。

进入有空座的餐厅，应在引位员指定处就座。若有特殊要求，可向其提出，但不应与其他人争座、抢座。

大堂吧、咖啡屋、酒吧里的座位选择，往往不甚讲究。与其他人可以同坐一桌，但就座前首先要征得对方同意。

（2）**尊重侍者**

在点菜、用餐、要饮料时，对侍者态度要平等、和蔼，不要拿腔拿调，切莫有意显得高人一等。当对方是年轻女性时，讲话要文明得体，不要调侃、取笑对方，不要纠缠、骚扰对方。为难、捉弄或过分支使对方，只会显得自己没见过什么世面，或心态不大平衡。

若对菜肴、酒水有要求、有意见，可向侍者提出，但不要要求过高。当自己的要求难以满足时，要保持克制，不要怒发冲冠，不要拍桌子、砸碗，更不应为此辱骂侍者。

（3）**禁止酗酒**

在餐厅、酒吧内饮酒，应注意控制酒量，不要毫无节制地酗酒，更不能在那里大发酒疯。

饮酒时不要与人猜拳行令，或大声喧哗、有意招摇，更不能借此机会聚众赌博。

娱乐

设施完善的大宾馆内，大都设有歌厅、舞厅、氧吧、球厅、游泳池、桑拿浴等娱乐、健身场所。在那些场所进行娱乐，亦须遵守礼仪规范。

(1) **打扮**

在宾馆之内娱乐、健身时，没有任何必要穿着打扮得像是前去办公、赴宴，否则自己不舒服，别人看着也不顺眼。总的说来，在娱乐、健身时的打扮，只要健身方便、便于娱乐、符合环境，即为得体。

有以下两点应当强调：

第一，有所限制。娱乐、健身场合的着装只适用于娱乐、健身场合，切勿穿着它去宾馆内外的其他地方招摇过市。

第二，切勿怪异。娱乐、健身时的打扮不要过于怪异，例如，女士不要化艳妆，穿黑皮短裙、黑色网眼丝袜，男士不要打扮得不男不女，或者像朋克、“暴走族”一样。那些行头，往往会让人觉得其着装者身份可疑。因为他们在常人的印象里，往往与娼妓、窃贼、歹徒、吸毒者联系在一起。

(2) **合作**

在娱乐、健身时，有时需要与他人共同使用某种设施，有时则需要与其他人进行合作。

使用某种设施时，不要一人独霸。若他人打算加入合用时，应表示欢迎。打算与他人合用时，不要一厢情愿，而应先礼貌地征得对方的同意。需要与其他人合作时，发出的邀请应彬彬有礼，不要勉强对方。他人邀请自己合作时，有可能的话，最好不要拒绝。万一打算拒绝，则要先讲“对不起”，并说明具体理由，以便让对方有台阶可下。

(3) **异性**

在娱乐、健身场所，邀请异性合作无可厚非。但不要勉强对方，对对方必须尊重。

男士对女士要有绅士风度，要多加优待与关照。但是，对初次相识者则要保持适当的距离。

女士对男士也要保持适当的距离。不可利用男士对自己的照顾而得寸进尺。

购物

在宾馆里，大都设有商品柜台，供客人选购。一些大型、高档的宾馆里，通常还设有商场、超市、便利店和知名品牌的专卖店。在此类地方购物时，有下列四点注意事项。

(1) **存包**

进入自选商品的便利店、超级市场购物，如要求存包，应自觉遵守。如果没有必要，则不要携带其他商品进入便利店或自选商场，省得没事找事、生出麻烦。

(2) **挑选**

挑选商品时，不要漫无目标、随手乱指，不要过分苛刻、百挑不厌。对未选定的商品，不要乱动、乱用、乱抠、乱摸，更不要擅自拆启其外包装，以免造成损坏。

（3）**付款**

在付款时，要当面与售货员做到货、钱两清。接过找回的钱款，一定要进行清点。宾馆内的商品大多较贵，付款前要看清楚，不要届时捉襟见肘、当众出丑。进行移动支付时，务必要事先与售货员确认哪一种支付方式可用。

（4）**退、换货**

购买商品之后，应保留发票，以供退、换商品之用。在退、换商品时，理由要充分，说明要客气。不要因此指责售货员，或是冤枉对方。

办公

前往公司、企业设在宾馆内的办公地点洽谈公务时，应遵守必要的礼仪规范，它与一般的私人拜会毕竟有着很大的不同。

（1）**预约**

去此类办公地点洽谈公务，一般应提前进行电话预约，以便对方有时间接待，并为此早做准备。不要不约而至，充当打扰对方工作的不速之客。

（2）**守时**

拜会的时间一经约定，就必须严格遵守。通常，应当正点抵达或稍晚两三分钟到达。不要迟到太久或者提前到达，更不能私自取消约定，而又不通知对方。

（3）**通报**

到达约定地点后，应采用适当的方法，例如打电话、按门铃，或者恳请前台接待人员、秘书转达或递名片等等，向被拜访者通报自己的到来，令其有所准备。届时不要不打任何招呼，推门就进。

（4）**少留**

此类办公地点一般不大，因此不宜久留。一般的拜访，不应超过半个小时。不要在其室内乱逛。若无必要，则最好不要上门打扰。

前去宾馆内部的商务中心联系、办理有关事宜，亦应参照上述礼仪规范。

思考题

1. 什么是社会公德？
2. 公共礼仪与社会公德有何关系？
3. 在公共场合为什么提倡“勿碍他人”？
4. 人际距离主要分为几种？
5. 行路与行车时应当遵守哪些礼仪规范？

6. 乘坐轿车时，应如何安排具体的座次？
7. 在客轮上进行休息时，有哪些需要注意的事项？
8. 乘坐飞机时，哪些物品在禁运、禁带之列？
9. 在登机前，为什么需要接受安全检查？
10. 在飞机飞行期间，有哪些物品禁止使用？
11. 怎样在自己住宿的宾馆里接待来访者？
12. 在宾馆内部活动时，应当注意哪些具体问题？

第三章 交往礼仪

交往礼仪，在此是指人际交往中最基本的行为规范。人们在社会生活中不仅应当积极参人际交往，而且必须遵守相关的交往礼仪。本章所讲授的内容，具体包括有关称呼、介绍、握手、名片、交谈等方面的礼仪规范。

学习目的

- 重视人际交往。
- 以正确的态度积极地投入人际交往。
- 掌握基本的交往礼仪。
- 在人际交往中表现得体。
- 避免在人际交往中失礼于人。

本章要点

- 本章讲授的是交往礼仪，它是指人际交往中最基本的行为规范。掌握并遵守交往礼仪，才能在人际交往中表现得得体而自如。
- 第一节讲授的是有关称呼的礼仪，重点讲述了生活中的称呼、工作中的称呼、外交中的称呼，以及有关称呼的各种禁忌。
- 第二节讲授的是有关介绍的礼仪，重点讲述了自我介绍、他人介绍、集体介绍的基本规范。
- 第三节讲授的是有关握手的礼仪，重点讲述了行礼的时机、伸手的次序、相握的方式、握手的禁忌、其他常见的会面礼节等。
- 第四节讲授的是有关名片的礼仪，重点讲述了名片的制作、名片的分类、名片的用途、名片的交换、名片的存放等。
- 第五节讲授的是有关交谈的礼仪，重点讲述了如何在交谈的语言、交谈的主题、交谈的方式等具体方面表现得体。

古希腊先贤亚里士多德在谈及人的基本特征时曾经说过：任何人在社会生活中，都难以离开与其他人的交往。一个人如果不同其他人进行任何交往，那么他不是一位神，就是一只兽。换言之，他就不会是一名正常人。古代先哲的这句名言，阐明了一条人所共知的真理：一个人在社会生活里如欲生存、发展，那么不论他是否愿意，都必须以各种形式与其他人进行交往。因为没有交往，就难以合作；没有合作，就难以生存、发展。学习、运用礼仪的目的之一，就是增进自身的交际能力，以便更好地与他人进行合作。

个别涉世不深者和交往能力较差的人，总将正常的人际交往视为畏途，能躲开就躲开，躲不开就勉强应付、匆匆忙忙走过场。这种态度，无疑是有害无益的。

人际交往，是有一定之规可循的。这种一定之规，指的就是交往礼仪。进而言之，交往礼仪指的是人际交往中最基本的行为规范。遵守交往礼仪，不仅可使自己有型有格，而且可以使自己人脉更广、人际交往更顺畅。对于人际交往，正确的态度有二：其一，要积极参加，并且及时总结经验、吸取教训，借以提升自我。其二，要学习基本的交往礼仪，并且在实践中正确地加以运用。重视这两点并将其付诸行动，在人际交往中不但可以举重若轻、应付自如，还将从中大大获益，感受到交往成功所带来的欢乐。

交往礼仪之中的一项十分重要的原则，叫作“三 A 原则”。所谓“三 A”，指的是三个相关英文单词的头一个字母。它的含义是：要求人们在与其他人进行交往的具体过程中，一定要努力地以自身的实际行动，去“接受（accept）对方”“重视（appreciate）对方”“赞同（agree）对方”。“接受对方”，指的是要求同存异、容纳对方，不要对对方见外、排斥。“重视对方”，指的是要使对方感到被欣赏、被关注，而非无足轻重。“赞同对方”，则指的是要善于求同存异、善于发现对方之长、善于发现对方的亮点，并及时加以肯定。既不要自高自大，又不要曲意奉承对方。实践证明：在人际交往中，适当地运用该原则是非常必要的。

一、称呼

称呼，通常指的是人们在日常交往应酬之中，所采用的彼此之间的称谓语。在人际交往中，选择正确、适当的称呼，反映着自身的教养、对对方尊敬的程度，甚至还体现着双方关系发展所达到的程度和此时此地社会的风尚。因此，对它不能疏忽大意、随便乱用。

根据交往礼仪的规范，选择正确、适当的称呼，有以下三点应当予以注意：其一，要合乎常规。其二，要兼顾习惯。其三，要入乡随俗。

与此同时，还应对生活中的称呼、工作中的称呼、外交中的称呼、称呼的禁忌等细心掌握，并有所区别。

（一）生活中的称呼

在日常生活中，称呼应当亲切、自然、准确、合理，切不可肆意为之、大而化之。

对亲属的称呼

对亲属的称呼，一般有常规与特例之分。

（1）常规

亲属，即与本人直接或间接拥有血缘关系者。在日常生活中，对亲属的称呼业已约定俗成、人所共知。例如，父亲的父亲应称为“祖父”，父亲的祖父应称为“曾祖父”，父亲祖父的祖父应称为“高祖父”，姑、舅之子应称为“表兄”“表弟”，叔、伯之子应称为“堂兄”“堂弟”，大家对此都不会搞错。

《礼记》曰：“尊尊”“亲亲”。对待亲属的称呼，有时讲究亲切，并不一定非常标准。例如，儿媳对公公、婆婆，女婿对岳父、岳母，皆可以“爸爸”“妈妈”称之。这样做，主要意在表示自己与对方完全“不见外”。

（2）特例

面对外人时，对亲属可根据不同情况采取谦称或敬称。对本人的亲属，应采用谦称。称辈分或年龄高于自己的亲属，可在其称呼前加“家”字，如“家父”“家叔”“家姐”。称辈分或年龄低于自己的亲属，可在其称呼前加“舍”字，如“舍弟”“舍侄”。称自己的子女，则可在其称呼前加“小”字，如“小儿”“小女”。

对他人的亲属，应采用敬称。对其长辈，宜在称呼之前加“尊”字，如“尊母”“尊兄”。对其平辈或晚辈，宜在称呼之前加“贤”字，如“贤妹”“贤侄”。若在其亲属的称呼前加“令”字，一般可不分辈分与长幼，如“令堂”“令尊”“令嫒”“令郎”。

对待比自己辈分低、年纪小的亲属，可以直呼其名，直接使用其爱称、小名，或是在其名字之前加上“小”字相称，如“智勇”“文文”“小宝”等。但对比自己辈分高、年纪大的亲属，则不宜如此。

对朋友、熟人的称呼

对朋友、熟人的称呼，既要亲切、友好，又要不失敬意。

（1）敬称

对任何朋友、熟人，都可以人称代词“你”“您”称之。对长辈、平辈，宜称其为“您”。对待晚辈，则可称其为“你”。以“您”称呼他人，通常是为了表示自己的恭敬之意。

对有身份者、年纪长者，可以“先生”相称。在此意义上使用“先生”这一称呼时，可不分男女。其前还可以冠以姓氏，如“宋庆龄先生”“尚先生”“何先生”。

对文艺界、教育界人士，以及其他有成就者、有身份者，均可称之为“老师”。在其前，也可加上姓氏，如“高老师”。

对德高望重的年长者、资深者，可称之为“公”或“老”。其具体做法是：将姓氏冠于“公”之前，如“谢公”；将姓氏冠于“老”之前，如“周老”。若被尊称者名字为双字，则还可将其双字中的头一个字加在“老”之前，如可称沈雁冰先生为“雁老”。

（2）**姓名类称呼**

平辈的朋友、熟人，均可彼此以姓名相称，如“李静”“朱一凡”“郑秋芬”“张志学”。长辈对晚辈也可以这么做，但晚辈对长辈却不可如此这般。

为了表示亲切，可以在被称呼者的姓前分别加上“老”“大”或“小”字，而免称其名。例如，对年长于己者，可称“老刘”“大赵”；对年幼于己者，可称“小谭”“小马”。

对同性的朋友、熟人，若关系极为亲密，可以不称其姓，而直呼其名，如“光夏”“韵诗”。对异性，则一般不可这样做。要是称“刘俊英”“刘凤玲”为“俊英”“凤玲”，若不是其家人、师长、学长或至交，通常便是其恋人或配偶了。

（3）**亲密性称呼**

对邻居、长辈，有时可采用“大爷”“大娘”“大妈”“大伯”“大叔”“大婶”“伯伯”“叔叔”“爷爷”“奶奶”“阿姨”等类似血缘关系的称呼。这种称呼，会令人感到信任、亲切。

在此类称呼前，也可以加上姓氏。例如，“许大哥”“齐大姐”“余大妈”“卫阿姨”“马爷爷”等等。

对至交、密友或偶像，亦可在其姓氏或名字后一个字之前加上一个“阿”字，以示亲近。例如，“阿杜”“阿朵”“阿莉”。

对普通人的称呼

在现实生活中，对一面之交、关系普通的交往对象，可酌情采取下列五种方法称呼。

第一，以“同志”相称。

第二，以“先生”“女士”“小姐”“夫人”“太太”相称。

第三，以其职务、职称、学衔或学位相称。

第四，以较为通行的称呼相称。例如，对上岁数的人可称之为“老人家”；对小孩子则可称之为“小朋友”。

第五，入乡随俗，采用对方所能理解并接受的本地称呼相称。

（二）工作中的称呼

在工作岗位上，人们彼此之间的称呼是有其特殊性的。它的总的要求是：庄重、正式、规范。

职务类称呼

在工作中，以交往对象的职务相称，以示身份有别、敬意有加，这是一种最常见的称呼方法。

以职务相称，具体来说又分为以下三种情况：

第一，仅称职务。例如，“部长”“经理”“主任”等等。

第二，在职务之前加上姓氏。例如，“李总理”“隋局长”“马经理”等等。

第三，在职务之前加上姓名，这种做法仅适用于极其正式的场合。例如，“习近平主席”“王君正书记”“怀进鹏部长”等等。

职称类称呼

对于拥有技术职称者，尤其是拥有高级、中级职称者，可以在工作中直接以其职称相称。

以职称相称，有下列三种情况较为常见：

第一，仅称职称。例如，“研究员”“工程师”“警官”“律师”“医师”等等。

第二，职称前加上姓氏。例如，“钱编审”“梅研究员”。有时，这种称呼也可进行约定俗成的简化，例如，可将“吴工程师”简称为“吴工”。但使用此类简称时应以不发生误会、歧义为限。

第三，职称前加上姓名。它适用于十分正式的场合。例如，“黄宁警官”“杜锦华主任医师”“于英龙编审”等等。

学衔类、学位类称呼

在工作中，以学衔或学位作为称呼，可提高被称呼者的权威性，有助于增加现场的学术气氛。

称呼学衔或学位，以下四种情况使用最多：

第一，仅称学衔或学位。例如，“教授”“博士”。

第二，在学衔或学位前加上姓氏。例如，“高院士”“娄教授”“李博士”。

第三，在学衔或学位前加上姓名。例如，“高文院士”“娄志高教授”“李权博士”。

第四，将学衔或学位具体化，说明其所属单位、学科，并在其后加上姓名。例如，“中国科学院院士常印佛”“中国工程院院士庄松林”“中国人民大学法学教授何家弘”“史学博士刘欣”“工学硕士郑利”“法学学士李晓敏”等等。此种称呼最为正式。

▍组织类称呼

在某些政治性组织内，通常亦有其规范性的称呼。

第一，在中国，党团组织内部人士互相之间宜称“同志”。

第二，在对外交往中，对兄弟党、社会主义国家的人士，均可称之为“同志”，但切勿不分对象地滥用。

▍行业类称呼

在工作中，有时可按行业进行称呼，具体可分为以下两种情况。

（1）**称呼职业**

称呼职业，即直接以被称呼者的职业作为称呼。例如，将教员称为“老师”，将教练员称为“教练”，将专业辩护人员称为“律师”，将会计师称为“会计”，将医生称为“医生”或“大夫”，等等。

在一般情况下，在此类称呼前，均可加上姓氏或姓名。

（2）**称呼“小姐”“女士”“先生”**

对于商界、服务界的从业人员，一般约定俗成地按其性别的不同分别称呼为“小姐”“女士”或“先生”。其中，“小姐”与“女士”二者的区别在于：未婚者称“小姐”，已婚者或不明确其婚否者则称“女士”。在公司、商社、银行、宾馆、商店、餐馆、歌厅、酒吧以及交通行业，尤其是在外企，此种称呼目前极其通行。

在此种称呼前，一般可加上姓氏或姓名。

▍姓名类称呼

在工作岗位上称呼姓名，一般限于同事、熟人之间。其具体方法有下列三种：

第一，直呼姓名。例如，“许佳佳”“刘金歌”“简大勇”。

第二，只呼其姓，不称其名，但要在它前面加上“老”“大”“小”，例如，“老马”“大汪”“小秦”。

第三，只称其名，不呼其姓。这种情况通常限于同性之间，尤其是上司称呼下级、长辈称呼晚辈之时。在亲友、同学、邻里之间，也可使用这种称呼。

至于称呼他人的小名，或以其名字最后一字作为称呼，例如，将“董茉莉”称为“莉”，将“龚学强”称为“强”，则仅限用于家人之间，绝对不可滥用。

（三）外交中的称呼

俗语说：“百里不同风，千里不同俗。”在涉外交往中，称呼的问题因为国情、民族、宗教、文化背景的不同，而显得千差万别、十分复杂，因此值得相关人员予以重视。

在对外交往中，对待称呼问题有两点必须切记：其一，要掌握一般性规律，即国际上通行的做法。其二，要留心国别之间的差异，并加以区分对待。

一般性规律

在对外交往中，称呼方面的普遍性规律有：

第一，对任何成年人，均可将男子称为“先生”，将女子称为“小姐”“夫人”或“女士”。

对于女子，已婚者应称“夫人”，戴结婚戒指者也可称为“夫人”。对未婚者或不了解其婚否者，可称之为“小姐”。对不了解其婚否者，亦可称之为“女士”。

上述称呼，均可冠以姓名、职务、职称、学衔或军衔。例如，“亨特先生”“艾丽丝小姐”“市长先生”“少校先生”等等。

第二，在商务交往中，一般应以“先生”“小姐”“女士”称呼交往对象。

在国际商务交往中，一般不称呼交往对象的行政职务，这一点与我国颇为不同。

“夫人”这一称呼，也较少使用于商务活动之中。

第三，在政务交往中，常见的称呼除“先生”“小姐”“女士”外，还有两种方法：一是称其职务，二是对地位较高者称“阁下”。

在称呼职务或“阁下”时，还可加上“先生”“女士”“小姐”这些称呼。其组成顺序为：先职务，次“先生”“女士”“小姐”，最后“阁下”；或为职务在先，“先生”“女士”“小姐”在后。例如，“总理先生阁下”“大使阁下”或“市长小姐”等等。

在美国、德国、墨西哥等国，则没有称“阁下”之习。

第四，对军界人士，可以其军衔相称。

称军衔不称职务，是国外称呼军界人士最通用的做法。在进行称呼时，具体有四种方法：其一，只称军衔，如“将军”“上校”“下士”。其二，在军衔之后加上“先生”，如“上尉先生”“少校先生”。其三，先姓名，后军衔，如“朱可夫元帅”“巴顿将军”。其四，先姓名，次军衔，后“先生”，如“布莱尔上校先生”“卡尔松中尉先生”。

第五，对宗教界人士，一般可称呼其神职。但不同宗教、不同教派中有关神职称呼的具体讲究甚多，有必要对其使用时务必区分清楚，切勿张冠李戴。

称呼神职时，具体做法有下述三类：其一，仅称神职，如“牧师”。其二，称姓名加神职，如“亚当神父”。其三，称神职加“先生”，如“传教士先生”。

第六，对君主制国家的王公贵族，称呼上应尊重对方的具体习惯。

对国王、王后，通常应称之为“陛下”。对王子、公主、亲王等，应称之为“殿下”。对有封号、爵位者，则应以其封号、爵位相称，如“爵士”“勋爵”“公爵”“大公”等。

有时，可在国王、女王、王后、王子、公主、亲王等头衔之前加上姓名相称，例如，“维多利亚女王”“威廉王子”等等。

对拥有爵位者，既可称“阁下”，也可称“先生”。

第七，教授、法官、律师、医生、博士，因其社会地位较高、颇受尊重，故可直接以此作为称呼。

具体的称呼方式有四：其一，是直接称“教授”“法官”“律师”“医生”“博士”。其二，是在其前加上姓名，如“福特教授”。其三，是在其后加上“先生”，如“法官先生”。其四，是在其前加姓名，在其后加“先生”，如“亚历山大博士先生”。

国别性差异

以下，介绍一些主要国家有关称呼姓名方面的特点。

（1）**英、美等国**

在英国、美国、加拿大、澳大利亚、新西兰等英语国家里，人们的姓名一般由两个部分构成，通常是：名字在前，姓氏在后。例如，在“理查德·尼克松”这一姓名之中，“理查德”是名字，“尼克松”才是其姓氏。

在英美诸国，女子结婚前一般都有自己的姓名。但在结婚之后，通常姓名由本名与夫姓组成。例如，在“玛格丽特·撒切尔”这一姓名中，“玛格丽特”为其本名，“撒切尔”则为其夫姓。

有些英美人士的姓名前会冠以“小”字，如“小乔治·威廉斯”。这个“小”字，与其年龄无关，而是表明他沿用了父名或父辈之名。

跟英美人士交往，一般应称其姓氏，并加上“先生”“小姐”“女士”或“夫人”。例如，“克林顿先生”“希拉里女士”。在十分正式的场合，则应称呼其姓名全称，并加上“先生”“小姐”“女士”或“夫人”。例如，“约翰·威尔逊先生”“玛丽·怀特小姐”。

对关系密切的人士，往往可直接称呼其名，不称其姓，而且可以不论辈分，如“乔治”“约翰”“玛丽”等。在家人与亲友之间，还可称呼爱称。例如，“艾米”“维利”“比尔”等等。但与人初次交往时，却不可这样称呼。

（2）**俄罗斯**

俄罗斯人的姓名由三个部分构成：首为本名，次为父名，末为姓氏。例如，在列宁的原姓名“弗拉基米尔·伊里奇·乌里扬诺夫”中，“弗拉基米尔”为本名，“伊里奇”为父名，“乌里扬诺夫”方为姓氏。

俄罗斯妇女的姓名同样也由三个部分组成，本名与父名通常一成不变，但其姓氏在结婚前后却有所变化：婚前使用父姓，婚后则使用夫姓。例如，对于姓名为“尼娜·伊万诺夫娜·乌里扬诺娃”的女士而言，其姓氏“乌里扬诺娃”与其婚否便关系甚大。

在俄罗斯，人们口头称呼中一般只采用姓氏或本名。例如，对“弗拉基米尔·弗拉基米罗维奇·普京”，可以只称“普京”或“弗拉基米尔”。在特意表示客气与尊敬时，可同时称其本名与父名。例如，称前者为“弗拉基米尔·弗拉基米罗维奇”，便是一种尊称。向长者表达敬意时，方可仅称其父名。例如，称前者为“弗拉基米罗维奇”。

俄罗斯人在与亲友、家人交往时，习惯使用由对方本名化来的爱称。例如，可称“伊万”为“万尼亚”。

在俄罗斯，“先生”“小姐”“女士”“夫人”亦可与姓名或姓氏连在一起使用。

（3）**日本**

日本人的姓名大多用汉字书写，而且其姓名的排列与中国人的做法也一样，即姓氏在前，名字居后。所不同的是，日本人的姓名往往字数较多，并且多为四字组成。其读音，与汉字也大相径庭。

为了避免差错，与日本人交往时，一定要了解：在其姓名之中哪一部分为姓，哪一部分为名。在进行书写时，最好将其姓与名隔开一字的空间书写，例如，“竹下　登”“小泽　一郎”“二阶堂　进”“松下　幸之助”“村上　春树”“东野　圭吾”等等。

日本妇女通常婚前使用父姓，婚后使用夫姓，本名则一直不变。

在日本，人们进行日常交往时，往往只称其姓。只有在正式场合，才使用其姓名的全称。

称呼日本人，“先生”“小姐”“女士”“夫人”皆可采用。一般而言，可与其姓氏或全称合并使用。例如，“田中先生”“山口百惠小姐”“饭田恭子女士”等等。

（四）称呼的禁忌

在人际交往中使用称呼时，一定要回避以下几种有可能失敬于人的欠妥做法。

错误的称呼

使用错误的称呼，主要是由粗心大意引起的。常见的错误称呼，有下述两种。

（1）**误读**

误读，一般表现为念错被称呼者的姓名。例如，“乐”“郇”“查”“翟”“盖”“郝”“仇”“区”“员”“单”“朴”“句”这些姓氏均为多音字，往往极易念错。要避免犯此错误，就一定要做好前期准备，必要时虚心向他人请教。

（2）**误判**

误判，主要指对被称呼者的年纪、辈分、婚否以及与其他人的关系做出了错误判断。例如，将未婚妇女称为“夫人”，就属于典型的误判。

▌过时的称呼

有些称呼，具有一定的时效性。一旦时过境迁，若再采用它，难免贻笑大方。例如，法国大革命时期人民彼此之间互称“公民”；在我国古代，对官员称呼“老爷 ”“大人”；新中国成立前，有钱人家的儿媳妇被称为“少奶奶”。若将它们全盘照搬进现代生活中来，就会显得滑稽可笑、不伦不类。

▌不通行的称呼

有些称呼，具有一定的地域性。例如，北京人爱称他人为“师傅”，山东人爱称关系密切的成年男子为“二哥”，中国人经常把配偶、孩子分别称为“爱人”“小鬼”。但是，在南方人听来，“师傅”等于“出家人”，“二哥”肯定比较“二”。而外国人则会将“爱人”理解为搞“婚外恋”的“第三者”，将“小鬼”理解为“鬼怪”“精灵”。由此可见，特定的称呼一旦脱离了其特定的适用区域，便会“南辕北辙”，误会太大了。

▌不恰当的行业称呼

平时，学生喜欢互称“同学”，军人经常互称“战友”，工人可以称彼此为“师傅”，道士、和尚可以被称为“出家人”，线上的主播可以被称为“家播”。在其特定的行业内，这些称呼无可厚非。但以此去称呼“界外”人士，并不表示亲近，没准对方还会不领情，反而产生被贬低的感觉。

至于在党政机关里，将副职称为正职，或者将上级称为“老板”“老大”“大神”“大拿”，明显地使称呼庸俗化、市场化、家族化，则更为不妥。

▌网络上流行的称呼

在网络上颇为流行的一些称呼，例如，“亲”“偶”“小主”“老铁”“大虾”“菜鸟”“集美”“迷弟”“小鲜肉”“小盆友”“小姐姐”“小哥哥”等，在线下并不适用。

▌庸俗低级的称呼

在人际交往中，有些称呼在正式场合切勿使用。如“兄弟”“朋友”“瓷器”“死党”“哥们儿”“姐们儿”“铁哥们儿”等一类称呼，就显得庸俗低级、档次不高。它们听起来令人肉麻，而且带有明显的粗俗甚至黑社会成员的风格。逢人便称“头儿”，往往显得不伦不类。某些仅仅适用于特定范围之内的称呼，例如，“亲”“家人”“大咖”“麻豆”“宅男”“柠檬精”等，平时也未必适用。

▌绰号

对于关系一般者，切勿自作主张地给对方起绰号，更不能随意以道听途说来的对方的绰号去称呼对方。至于一些对对方具有戏说、蔑视或侮辱性质的绰号，如“北佬”“阿乡”“鬼子”“鬼妹”“拐子”“秃子”“罗锅”“四眼”“肥肥”“菜鸟”“恐龙”“傻大个”“柴火妞”“北极熊”“黑哥们儿”“歪果仁”等，则更应当免开尊口。此外，还要切记：不要随便拿别人的姓名乱开玩笑。若要尊重一个人，必须首先学会去尊重他的姓名。每一个正常人，都极为看重本人的姓名，而不容他人对此进行任何形式的轻贱。

二、介绍

现代人要生存、要发展，在日常生活和工作中，就需要与其他人进行必要的沟通，以寻求理解、帮助和支持。介绍，就是人际交往中与他人进行沟通、增进了解、建立联系的一种最基本、最常规的方式。它是经过自己主动沟通，或者通过第三者从中沟通，从而使交往双方相互认识、建立联系的一种交际方法。也可以说，介绍是人与人之间相互沟通、彼此结识的出发点。

在社交场合，如能正确地利用介绍，不仅可以扩大自己的交际圈，广交朋友，而且有助于自己进行必要的自我展示、自我推广，并且替自己在人际交往中消除误会、减少麻烦。

根据介绍者的不同，即由何人做介绍的不同，介绍可以分为自我介绍、他人介绍、集体介绍三种基本类型。

（一）自我介绍

自我介绍，简言之，就是在必要的社交场合，由自己担任介绍的主角，自己将自己介绍给其他人，以使对方认识自己。

在社交活动中，如欲结识某个人或某些人，而又无人引见，即可自己充当自己的介绍人，自己将自己介绍给对方。这种自我介绍，称作主动型的自我介绍。

在其他一些情况下，人们有时会应其他人的要求，将本人某些方面的具体情况进行一番自我介绍。这种自我介绍，则称为被动型的自我介绍。

从总体上讲，主动型的自我介绍与被动型的自我介绍都属于自我介绍。它们在人际交往中，都是被经常采用的介绍方式。

根据交往礼仪的具体规范，进行自我介绍，应关注自我介绍的时机、自我介绍的内容、自我介绍的分寸诸方面的问题。

自我介绍的时机

应当何时进行自我介绍？这个问题比较复杂，它往往涉及具体时间、地点、当事人、旁观者、现场气氛等多种因素。一般认为，在下述时机，如有可能，都有必要进行适当的自我介绍。

（1）与不相识者相处时。

（2）不相识者表现出对结识自己感兴趣时。

（3）不相识者请求自己做自我介绍时。

（4）希望结识身边的陌生人时。

（5）在公共聚会上，打算介入由陌生人组成的交际圈时。

（6）有求于人，而对方对自己不甚了解，或一无所知时。

（7）交往对象因为健忘而记不清自己，或担心这种情况有可能出现时。

（8）出差、旅行途中，与他人不期而遇，并且有必要与之临时接触时。

（9）初次前往他人居所、办公室，进行登门拜访时。

（10）拜访熟人遇到不相识者挡驾，或是对方不在，而需要请不相识者代为转告时。

（11）初次利用大众传媒，如报纸、期刊、广播、电视、网络、电影、标语、传单，以及其他自媒体，向社会公众进行自我推介、自我宣传时。

（12）利用社交媒介，如信函、电话、传真、电子邮件，与其他不相识者进行联络时。

（13）前往陌生单位，进行业务联系时。

（14）因业务需要，在公共场合进行业务推广时。

（15）应聘求职时。

（16）应试求学时。

凡此种种，又可以归纳为以下三种情况：一是本人希望结识他人；二是他人希望结识本人；三是本人认为有必要令他人认识或了解自己。

自我介绍的内容

鉴于需要进行自我介绍的时机多有不同，进行自我介绍时的具体表述方法便有所不同。自我介绍的内容，此处指的是自我介绍时所表述的主体部分，即在自我介绍时表述的具体形式。

确定自我介绍的具体内容，应兼顾实际需要、所处场景，并应具有鲜明的针对性，切不可一概而论。

依照自我介绍时表述的内容的不同，自我介绍可以分为下述五种具体形式。

（1）应酬式

应酬式的自我介绍，适用于某些公共场合和一般性的社交场合。例如，旅行途中、宴会厅里、茶室之内、通电话时。它的对象，主要是进行一般性接触的交往对象。对介绍者而言，对方属于泛泛之交，或者早已熟悉，进行自我介绍只不过是为了确认本人的身份而已，故此种自我介绍的内容要少而精。

应酬式的自我介绍内容最为简洁，往往只包括姓名一项即可。例如：

“您好！我叫张腾。”

“我是您的邻居刘芷君。”

（2）**工作式**

工作式的自我介绍，主要适用于工作之中。它以工作为自我介绍的中心：因工作而交际，因工作而交友。有时，它亦称为公务式的自我介绍。

工作式的自我介绍的内容，通常包括本人姓名、供职的单位与部门、担负的职务或从事的具体工作等三项，三者通常缺一不可。其中，第一项内容为姓名。应当将它一口气报出，不可有姓无名，或有名无姓。第二项内容为供职的单位与部门。最好将它全部报出，但具体工作部门有时也可以暂不报出。第三项内容为担负的职务或从事的具体工作。有职务者最好报出职务，职务较低或者无职务者，则可报出目前所从事的具体工作项目。例如：

“你好！我叫张奕希，是婺州市政府外事办公室的交际处处长。”

“我名叫王縈，现在在西京大学外交学系讲授外交学课程。”

（3）**交流式**

交流式的自我介绍，主要适用于社交活动。它是一种刻意寻求与交往对象进一步交流与沟通，希望对方由此而认识自己、了解自己、与自己建立联系的自我介绍。有时，它也叫社交式自我介绍或沟通式自我介绍。

交流式的自我介绍的内容，大体上包括介绍者的姓名、工作、籍贯、学历、兴趣，以及与交往对象的某些熟人的关系等等。它们不一定非要面面俱到，而应依照具体情况而定。例如：

“我叫李申佳，现在在北京吉普有限公司工作。我是清华大学汽车工程系2016届毕业生。我想咱们是校友，对吗？”

“我的名字叫池玲，现在在天马公司担任财务总监，我和您先生是高中同学。”

“我叫陶蔚，天津人。我刚才听见你在唱蒋大为的歌，他是我们天津人，我特别喜欢他唱的歌，你也喜欢吗？”

（4）**礼仪式**

礼仪式的自我介绍，适用于讲座、报告、演出、庆典、仪式等一些正规而隆重的场合。它是一种意在表示对交往对象的友好、敬意的自我介绍。

礼仪式的自我介绍的内容，亦包含姓名、单位、职务等项，但往往还应多加入一些适宜的谦辞、敬语，以示自己礼待交往对象。例如：

“各位来宾，大家好！我叫范秋丹，是云海公司的副总经理。现在，由我代表本公司热烈欢迎大家光临我们的开业仪式，谢谢大家的支持。”

（5）**问答式**

问答式的自我介绍，一般适用于应试、应聘和公务交往。在普通交际应酬场合，它比较常见。

问答式的自我介绍的内容，讲究问什么答什么，有问必答。例如：

某甲问："这位小姐，你好！不知你应该怎么称呼？"某乙答："先生您好！我叫唐芳。"

主考官问："请介绍一下你的基本情况。"应聘者答："各位好！我叫赫然，现年27岁，陕西西安人，汉族，共产党员，已婚，2018年毕业于西安交通大学船舶工程系，获工学学士学位，现在北京市首钢船务公司任助理工程师，已工作4年。其间，曾去阿根廷工作1年。本人除精通专业外，还掌握英语、西班牙语，懂电脑，会驾驶汽车和船只。曾在国内正式刊物上发表过6篇论文，并拥有一项技术专利。"

自我介绍的分寸

进行自我介绍之时，对下述几方面的问题必须予以正视，方能使自我介绍恰到好处，并不失分寸。

（1）斟酌时间

在进行自我介绍时斟酌时间，通常具有双重含义：

第一，自我介绍应力求简单明了。也就是说，应尽可能地节省时间。虽说各种形式的自我介绍所用的时间长度不可笼统地等量齐观，但总的原则，还是其所用时间越短越好，并以半分钟左右为佳。如无特殊情况，它最好不要长于1分钟。

在初次见面做自我介绍时，指望交往对象仅凭自己的自我介绍，就能够对自己"一目了然"，肯定是不现实的。在做自我介绍时，东拉西扯、借题发挥、信口开河、夸张炫耀、滔滔不绝，对自己而言是失态，对对方而言是失敬，都是出力不讨好的。

为了节省时间，在做自我介绍前，还可以递上本人的名片或介绍信加以辅助。若使用了名片或介绍信，则其上所列有的内容应尽量不予重复。

第二，自我介绍应在适当的时间进行。换言之，它不应在不适当的时间进行。进行自我介绍的适当时间，在此处具体指的：一是对方有兴趣时，二是对方有空闲时，三是对方情绪好时，四是对方受干扰较少时，五是对方有此要求时。

进行自我介绍的不适当时间，在此是指对方无兴趣、无要求、工作忙、干扰大、心情坏、休息用餐或正忙于私人交往之时。

（2）讲究态度

进行自我介绍，态度要自然、友善、亲切、随和。应显得落落大方，并笑容可掬。既不要小里小气、畏首畏尾、瞻前顾后，也不要虚张声势、轻浮夸张、矫揉造作。

进行自我介绍时，一定要充满信心和勇气。千万不要妄自菲薄、心怀怯意，临场发挥失常。进行自我介绍时，一定要敢于正视对方的双眼，显得胸有成竹、不慌不忙。这样操作，将有助于进行自我放松，并使对方对自己产生好感。

在自我介绍的过程中，语气要自然，语速要正常，语音要清晰。这样去做，对自我介绍的成功将大有好处。应当力戒语气生硬冷漠、语速过快或过慢、语音模糊不清。它们其实都是缺少经验、缺乏自信的表现。

（3）**力求真实**

进行自我介绍时所表述的各项内容，一定要实事求是、真实可信。没有必要过分谦虚，不必一味贬低自己去讨好别人，但也不可自吹自擂、弄虚作假、夸大其词。切勿在自我介绍时大掺水分，否则定会得不偿失。

（二）他人介绍

介绍他人的规则

他人介绍，又称介绍他人或第三者介绍，指的是经第三者为彼此不相识的双方引见的一种介绍方式。

在他人介绍之中，为他人做介绍的第三者系介绍者，而为介绍者所介绍的双方则是被介绍者。

他人介绍，通常都是双向的，即对被介绍者双方均做一番介绍。有时，也可进行单向的他人介绍，即只将被介绍者中的某一方介绍给另一方。其前提是：前者了解后者，而后者不了解前者。

▌他人介绍的介绍者

在他人介绍中，对介绍者是有一定要求的。通常，具有下列身份者，理应在他人介绍中充当介绍者。

（1）社交活动中的东道主。

（2）社交场合中的长者。

（3）家庭性聚会中的女主人。

（4）公务交往中的专职人员，例如，公关人员、礼宾人员、文秘人员、办公室工作人员，以及专职接待人员等。

（5）正式活动中的地位、身份较高者，或活动主办方的主要负责人员。

（6）熟悉被介绍者双方者。

（7）应被介绍者一方或双方要求者。

（8）在交际应酬中，已被指定的介绍者。

决定为他人做介绍后，要审时度势，并要熟悉双方情况。如有可能，在为他人做介绍之前，最好先征求一下双方的意见，以免为原本相识者或关系恶劣者做介绍。

他人介绍的时机

遇到下述情况，通常有必要进行他人介绍。

（1）在家中，接待彼此不相识的客人。

（2）在办公地点，接待彼此不相识的来访者。

（3）与家人外出，路遇家人不相识的同事或朋友。

（4）陪同亲友，前去拜会亲友所不相识者。

（5）本人的接待对象遇见了其不相识的人士，而对方又主动跟自己打了招呼。

（6）陪同上司、长者、来宾时，遇见了其不相识者，而对方又向自己打了招呼。

（7）打算推介某人加入某一交际圈。

（8）受到为他人做介绍的邀请。

他人介绍的顺序

在为他人做介绍时，先介绍谁、后介绍谁，往往是一个比较敏感的礼仪问题。根据交往礼仪的规范，处理这一问题，必须遵守“尊者优先了解情况的原则”。它的含义是：在为他人做介绍前，首先需要确定双方地位的尊卑，然后先介绍位卑者，后介绍位尊者。这样做，可以使位尊者优先了解位卑者的情况，以便见机行事，在交际应酬中掌握主动权，即应确保位尊之人拥有“优先知情权”。这一原则，有时又称“后来居上的原则”。它所指的是：后被介绍者，应较先被介绍者地位为上。二者从不同角度，阐明了同一问题。

根据这一原则，为他人做介绍时的顺序大致有如下几种具体情况。

（1）介绍年长者与年幼者认识时，应先介绍年幼者，后介绍年长者。

（2）介绍长辈与晚辈认识时，应先介绍晚辈，后介绍长辈。

（3）介绍老师与学生认识时，应先介绍学生，后介绍老师。

（4）介绍女士与男士认识时，应先介绍男士，后介绍女士。

（5）介绍已婚者与未婚者认识时，应先介绍未婚者，后介绍已婚者。

（6）介绍同事、朋友与家人认识时，应先介绍家人，后介绍同事、朋友。

（7）介绍来宾与主人认识时，应先介绍主人，后介绍来宾。

（8）介绍社交场合的先至者与后来者认识时，应先介绍后来者，后介绍先至者。

（9）介绍上级与下级认识时，应先介绍下级，后介绍上级。

（10）介绍职位、身份高者与职位、身份低者认识时，应先介绍职位、身份低者，后介绍职位、身份高者。

他人介绍的内容

在为他人做介绍时，介绍者对介绍的内容应当字斟句酌、慎之又慎。倘若对此掉以轻心、词不达意、敷衍了事，很容易给被介绍者留下不良印象。

根据实际需要的不同，为他人做介绍时的内容也会有所不同。通常，有以下六种形式可供借鉴。

（1）**标准式**

标准式介绍，适用于正式场合。它的具体内容，以双方的姓名、单位、职务等为主。例如：

“我来给两位介绍一下。这位是洋江公司公关主任汪莉小姐，这位是欣海集团总经理邓超红女士。”

（2）**简介式**

简介式介绍，适用于一般的社交场合。它的具体内容，通常只有双方姓名一项，甚至可以只提双方姓氏。接下来，则要由被介绍者见机行事。例如：

“我来介绍一下，这位是老贺，这位是小吕，请你们彼此认识一下吧。”

（3）**强调式**

强调式介绍，适用于各种交际场合。它的具体内容，除被介绍者的姓名外，往往还会刻意强调一下其中某位被介绍者与介绍者之间的特殊关系，以便引起另一位被介绍者的重视。例如：

“这位是北方公司的业务经理杨宝平先生。这位是栾莹，她在市卫生局工作，是我的侄女，请杨经理多多关照。”

（4）**引见式**

引见式介绍，适用于普通的社交场合。做这种介绍时，介绍者所要做的，就是将被介绍者双方引导到一起，而不需要表达任何实质性的内容。例如：

“两位认识一下如何？大家其实都是校友，只不过以前并不认识，现在请你们各自来自报家门吧。”

（5）**推荐式**

推荐式介绍，适用于比较正规的场合，多半属于介绍者有备而来，有意要将某人举荐给某人。因此，在其具体内容方面，通常会对前者的优点加以重点介绍。例如：

“这位是李丽群先生，这位是我们公司的霍林总经理。李先生是一位管理方面的专业人士，他还是北京大学的MBA。霍总，我想您一定乐于认识他吧?!”

（6）**礼仪式**

礼仪式介绍，适用于正式场合，是一种最为正规的他人介绍。其内容略同于标准式介绍，但语气、表达、称呼上都更为礼貌、谦恭。例如：

“孟小姐，你好！请允许我把深圳大鹏公司的销售部经理张风帆先生介绍给你。张先生，这位就是海口新生集团的业务部经理孟伟小姐。”

他人介绍的应对

在进行他人介绍时，介绍者与被介绍者都要注意自己的表达、态度与反应。此即所谓他人介绍的应对问题。

介绍者在为被介绍者做介绍之前，不仅要尽量征求一下被介绍者双方的意见，在开始介绍时还应再打一下招呼，切勿上去开口就讲，显得突如其来，让被介绍者措手不及。

被介绍者在介绍者询问自己是否有意认识某人时，一般不应加以拒绝或扭扭捏捏，而应欣然表示接受。实在不愿意时，则应说明其缘由。

当介绍者走上前来，开始为被介绍者进行介绍时，被介绍者双方均应起身站立、面含微笑，大大方方地目视介绍者或对方，并且神态庄重、专注。

当介绍者介绍完毕后，被介绍者双方应依照合乎礼仪的顺序进行握手，并且彼此问候对方。此时的常用语有："你好""很高兴认识你""久仰大名""认识你非常荣幸""幸会，幸会"等等。必要时，还可做进一步的自我介绍。

不要在此时此刻有意拿腔拿调、硬端架子，显得瞧不起对方，或是心不在焉、疲于应付。更不要奴颜婢膝、低三下四、阿谀奉承，显得成心讨好对方。

（三）集体介绍

集体介绍，系他人介绍的一种特殊形式。它是指介绍者在为他人介绍时，被介绍者中的一方或者双方不止一人，甚至是许多人。由此可见，集体介绍大体可分成两种：其一，为一人和多人做介绍。其二，为多人和多人做介绍。

进行集体介绍时，应主要关注其时机、顺序与内容三方面的问题。

集体介绍的时机

遇到如下情况，应当进行集体介绍：

第一，大型的公务活动，参加者不止一方，而且各方均不止一人。

第二，涉外交往活动，参加活动的宾主双方皆不止一人。

第三，规模较大的社交聚会，有多方人士参加，各方均可能不止一人。

第四，家庭性私人交往，主人的家人与来访者双方均可能不止一人。

第五，正式的大型宴会，主方人员与来宾均不止一人。

第六，婚礼、生日晚会，当事人与来宾双方均不止一人。

第七，举行会议，应邀前来的与会者往往不止一人。

第八，演讲、报告、比赛、联欢活动，参加者不止一人。

第九，会见、会谈，各方参加者不止一人。

第十，接待参观者、访问者，来宾不止一人。

集体介绍的顺序

进行集体介绍的顺序，通常应比照他人介绍的顺序进行。若实难参照，则可酌情参考下述顺序。应当强调的一点是：越是正式、大型的交际活动，对集体介绍的顺序就越是不可马虎大意。

（1）“少数服从多数”

“少数服从多数”，在此的特定含义是：当被介绍者双方地位、身份大致相似，或者难以确定时，应当使人数较少的一方礼让人数较多的一方，一个人礼让多数人。换言之，应当先介绍人数较少的一方或个人，后介绍人数较多的一方或多数人。

（2）强调地位与身份

若被介绍者双方地位、身份之间存在明显差异，特别是当这些差异表现为年龄、性别、婚否、师生以及职务、职称、学衔等有别时，则地位、身份为尊的一方即使人数较少，甚至仅为一人，仍然应被置于尊贵的位置，最后加以介绍，而应先介绍另一方人员。

（3）单向介绍

在报告、讲座、演讲、比赛、会议、会见或文艺表演时，往往只需要将主角介绍给广大参加者，而没有必要一一介绍所有参加者，因为这种可能性实际上并不存在。

（4）人数较多一方的介绍

若需要介绍的一方人数不止一人，可采取笼统的方法进行介绍，例如，可以说“这是我的家人”“他们都是我的同事”等等；但最好还是对其一一进行介绍。进行此种介绍时，可比照他人介绍时位次尊卑的顺序，由尊而卑地进行，如先长后幼，先女后男，先内宾后外宾，等等。只是这一顺序的标尺一定要正规、单一，而且应为众人所认可。

（5）人数较多双方的介绍

若被介绍双方皆不止一人，则可依照礼规，先介绍位卑的一方，后介绍位尊的一方。在介绍各方人员时，均须由尊而卑地依次进行。

（6）人数较多各方的介绍

有时，被介绍的不止两方，此时需要对被介绍的各方进行位次排列。排列的具体方法有七：第一，以其负责人身份为准。第二，以其单位规模为准。第三，以单位名称的英文字母或汉语拼音字母顺序为准。第四，以单位名称首字的简化汉字笔画顺序为准。第五，以抵达的时间的先后顺序为准。第六，以座次顺序为准。第七，以距介绍者的远近为准。进行多方介绍，均应由尊而卑地依次而行。如时间允许，应在介绍各方时以由尊而卑的顺序，一一介绍其各个成员。若时间不允许，则不必介绍其具体成员，对其各自的集体概而言之即可。

集体介绍的内容

集体介绍的内容，基本上与他人介绍的内容无异，但却要求更认真、更准确、更清晰。以下两点，应当尤为注意。

（1）**不要使用易生歧义的简称**

具体进行集体介绍时，不要滥用那些容易产生歧义的简称。例如，不要简称什么“人大”“消协”，而应明确究竟是“中国人民大学”“消费者协会”，还是“市人大常委会”“消防协会”。又如，将范局长简称为“范局”，就会因为听上去好似“饭局”而引人大笑。至少在首次介绍时要使用准确的全称，然后才可以酌情采用简称。

（2）**不要开玩笑、捉弄人**

进行介绍时，务必庄重、亲切，切勿随意拿被介绍者开玩笑，或是成心出对方的洋相。

三、握手

在交际应酬之中，相识者之间与不相识者之间往往都需要在适当的时刻向交往对象行礼，以示自己对于对方的尊重、友好、关心与敬意。此种礼仪，即所谓会面礼节，也就是人们会面时约定俗成互行的礼仪。有时，它又称相见礼节。

在不同的历史时期、不同的文化背景之下，人们所采用的会面礼节往往千差万别、互不相同。为人们所熟知的会面礼节，就有握手礼、点头礼、举手礼、致意礼、脱帽礼、拥抱礼、亲吻礼、鞠躬礼、合十礼、吻手礼、吻足礼、碰鼻礼、拱手礼、叩头礼、跪拜礼、屈膝礼等等。但当前在中国乃至世界各国最为通行的会面礼节却只有一种，即人们在日常生活中经常采用的握手礼。

在一般情况下，握手礼简称握手。学习握手礼，应掌握的重要问题有行礼的时机、伸手的次序、相握的方式、握手的禁忌等等。此外，对国内外目前常见的其他会面礼节也应略知一二。

（一）行礼的时机

何时宜行握手礼？这是一个十分复杂而微妙的问题，它通常取决于交往双方的关系、现场的气氛，以及当事人个人的心情等多种因素，所以不好一概而论。但一个人若指望在人际交往中令自己显得彬彬有礼，那么他在如下这样一些时刻，都是有必要与交往对象互行握手礼的，否则即为失礼，亦即失敬于对方。

必须握手的场合

在下列具体的场合，理当与交往对象握手。

(1) 遇到较长时间未曾谋面的熟人，应与其握手，以示为久别重逢而万分欣喜。

(2) 在比较正式的场合同相识之人道别，应与之握手，以示自己的惜别之意和希望对方珍重之心。

(3) 在家中、办公室里以及其他一切以本人为东道主的社交场合，迎接或送别来访者之时，应与对方握手，以示欢迎或欢送。

(4) 拜访他人之后，在辞行之时，应与对方握手，以示“再会”。

(5) 被介绍给不相识者时，应与之握手，以示自己乐于结识对方，并为此深感荣幸。

(6) 在社交性场合，偶然遇上了同事、同学、同乡、朋友、邻居、长辈、上司或其他熟人时，应与之握手，以示高兴与问候。

(7) 他人给予了自己一定的支持、鼓励、肯定或帮助时，应与之握手，以示衷心感激。

(8) 向他人表示恭喜、祝贺，如祝贺生日、结婚、生子、升学、毕业、就业、晋升、乔迁、事业成功或获得荣誉、嘉奖时，应与之握手，以示贺喜之诚意。

(9) 他人向自己表示恭喜、祝贺之时，应与之握手，以示谢意。

(10) 向他人表示理解、支持、鼓励、肯定时，应与之握手，以示真心实意、全心全意。

(11) 应邀参与社交活动，如宴会、晚会之后，应与主人握手，以示谢意。

(12) 在重要的社交活动，如宴会、舞会、沙龙、生日聚会开始前与结束时，主人应与来宾握手，以示欢迎与道别。

(13) 得悉他人患病、失恋、失业、降职、遭受其他挫折或家人过世时，应与之握手，以示慰问。

(14) 他人向自己赠送礼品或颁发奖品时，应与之握手，以示感谢。

(15) 向他人赠送礼品或颁发奖品时，应与之握手，以示郑重其事。

不必握手的场合

在下述一些情况下，因种种原因不宜同交往对象握手为礼，通常应免行握手礼。在适当的情况下，可采用对方所理解的其他方式向其致意。

(1) 对方手部负伤。

(2) 对方手上负重。

(3) 对方手中忙于其他事。如用餐、喝饮料、打电话、主持会议、与他人交谈等等。

(4) 对方与自己距离较远。

(5) 对方当时所处的具体环境不适合握手。

（二）伸手的次序

在比较正式的场合，行握手礼时最为重要的礼仪问题，是握手的双方应当由谁首先伸出手来“发起”握手。倘若对此一无所知，在与他人握手时轻率地抢先伸出手去而得不到对方的回应，那种场景一定是令人非常尴尬的。

“尊者决定的原则”

根据交往礼仪规范，握手时双方伸手的先后次序，应当在遵守“尊者决定的原则”的前提下，具体情况具体对待。

“尊者决定的原则”的含义是：在两人握手时，各自应首先明确握手双方彼此身份的尊卑，然后以此来决定伸手的先后。通常应由位尊者首先伸出手来，即尊者先行。位卑者只能在此后予以响应，而绝不可贸然地抢先伸手，不然就是违反礼仪的举动。

在握手时，遵守“尊者决定的原则”，既是为了恰到好处地体现对位尊者的尊重，也是为了维护在握手之后的寒暄应酬中位尊者的自尊。因为握手往往意味着进一步的交往的开始，如果位尊者不想与位卑者深交，他是大可不必伸手与之相握的。换言之，如果位尊者主动伸手与位卑者相握，则往往表明前者对后者印象不坏，并且含有接下来与之深交之意。

具体涉及的情况

具体而言，握手时双方伸手的先后次序大体包括如下几种情况。

（1）年长者与年幼者握手，应由年长者首先伸出手来。

（2）长辈与晚辈握手，应由长辈首先伸出手来。

（3）老师与学生握手，应由老师首先伸出手来。

（4）女士与男士握手，应由女士首先伸出手来。

（5）已婚者与未婚者握手，应由已婚者首先伸出手来。

（6）社交场合的先至者与后来者握手，应由先至者首先伸出手来。

（7）上级与下级握手，应由上级首先伸出手来。

（8）职位、身份高者与职位、身份低者握手，应由职位、身份高者首先伸出手来。

某些特殊的情况

若一个人需要与多人握手，则握手时亦应讲究先后次序，由尊而卑地依次进行，即：先年长者后年幼者，先长辈后晚辈，先老师后学生，先女士后男士，先已婚者后未婚者，先上级后下级，先职位、身份高者后职位、身份低者。

在公务场合，握手时伸手的先后次序主要取决于职位、身份；而在社交、休闲场合，则其主要取决于年纪、性别、婚否。

在接待来访者时，这一问题变得较为特殊一些：当客人抵达时，通常应由主人首先伸出手来与客人相握。而当客人告辞时，则应由客人首先伸出手来与主人相握。前者意在表示“欢迎”，后者则表示“再见”。若这一次序颠倒，则极易让人产生误解。

应当强调的是：上述握手时的先后次序可用以律己，却不必处处苛求于人。若自己处于尊者之位，而位卑者抢先伸手要来相握时，最得体的做法便是积极与之配合，立即伸出自己的手去。若届时过分拘泥于礼仪，对其视若不见、置之不理，使其进退两难、当场出丑，则会失礼于对方。

（三）相握的方式

握手的标准方式，是行礼时行至距握手对象约 1 米处，双腿立正，上身略向前倾，伸出右手，四指并拢，拇指张开与对方相握，并要握住对方的手掌。握手时，应用力适度，上下稍许晃动三四次，随后松开手来，恢复原状。

具体来说，握手时应加以注意的主要有下述五个问题。

▌神态

与人握手时，理当神态专注，并且热情、友好、自然。在一般情况下，与人握手时应面含笑意，目视对方双眼，并且口道问候。

在握手时，切勿显得自己三心二意、敷衍了事、漫不经心、傲慢冷淡。在此时迟迟不握他人早已伸出的手，或是一边握手、一边东张西望，甚至忙于向其他人打招呼，均为失礼之举。

▌姿势

向他人行握手礼时，只要有可能，就应起身站立。除长辈或女士以外，坐着与他人握手是非常不合适的。

握手时，双方彼此之间的最佳距离为 1 米左右，因此握手时双方均应主动向对方靠拢。若双方距离过小或过大，则会显得是一方有意讨好或冷落另一方。

最得体的做法是：双方将即将相握的手各向侧下方伸出，二者伸直相握后形成一个直角。

▌手位

在握手时，手的具体位置至关重要。常见的手位有以下两种。

（1）**单手相握**

握手时，通常是双方单手相握。以右手单手与人相握，是最常用的握手方式。进而言之，单手与人相握时，手掌垂直于地面最为适当。它被称为“平等式握手”，表示自己不卑不亢。

与人握手时掌心向上，表示自己谦恭、谨慎。这一方式，叫作“友善式握手”。

与人握手时掌心向下，则表示自己感觉甚佳，甚至自高自大。这一方式，叫作“控制式握手”。

（2）**双手相握**

有时，有人会用自己的双手与人相握。双手相握，即用右手握住对方右手后，再以左手握住对方右手的手背。这种方式，适用于亲朋故旧之间，可用以表达自己的深厚情意。一般而言，此种方式的握手不适用于初识者或异性，因为它有可能被理解为讨好或失态。这一方式，有时亦称“手套式握手”。

双手相握时，左手除握住对方右手手背外，还有人以之握住对方右手手腕、握住对方右手手臂、按住或拥住对方右肩，这些做法若非面对至交，则切勿滥用。

力度

握手时，为了向交往对象表示热情友好，应当稍许用力，大致握力以两公斤左右为宜。与亲朋故旧握手时，所用的力量可以稍微大一些；而在与异性以及初次相识者握手时，则千万不可用力过猛。

总之，在与人握手时，不可以用力过轻或毫不用力，不然就会使对方感到缺乏热忱与朝气。但也不宜矫枉过正，要是在握手时拼命用力，则难免有向对方示威或挑衅之嫌。

时间

在普通情况下，与他人握手的时间不宜过短或过长。大体来讲，握手的全部时间应控制在3秒钟以内。

握手时两手稍触即分、时间过短，好似在走过场，又像是对对方怀有戒意。而与他人握手时间过久，尤其是拉住异性或初次见面者的手长久不放，则显得有些虚情假意，甚至会被怀疑为不怀好意。

（四）握手的禁忌

在人际交往中，虽然握手司空见惯，看似寻常，但由于它通常可被用来传递多种信息，因此在行握手礼时理应合乎规范，并避免下述失礼的行为。

（1）不要用左手与他人握手，尤其是在与阿拉伯人、印度人打交道时要牢记此点。因为在他们看来，左手是不洁的。

（2）不要在握手时争先恐后，而应当遵守秩序、依次而行。特别要记住，与基督教信徒交往时，要避免两人握手时与另外两人相握的手形成交叉状。此种形状类似十字架，在某些基督教信徒眼中是很不吉利的。

（3）不要在握手时戴着手套。只有女士在社交场合戴着薄纱手套与人握手，才是被允许的。

（4）不要在握手时戴着墨镜。只有患有眼疾，或眼部有缺陷者方可例外。

（5）不要在握手时将另外一只手插在衣袋里。

（6）不要在握手时，另外一只手依旧拿着东西不肯放下。例如，仍然拿着手机、香烟、报刊、公文包或行李等。

（7）不要在握手时面无表情、不置一词，好像根本无视对方的存在，而纯粹是为了应付。

（8）不要在握手时长篇大论、点头哈腰、滥用热情，显得过分客套。过分的客套不会令对方受宠若惊，而只会让对方不自在、不舒服。

（9）不要在握手时仅仅握住对方的手指尖，好像有意与对方保持距离。正确的做法是握住整个手掌。即使对异性，也要这么做。

（10）不要在握手时只递给对方一截冷冰冰的手指尖，根本不与对方的手相握，像是迫于无奈似的。这种握手方式在国外叫作“死鱼式握手”，被公认为非常失礼。

（11）不要在握手时把对方的手拉过来、推过去，或者上下左右抖个没完。还须谨记：切勿在握手时拉着对方的手长时间不放。

（12）不要以肮脏不洁或患有传染性疾病的手与他人相握。

（13）不要拒绝与他人握手。在任何情况下，都不允许那么做。

握手的规则

（五）其他常见的会面礼节

在目前的国内外交往中，除握手之外，以下几种会面礼节也颇为常见。

▍点头礼

点头礼，又叫颔首礼。它所适用的情况主要有：路遇熟人，在会场、剧院、餐厅、歌厅、舞厅等不宜与人交谈之处，在同一场合遇上已多次见面者，以及遇上多人而又无法一一问候之时。

行点头礼时，一般应不戴帽子。其具体做法是：头部向下轻轻一点，同时面带笑容。此刻不宜反复点头不止，点头的幅度也不应过大。

举手礼

所谓举手礼，即举起手来向他人致意。行举手礼的场合，与行点头礼的场合大致相似，二者亦可同时采用。一般而言，行举手礼最适合于向距离较远的熟人打招呼。

行举手礼的正确做法是：右臂向前方伸直，右手掌心向着对方，其他四指并齐、拇指叉开，轻轻向左右摆动一两下。届时，不要将手上下摆动，也不要在手部摆动时使手背朝向对方。

脱帽礼

戴着帽子的人，在进入他人居所，路遇熟人，与人交谈、握手或行其他会面礼，进入娱乐场所，参加典礼，升挂国旗，演奏国歌等情况下，应自觉主动地摘下自己的帽子，并将它置于适当之处，这就是所谓的脱帽礼。

根据惯例，女士在社交场合可以不脱帽子。

注目礼

注目礼，是一种较为正式的会面礼节。它的具体做法是：起身立正，抬头挺胸，双手自然下垂或贴放于身体两侧，面容庄重严肃，双目正视被行礼对象，或随之缓缓移动。

在升国旗、游行检阅、剪彩揭幕、开业挂牌以及祭拜先人等情况下，适用注目礼。

行注目礼时，切切不可歪戴帽子歪穿衣、东斜西靠、嬉皮笑脸、大声喧哗、打打闹闹。

拱手礼

拱手礼，是我国民间传统的会面礼。而今它所适用的情况，主要包括：过年时举行团拜活动，向长辈祝寿，向友人恭贺结婚、生子、晋升、乔迁，向亲朋好友表示无比感谢，以及与海外华人初次见面时表示久仰大名。

拱手礼的行礼方式是：起身站立，上身挺直，两臂前伸，双手在胸前高举并前后相搭，然后自上而下，或者自内而外，有节奏地晃动两三下。若届时两手抱拳，亦可称之为抱拳礼。

《礼记》规定："凡男拜，尚左手"；"凡女拜，尚右手"。行拱手礼时，均可对此加以参照。不论拱手或抱拳，手位均应为：男性左手在上、右手在下；女性右手在上、左手在下。

鞠躬礼

鞠躬礼，目前在国内主要适用于：向他人表示感谢、领奖或讲演之后，以及演员谢幕、举行婚礼或参加追悼活动时等等。

行鞠躬礼时，应脱帽立正，双目凝视受礼者，然后上身弯腰前倾。男士双手应贴放于身体两侧裤线处，女士的双手则应下垂搭放在腹前。下弯的幅度越大，通常所表示的敬重程度就越大。鞠躬的次数，则可视具体情况而定。通常可以鞠躬一次，也可以鞠躬三次。后者被称为“三鞠躬”，曾被视为最为敬人。

在我国民间交往中，以及日本、韩国、朝鲜等国，鞠躬礼的运用十分广泛。

合十礼

合十礼，亦称合掌礼，即双手十指相合为礼。其具体做法是：双掌十指在胸前相对合，五指手指并拢向上，掌尖与鼻尖基本持平，手掌向外侧倾斜，双腿立直站立，上身微欠低头。一般而论，行此礼时，合十的双手举得越高，越能够体现出对对方的尊重，但原则上不可高于额头。

行合十礼时，可以口颂祝词或问候对方，亦可面含微笑，但不准手舞足蹈、反复点头。

在我国的傣族聚民区，以及东南亚、南亚信奉佛教的国家，合十礼最为通用。

拥抱礼

在西方，特别是在欧美国家，拥抱礼是十分常见的见面礼与道别礼。在人们表示祝贺、慰问、欣喜时，拥抱礼也十分常用。

正规的拥抱礼，讲究两人正面面对站立，各自举起右臂，将右手搭在对方左肩后面；左臂下垂，左手扶住对方右腰后侧。首先，各向对方左侧拥抱；其次，各向对方右侧拥抱；最后，再一次各向对方左侧拥抱；一共拥抱三次。

在普通场合行此礼，不必如此讲究，次数也不必要求得如此严格。

在我国，除某些少数民族外，拥抱礼并不常用。

亲吻礼

亲吻礼，也是西方国家所常用的一种会面礼。有时，它可与拥抱礼同时采用，即双方会面时既拥抱又亲吻。

行亲吻礼时，通常以自己的唇部接触对方的面部。但忌讳发出亲吻的声音，而且不应将唾液搞到对方脸上。

在行礼时，双方的关系不同，亲吻的具体部位也会有所不同。按照常规，长辈吻晚辈，应当吻额头；晚辈吻长辈，应当吻下颌或吻面颊；同辈之间，同性应当贴面颊，异性则应当吻面颊。接吻，即互相亲吻嘴唇，仅限于夫妻与恋人之间，而不宜滥用。即便夫妻或恋人接吻，一般也不宜当众进行。

▍吻手礼

吻手礼，主要流行于某些欧洲与拉丁美洲国家。它的具体做法是：男士行至已婚妇女面前，首先垂首立正致意，然后以右手或双手捧起女士的右手，俯首以自己微闭的嘴唇，去象征性地轻吻一下对方的手背或是手指。行吻手礼的地点，通常仅仅限于室内。

按惯例，吻手礼的受礼者只能是妇女，而且应当是已婚妇女。手腕及其以上部位，则是行礼时不可触及的禁区。

四、名片

名片，是当代人际交往中的一种介绍性媒介。由于它印制规范、文字简洁、使用方便、便于携带、易于保存，而且不讲尊卑、不分职业、不论男女老幼皆可使用，因此它颇受社会各界的欢迎。

作为一种自我的“介绍信”和社交的“联谊卡”，名片在人际交往中可用以证明身份，广结良缘，结交新朋友，联络老朋友。有道是：没有名片的人，往往是没有社交活动的人；不会使用名片的人，则通常是不懂交际规则的人。鉴于它的这种重要功能，有必要对其加以郑重对待。要把它提高到本人的脸面、个人的形象乃至单位形象的直接化身这一高度，来加以充分重视。

在人际交往中，如欲正确使用名片，有必要对名片的制作、名片的分类、名片的用途、名片的交换以及名片的存放五个方面的具体问题有所了解，并尽可能地做到合乎礼仪规范。

（一）名片的制作

目前，在国内印制名片，一般均可委托名片制作商承办，所以并不费力。然而为了使自己的名片规范实用，还是应当精心选择、耐心斟酌，以便使之能够恰到好处地体现出本人的风格。

▍规格

目前，国内最通用的名片规格为 9×5.5 厘米，即长 9 厘米，宽 5.5 厘米。这是制作名片时应当首选的规格。此外，名片还有两种常见的规格：10×6 厘米和 8×4.5厘米。前者多为境外人士所使用，后者则往往为女士所专用。

如无特殊需要，不应将名片制作得过大，尤其是不必搞成折叠式，免得给人以标新立异、虚张声势之感。

材质

印制名片，最好选用纸张，并以耐折、耐磨、美观、大方的白卡纸或再生纸、合成纸、布纹纸、麻点纸、香片纸等为佳。至于高贵典雅、纸质挺括的刚古纸、皮纹纸，则可量力而行，酌情选用。必要时，还可为之覆膜。

在一般情况下，没有必要选用布料、塑料、绸缎、皮革、钢材、木材、黄金、白银等其他材质印制名片。它们或价格昂贵，或不甚实用。

色彩

印制名片的纸张，宜选庄重朴素的白色、米色、淡蓝色、淡黄色、淡灰色，并且以一枚名片只使用一种颜色为佳。

最好不要印制多种色彩的名片，免得令人眼花缭乱。也不要使用红色、粉色、紫色、绿色或黑色印制名片，它们均会给人以另类的感觉。

图案

在名片上允许出现的图案，除纸张自身的纹路外，还有企业标志、企业蓝图、企业方位、企业主导产品简介等，但应以少为佳。

不提倡在名片上印人像、漫画、卡通、花卉、宠物。这些东西并无实用价值，却往往会给人以华而不实的印象。

文字

在国内所使用的名片，宜用汉语简体字，不要故弄玄虚地使用繁体字、异体字。在国内少数民族聚居区、外资企业以及与境外华侨或华人交往中使用的名片，可酌情使用规范的少数民族文字、繁体字或外文。

最佳的做法是：应在一枚名片的两面，分别以简体汉字和另外一种少数民族文字或外文印制相同的内容。有必要使用繁体字时，切勿出现差错。切勿在一枚名片上采用两种以上的文字，也不要将两种文字交错印在名片的同一面。

字体

不论使用何种文字印制名片，均以采用标准、清晰、易识的印刷体为好。

尽量不要采用行书、草书、篆书或花体字印制名片，更不必亲自手写。务必记住：只有他人看清楚、看懂了，并且重视自己的名片，它才会真正地发挥作用。

印制

制作名片，最好不要手书自制，也不要以复印、影印、油印的方法制作名片，它们均不够正规。

名片一般打印或铅印即可。若是胶印名片，则显得档次更高一些。但是，后者价格会高出前者许多。

版式

印制名片，通常有以下两种基本的版式可以选择。

第一，横式。其行序由上而下，字序则由左而右（见图 3-1）。

第二，竖式。其行序由右而左，字序则由上而下（见图 3-2）。

依照交往礼仪规范，中文名片以采用横式为佳，因为它易辨识，易收藏。竖式名片虽然风格古朴，却不具备这些优点。若以两种文字印制同一枚名片，则应避免其一面横式、一面竖式。

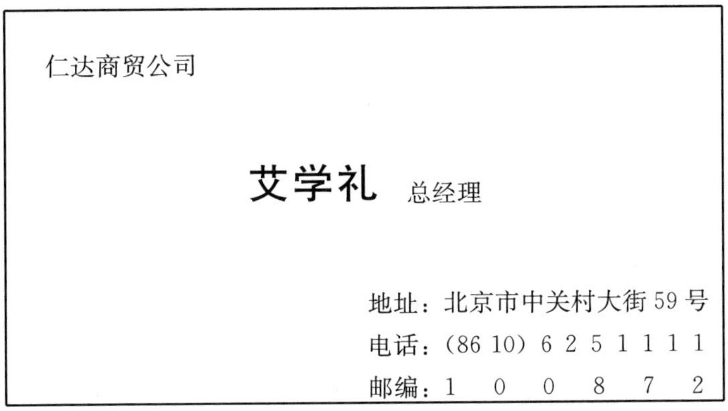

图 3-1 规范的横式名片

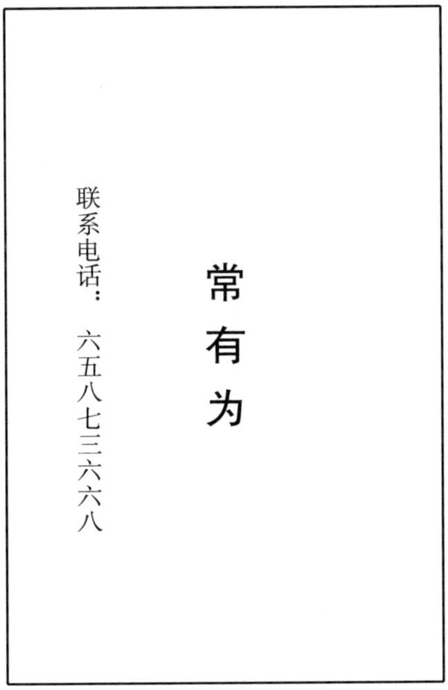

图 3-2 规范的竖式名片

（二）名片的分类

因其具体内容、用途各有不同，日常生活中所使用的名片可分为应酬式名片、社交式名片、公务式名片、单位式名片四类。前三类，一般又统称为个人名片。

在正式的场合，讲究面对不同的交往对象时使用不同的名片。希望给人以不同的印象，亦应使用不同的名片。因此，一个人同时制作并携带多种名片不足为奇。而不分对象、不讲目的地滥用同一种名片，则往往是失当的。

▍应酬式名片

应酬式名片，又称本名式名片。顾名思义，其内容通常只有个人姓名一项（见图 3－3），最多还会加上本人的籍贯与字号（见图 3－4）。

图 3－3　规范的应酬式名片之一

图 3－4　规范的应酬式名片之二

一般而言，应酬式名片主要适用于在社交场合应付泛泛之交、拜会他人时表明身份、馈赠时替代礼单，以及用作便条或短信。

社交式名片

社交式名片，在此特指主要适用于社交场合，用以进行自我介绍与保持联络之用的个人名片。其内容有二：第一，个人姓名。它应以大号字体印于名片的正中央。第二，联络方式。它应以较小字体印于名片的右下方（见图 3－5）。

> **战　　歌**
>
> 家庭住址：北京市花园路 116 号
> 邮政编码：1　0　0　0　8　3

图 3－5　规范的社交式名片

社交式名片上的联络方式一项，主要应包括家庭住址、邮政编码等内容，必要时还可加印住宅电话号码。社交式名片上一般不宜印办公地址，以示“公私分明”。若不喜欢打扰，还可只印住宅电话号码，而不印家庭住址与邮政编码。

公务式名片

公务式名片，通常指的是在政务、商务、服务等正式的业务交往，以及学术往来之中所使用的个人名片。它是目前最为常见的一种个人名片。

一枚标准的公务式名片，应由归属单位、本人称呼、联络方式三项具体内容构成（见图 3－6）。

> NM 南马股份有限公司
>
> **叶　　子** 总经理
>
> 单位地址：上海市甜爱路 1618 号
> 办公电话：(86 21) 8 1 6 3 3 3 3
> 邮政编码：2　0　0　3　6　8

图 3－6　规范的公务式名片

（1）归属单位

此项内容，一般应由单位标志、供职单位、所在部门三个部分组成，但可酌情加减。供职单位与所在部门均不宜多于两个，免得给人以用心不专的印象，必要时可多印几种名片。此外，供职单位与所在部门均应采用全称。

（2）本人称呼

本人称呼，由本人姓名、所任职务以及学术头衔三个部分组成。所谓学术头衔，在此指职称学衔或学位。后两项可有可无，但不宜过多。在本人姓名之后加注“先生”“小姐”“夫人”，是完全没有必要的。

（3）联络方式

本项内容，通常应由单位地址、办公电话、邮政编码三个部分组成。因其均不可或缺，故又称“联络方式三要素”。在此，通常不宜提供家庭住址与住宅电话。至于手机号码、传真号码、电子信箱地址、微信或QQ号码等是否需要列出，则应根据自己的实际情况而定。

在公务式名片上，本人称呼通常应以大号字体印在名片正中央，归属单位与联络方式则应分别以小号字体印在名片的左上角与右下角。

如有必要，可在名片的另一面印上本单位的经营范围或所在方位图（见图3－7），而不是非印外文不可。

本公司经营范围

图　书　　画　册

期　刊　　影　碟

图3－7　规范的公务式名片的背面

▍单位式名片

单位式名片，因其多为公司企业所使用，故往往又称企业名片。它主要用于单位对外宣传、推广活动。它的内容主要包括以下两项：第一，单位的全称及其标志。第二，单位的联络方式。按常规，后者通常由单位地址、邮政编码、单位电话总机号码、公关部电话号码或销售部电话号码所构成（见图3－8）。

图3-8　规范的单位式名片

(三) 名片的用途

对现代人而言，名片绝非一种招摇过市的幌子，而是一种真正物有所值的实用型交际工具。在人际交往中，名片的用途一共有如下十种。

▌自我介绍

初次会见他人，以名片做辅助性自我介绍效果最好。它不但可以说明自己的身份，强化效果，使对方难以忘怀，而且可以节省时间，避免啰里啰唆、含糊不清。

▌结交朋友

没有必要每逢遇见陌生人，便上前递送自己的名片。换言之，主动把名片递给别人，便意味着对对方的友好、信任和希望深交之意。也就是说，巧用名片，可以为结交朋友“铺路架桥”。

▌维持联系

名片犹如“袖珍通讯录”，利用它所载明的资料，即可与名片的提供者保持联系。正因为有了名片上所提供的各种联络方式，人们的“常来常往”才变得更加现实和便利。

▌业务介绍

公务式名片上列有归属单位、本人职务等项内容，因此利用名片亦可为本人及所在单位进行业务宣传、扩大交际面，或争取潜在的合作伙伴。

通知变更

利用名片，可以及时地向老朋友通报本人的最新情况。晋升职务、乔迁新居、变换单位、电话改号之后，均可以采用已做变更的新名片向老朋友打招呼，以使彼此联系畅通无阻，对方对自己的有关情况了解得更为及时、更加充分。

拜会他人

初次前往他人居所或工作单位进行拜访时，可将本人名片先交由对方的门卫、前台、秘书或家人，由其转交给被拜访者，以便对方确认“来者何人”，并决定见与不见。此种做法比较正规，亦可避免冒昧造访。

简短留言

拜访他人不遇，或者需要请人转达某件事情时，可在名片上写下几行字，或一字不写，然后将它留下，或托人转交。这样做，会使对方“如闻其声，如见其人”，不至于误事。

充当短信

在名片的左下角，以铅笔写下几行字或短语，寄交或转交他人，通常如同一封短信一样正式。若内容较多，也可写在名片背面。在国外，流行以法文缩略语写在名片左下角，以慰问、鼓励、感谢、祝贺他人的做法（见图 3－9）：

图 3－9　名片信件一则

n. b. 意即“提请注意”；

p. f. 意即“祝贺”；

p. r. 意即“感谢”；

p. p. 意即“介绍”；
p. p. c. 意即“辞行”；
p. f. n. a. 意即“贺年”。

用作礼单

向他人赠送礼品时，可将本人名片放入其中；或将其装入一个不封口的信封中，随后再将该信封固定于礼品外包装的上方。此二者都是说明“此乃何人所赠”的标准做法。

替人介绍

介绍某人去见另外一人时，可用回形针将本人名片（居上）与被介绍人名片（居下）固定在一起，必要时还可在本人名片左下角写上意即“介绍”的法文短语缩写“p. p.”，然后将其装入信封，再交予被介绍人。这是一封非常正规的介绍信，通常是会受到高度重视的。

（四）名片的交换

欲使名片在人际交往中正常地发挥作用，还必须在交换名片时表现得法。交换名片时，需要注意的事项主要有四。

交换名片的时机

遇到以下几种情况，需要将自己的名片主动地递交他人，或与对方交换名片。

（1）希望认识对方。
（2）表示自己重视对方。
（3）被介绍给对方。
（4）对方提议交换名片。
（5）对方向自己索要名片。
（6）初次登门拜访对方。
（7）通知对方自己的变更情况。
（8）打算获得对方的名片。

遇到以下几种情况，则不必把自己的名片递给对方，也不必与对方交换名片。

（1）对方是陌生人。
（2）不想认识对方。
（3）不愿与对方深交。
（4）对方对结识自己并无兴趣。
（5）经常与对方见面，或常来常往。
（6）双方之间地位、身份、年龄悬殊。

交换名片的方法

交换名片时，必须重视其具体的方式、方法。

（1）递上自己的名片

递名片给他人时，应郑重其事。届时应起身站立，走上前去，使用双手或者右手，将名片正面面对对方，然后交予对方。切勿以左手递交名片，不要将名片背面面对对方或是颠倒着面对对方。不要将名片举得高于胸部，不要以手指夹着名片给人。若对方是少数民族或外宾，则最好将名片上印有对方所认得的文字的那一面面对对方。

将名片递给他人时，口头上应首先有所表示。可以说“请多指教”“多多关照”“今后保持联系”“我们认识一下吧”，或是先进行自我介绍。

与多人交换名片，应讲究先后次序，或由近而远，或由尊而卑，一定要依次进行。切勿挑三拣四，采用“跳跃式”。当然，也没有必要滥发自己的名片。双方交换名片时，最正规的做法，是位卑者首先把自己的名片递给位尊者。但在一般情况下，也不必过分拘泥于这一规则。

（2）接受他人的名片

当他人表示要递名片给自己或交换名片时，应立即停止手中所做的一切事情，起身站立，面带微笑，目视对方。接受他人的名片时，宜双手捧接，或用右手接过来，切勿使用左手去接。

此时此刻，最重要的规则是：“接过名片，首先要看”。这一点至为重要。具体而言，就是接过名片后，当即要用半分钟左右的时间，从头至尾将其认真地默读一遍。若有疑问，则可当场向对方请教。此举意在表示重视对方。若接过他人名片后看也不看，或手头把玩，或弃之桌上，或装入衣袋，或交予他人，均为失礼。

接受他人名片时，应口头道谢，或重复对方所使用的谦辞敬语，如“请您多关照”“请您多指教”，切不可一言不发。与此同时，必须将自己的名片回敬对方，以示有来有往。

若需要当场将自己的名片递过去，应当在收好对方名片后再做。不要左右开弓，一来一往地同时进行。

索取他人的名片

如果没有必要，最好不要强索他人的名片。若索取他人的名片，则不宜直言相告，而应采用以下几种方法之一。

(1) 向对方口头上提议交换名片。

(2) 主动递上本人名片。此所谓"将欲取之，必先予之"。

(3) 询问对方："今后如何向您请教？"此法适用于向尊长索取名片。

(4) 询问对方："以后怎样与您联系？"此法适用于向平辈或晚辈索要名片。

婉拒他人索取名片

当他人索取自己的名片而自己不想给对方时，通常不宜直截了当，而应以委婉的方法表达此意。可以说"对不起，我忘了带名片"，或者"抱歉，我的名片用完了"。但若手中正拿着自己的名片，又被对方看见了，那样讲则显然不合适。

若自己没有名片，而又不想明说时，也可以用上述方法委婉地表述。

如果自己的名片真的没有带或是用完了，自然也可以这么说，但不要忘了加上一句"改日一定补上"，并且一定要言出必行、付诸行动。否则会被对方理解为自己没有名片，或成心不想给对方名片。

(五) 名片的存放

要使名片的交换合乎规范，并且使其在人际交往中充分发挥作用，则还应注意如下三个问题。

名片的放置

在参加交际应酬之前，要像提前进行修饰、化妆一样，提前准备好名片，并进行必要的检查。

随身所带的名片，最好放在专用的名片包、名片夹里，此外也可以放在上衣口袋之内。不要把它放在裤袋、裙兜、钱夹里，那样做既不正式，又显得杂乱无章。在自己的公文包以及办公桌抽屉里，也应常备名片，以便随时使用。

前往社交场所前，如感到有可能使用名片，则应事先将其预备好，不要在使用时再去乱翻乱找。

接过他人的名片看过之后，应将其精心地放入自己的名片包、名片夹或上衣口袋内，切勿放在其他地方。

名片的收藏

参加过交际应酬以后，应立即对所收到的他人的名片加以整理收藏，以便今后利用方便。不要将它随意夹在书刊、材料、文件夹里，或是扔在抽屉里面。

存放名片的方法大体上有四种，通常它们还可以交叉使用。

（1）按姓名的外文字母，或汉语拼音字母顺序分类。

（2）按姓名的简化汉字首字笔画的多少分类。

（3）按专业或部门分类。

（4）按国别或地区分类。

若收藏的名片甚多，还可以编一个索引，那么用起来就更方便了。

名片的利用

随着人际交往的不断深入，还可在自己所收藏的他人的名片上随手记下可供本人参考的资料，使其充当社交的记事簿。一般而言，在自己所收藏的他人的名片上可记的有利于人际交往的资料如下。

（1）收到名片时的具体情况。它包括：收到名片的地点、时间，以及是否与对方亲自交换，等等。在国外有一种做法，即把名片的右上角向下折，然后再使其恢复原状，此法表示该名片是对方亲自与自己交换的。

（2）交换名片者个人的资料。它通常包括：对方的性别、年龄、籍贯、学历、专长、爱好、主要社会关系等等。这些信息既可备忘，也可充作资料。

（3）交换名片者在交换名片后变化的情况。它通常包括：对方的单位、部门的变化，职务的变动、调任，职称、学衔、学位的升降，联络方式的改变，等等。

五、交谈

人际交往，通常始自交谈，并且离不开交谈。所谓交谈，一般是指两个或两个以上的人所进行的对话。它是人们彼此之间交流思想、表达情感、传递信息、进行交际、开展工作、建立友谊、增进了解的最为重要的一种形式。没有交谈，人与人要进行真正意义上的沟通几乎是不可能的。

从总体上讲，交谈是人的知识、阅历、才智、教养和应变能力的综合体现。在我国古代，人们就讲究在人际交往中对交往对象“听其言，观其行”。这是因为言为心声，只有通过交谈，交往对象彼此之间才能够了解对方，并且为对方所了解。所以说，交谈在人际交往中的重要位置，是其他任何形式都难以替代的。

一般而言，交谈具有下述五个特征：其一，内容多样。进行交谈，可以只有一个主题，也可以自由地漫谈。但应该有的放矢，使人有所获益。其二，双向沟通。交谈是一种双边或多边的活动，它要求各方积极参与，达成共识，产生共鸣，形成互动，而不能只是单向的“一言堂”。其三，相互包容。在交谈中，每个人都要拥有容人的雅量，不仅要自己说话，也要允许对方说话。要彼此适应、求同存异、人人平等。其四，随机应变。交谈，在实际操作中可长可短、灵活多变，所以要求参与者在临场发挥时，见机行事，反应迅速。其五，真实自然。交谈应当言之有物，表达应当合乎情理。但是，它还必须言之有据，而且表现自然。不能为了单方面追求效果而言而无信、巧言令色，或夸夸而谈。

一般而论，与人交谈既要言之有物、言之有序、言之有理，更要言之有度、言之有礼。一言以蔽之，就是要规范交谈。规范交谈，在《礼记》中被称为“顺辞令”；此外，《礼记》还要求“安定辞”。交际礼仪在语言、主题和方式三个方面，对交谈有着一系列详尽的规范。

（一）交谈的语言

在语言方面，交谈的总要求是：文明、礼貌、准确。语言是组织交谈的载体，交谈者对它理当高度重视、精心斟酌，这是不言而喻的。

▍语言要文明

作为有文化、有见识、有教养的现代人，在交谈中，一定要使用文明优雅的语言。下述不文明的语言，绝对不宜在交谈之中采用。

（1）**粗话**

粗话，即粗俗不堪、格调低下、显得没有文化的话语。有人为了显示自己为人粗犷、豪放，出言必粗。例如，把爹妈叫“老头儿”“老太太”，把女孩子叫“小妞”，把名人叫“大腕”，把吃饭叫“撮一顿”，等等。讲这种粗话，显然是很失身份的。

（2）**脏话**

讲脏话，即口带脏字，讲起话来骂骂咧咧、出口成“脏”。讲脏话的人，不但不文明，而且属于自我贬低，显得十分低级。

（3）**黑话**

黑话，即流行于黑社会的行话。讲黑话的人，往往自以为见过世面，可以此唬人，实际上却显得匪气十足，令人反感厌恶，难以与他人进行真正意义上的沟通和交流。

（4）**荤话**

荤话，即说话者时刻把绯闻、色情、男女关系之事挂在口头，说话“带色”，动辄“贩黄”，淫秽之语不绝于口。爱说荤话者，只不过证明了自己品位不高，而且对交谈对象也缺乏应有的尊重。

（5）**怪话**

有些人说起话来阴阳怪气，或讥讽嘲弄，或怨天尤人，或黑白颠倒，或耸人听闻，或荒诞离奇，成心要以自己的谈吐之“怪”而令人刮目相看、一鸣惊人。这就是所谓说怪话。爱讲怪话的人，往往难以令人产生好感。

(6) **气话**

气话，即说话时闹意气，泄私愤，图报复，大发牢骚，指桑骂槐，甚至听任自己的话语无限度地放纵情绪。在交谈中常说气话，不仅无助于沟通，还容易伤害人、得罪人。

语言要礼貌

在交谈中多使用礼貌用语，是博得他人好感与体谅的最为简单易行的做法。所谓礼貌用语，简称礼貌语，是指社会上约定俗成的、用以表示谦虚或恭敬的专门用语。

例如：初次见面，要说“久仰”；许久不见，要说“久违”；客人到来，要说“光临”；等待客人，要说“恭候”；探望别人，要说“拜访”；起身作别，要说“告辞”；中途先走，要说“失陪”；请人勿送，要说“留步”；请人批评，要说“指教”；请人指点，要说“赐教”；请人帮助，要说“劳驾”；托人办事，要说“拜托”；麻烦别人，要说“打扰”；求人谅解，要说“包涵”；等等。

在人际交往之中，尤其有必要对下述五句十字的基本礼貌用语经常地加以运用，并且多多益善。

(1) **问候语 “您好”**

“您好”，是一句表示问候的礼貌语。遇到相识者与不相识者，不论深入交谈，还是仅仅打个招呼，都应主动向对方先问一声“您好”。若对方先问候了自己，也要以此来回应。在有些地方，人们惯以“你吃了饭没有”“最近在忙什么”“身体怎么样”“一向可好”来打招呼或问候他人，但它们都没有“您好”简洁通行。

(2) **请托语 “请”**

“请”，是一句表示请托的礼貌语。在要求他人做某件事情时，居高临下、颐指气使并不合适，低声下气、百般乞求也没有必要。在此情况下，恰到好处地用上一个“请”字，往往就可以逢山开路、遇水架桥、赢得主动，得到对方的照应。

(3) **致谢语 “谢谢”**

“谢谢”，是一句表示致谢的礼貌语。每逢赢得赞扬、获得理解、得到帮助、承蒙关照、接受服务、受到礼遇之时，都应当立即向对方道一声“谢谢”。这样做，既是真诚地感激对方，又是对对方所作所为的一种积极肯定。

(4) **道歉语 “对不起”**

“对不起”，是一句表示道歉的礼貌语。当自己打扰、妨碍、误解、影响了别人，或是在人际交往中给他人造成了不便，甚至给对方造成了某种程度的损失、伤害时，要及时向对方说一声“对不起”。这样做将有助于大事化小、小事化了，并且有助于及时地修复双方的关系。

(5) **道别语 “再见”**

“再见”，是一句表示道别的礼

貌语。在交谈结束、与人作别之际，道上一句“再见”，可以表达惜别之意与恭敬之心。

语言要准确

在交谈中，语言必须准确，否则不利于彼此各方之间的沟通。交谈时需要注意的语言准确问题，主要有下述几点。

（1）发音准确

在交谈之中，要求发音准确，其含义有三：第一，发音要标准。不能读错音、念错字，让人见笑或误会。第二，发音要清晰。要让人听得一清二楚，而不是口齿不清、含含糊糊。第三，音量要适中。音量过大令人震耳欲聋，音量过小则让人听来费劲，显然都不合适。

（2）语速适度

语速，即讲话的速度。在讲话时，对其应加以控制，使之保持匀速，并快慢适中。讲汉语的标准语速是：每分钟讲 160 至 200 个汉字。在交谈中，语速过快、过慢或忽快忽慢，都会影响效果。

（3）口气谦和

在交谈中，讲话的口气一定要显示出平等待人、亲切谦和。不要端架子、摆派头，不要以上压下、以大欺小、倚老卖老、官气十足、盛气凌人，不要随便挑剔、教训、指责别人。

（4）内容简明

在交谈时，应力求言简意赅，简单明白，节省时间，少讲废话。不要没话找话、短话长说、啰里啰唆、废话连篇、节外生枝、任意发挥、不着边际，让人听起来不明不白。所谓烦言无要、要言不烦，是交谈中不应忘记的重要规则。

（5）少用方言土语

交谈对象若非家人、乡亲，则最好不要在交谈之中采用对方有可能听不懂的方言土语。非要那么做不可，就是对对方的不尊重。在多方交谈中，即便只有一个人听不懂，也不要采用方言土语交谈，以免使其产生被排挤、冷落、疏远之感。

（6）慎用外语

在国内所进行的普通性质的交谈中，应当讲中文，并且还要讲普通话。若无外宾在场，则最好慎用外语。与国人交谈时动辄使用几句外语，非但不能证明自己的国际化程度很高，反而往往会有自我卖弄之嫌。

（二）交谈的主题

亚里士多德曾经指出：交谈由谈话者、听话者、主题三个要素所组成。若要达到施加影响的目的，就必须关注此三要素。

交谈的主题，又叫交谈的话题，指的是交谈的中心内容。一般而论，交谈主题的具体多少可以不定，但在某一特定时刻宜少不宜多，并且最好只有一个。唯有话题少而集中，才有助于交谈的顺利进行。话题过多、过散，将会使交谈者无所适从。

宜选的主题

在交谈之中，以下五类话题都是适宜选择的。

（1）既定的主题

所谓既定的主题，即交谈双方业已约定，或者其中某一方先期准备好的主题。例如，求人帮助、征求意见、传递信息、讨论问题、研究工作一类的交谈，往往都属于主题既定的交谈。选择这类主题，最好由双方商定，至少也要得到对方的认可。一般而言，它适用于正式交谈。

（2）高雅的主题

所谓高雅的主题，即内容文明、优雅，格调高尚、脱俗的话题。例如，文学、艺术、哲学、历史、地理、建筑等，都属于高雅的主题。它适用于各类交谈，但要求面对知音，忌讳不懂装懂，或班门弄斧。

（3）轻松的主题

所谓轻松的主题，即谈论起来令人轻松愉快、身心放松、饶有情趣、不觉压抑或厌烦的话题。例如，文艺演出、流行时装、美容美发、体育比赛、电影电视、休闲娱乐、旅游观光、名胜古迹、风土人情、名人轶事、烹饪小吃、天气状况等等。它适用于非正式交谈，允许各抒己见、任意发挥。

（4）时尚的主题

所谓时尚的主题，即以此时、此刻、此地正在流行的事物或非常重大的事件作为谈论的中心。以2021年为例，当时有关国内时尚的交谈主题有：我国全面建成小康社会、国内生产总值首次突破百万亿元大关、隆重庆祝建党百年、三孩生育政策发布实施、完善香港特区选举制度、薇娅漏税、郑爽被曝代孕、滴滴被下架等等。总之，时尚的主题适用于各种交谈，但其变化较快，在具体的把握上有着一定的难度。

（5）擅长的主题

所谓擅长的主题，在此指的是交谈双方，尤其是交谈对象有研究、有兴趣、有长项、有可谈之处的主题。须知：话题选择之道，在于应以交谈对象为中心。例如，与导师交谈，宜谈治学之道；与旅友交谈，宜谈旅途见闻；与医生交谈，宜谈健身祛病；与学者交谈，宜谈治学之道；与作家交谈，宜谈文学创作；等等。它适用于各种交谈，但忌讳以己之长对人之短，否则往往会“话不投机半句多”。

忌谈的主题

在各种交谈之中，有以下五类主题理应忌谈。

（1）**个人隐私**

所谓个人隐私，即个人不希望，同时也没有必要被他人了解之事。在交谈中，若双方是初交，则有关对方年龄、收入、婚恋、家庭、健康、学历、经历等一系列涉及个人隐私的主题，切勿加以谈论。

（2）**捉弄对方**

在交谈中，切不可对交谈对象尖酸刻薄、油腔滑调、乱开玩笑、口出无忌。切忌要么挖苦对方所短，要么调侃取笑对方，成心要让对方出丑，否则会令对方下不了台。俗话说：“伤人之言，重于刀枪剑戟。”以此类捉弄人的主题为中心展开交谈，定将损害双方关系。

（3）**非议旁人**

有人惯于在交谈之中传播闲言碎语，以制造是非、无中生有、造谣生事，或者非议其他不在场的人士。众所周知：“来说是非者，必是是非人。”背后非议旁人，并不证明自己待人诚恳、处世直爽，反倒却证明自己少调失教，属于拨弄是非之人。

（4）**倾向错误**

在谈话之中，明显地具有倾向性错误的主题，如违背社会伦理道德、违反公序良俗、生活堕落、思想反动、政治错误、违法乱纪之类的主题，亦应避免。

（5）**令人反感**

有时，在交谈中因为不慎，会谈及一些令交谈对象感到伤感、不快的话题，以及对方所厌恶的话题，这就是所谓令人反感的主题。若这种情况不幸出现，应立即转移话题，必要时还应向对方道歉，千万不要没有眼色、将错就错、一意孤行。这类话题，常见的有凶杀、惨案、灾祸、疾病、死亡、挫折、失败等等。

（三）交谈的方式

进行交谈时，往往有必要注意其具体方式。在这里，是有一些基本的技巧可以运用的。

双向共感

交谈，究其实质乃是一种合作。因此在交谈中，切不可一味宣泄个人的情感，而不去考虑交谈对象的反应。

交往礼仪规定，在交谈中应遵循双向共感原则。这一原则，通常具有两重含义。

(1) 双向。它要求：人们在交谈中要坚持双向交流，并且在可能的前提下，要尽量使交谈围绕交谈对象进行，无论如何都不要妄自尊大、忽略对方的存在。

(2) 共感。它要求：在交谈中谈论的中心内容应使彼此各方都感兴趣，并能够愉快地接受、积极地参与。在交谈的整个过程中，绝对不能以自我为中心、自以为是，而不顾及对方的感受与反应。遵守此项原则，是使交谈取得成功的关键。

简言之，双向共感就是要求：交谈的相关方，理当使交谈中相互的话语有来有往、来来往往、有话可说、彼此爱听，从而使交谈可持续。

神态专注

在交谈中，各方都希望自己的见解为对方所接受。所以从某种意义上讲，“说”的一方并不难，难就难在“听”的一方。古人曾就此有感而发：“智者善听”。

“听”的一方在交谈中若能够表现得神态专注，就是对“说”的一方的最大尊重。要做到这一点，通常应重视如下四个细节。

(1) **表情专注**

在倾听时，要目视对方、全神贯注、聚精会神。不要用心不专、“身在曹营心在汉”，明显地走神。

(2) **动作配合**

当对方观点高人一筹，为自己所接受，或与自己不谋而合时，应以微笑、点头、竖起大拇指直接为对方“点赞”等动作表示支持、肯定，或暗示自己与之“心有灵犀一点通”。

(3) **语言合作**

在对方“说”的过程中，不妨以“嗯”声或“是”字，表示自己一直都在认真地倾听。在对方需要理解、支持时，应以“对”“是的”“没错”“有道理”“真是这么一回事”“我非常有同感”来具体加以呼应。必要时，还应在自己讲话时，适当引述对方刚刚所发表的见解，或者直接向对方请教高见。这些具体做法，都是以语言同对方进行合作。

(4) **真心实意**

“听”时神态专注，并非要求故作姿态，而是应当真心实意。古人云：“三人行，必有我师焉。”交谈其实也是如此，但凡认真地倾听他人的话语，则必有所思、必有所悟、必有所得。

▍措辞委婉

在交谈中，通常不应直接陈述令对方不快、反感之事，更不能因此伤害其自尊心。必要时，在具体的说法上应当力求含蓄、婉转、动听，并留有余地、善解人意，这就是所谓的措辞委婉。

例如，在用餐时要去洗手间，不宜直接说“我去方便一下”，而应当说“我需要出去一下”“我去有点事”，或者“我去打个电话”；来访者停留时间过长，从而影响本人，需要请其离开，不宜直接说“你该走了”“你待得太久了”，而应当说“我不再占用你的宝贵时间了”；向对方介绍对方不熟悉的事物时，不宜说什么“你不知道吧”，而应当说“正如你知道的……”；等等。以上均属委婉语的具体运用。

▍礼让对方

在交谈之中，务必争取以对方为中心，处处礼让对方、尊重对方，尤其是应当避免出现以下五种失敬于人的情况。

（1）始终独白

既然交谈讲究双向沟通，那么在交谈中就要目中有人、礼让他人，要多给对方发言的机会，要让在座的每个人都有表达个人见解的机会。不要一人独白、侃侃而谈、“独霸天下”，不要只管自己尽兴而始终不给他人张嘴的机会。

（2）导致冷场

不允许在交谈中走向另一个反面，即从头到尾保持沉默、不置一词，从而使交谈变相冷场，破坏现场的气氛。不论交谈的主题与自己是否有关，自己是否有兴趣，都应热情投入、积极合作。万一交谈因他人之故冷场“暂停”，切勿“闭嘴”不理，而应努力“救场”。届时可转移旧话题，引出新话题，从而使交谈“畅行无阻”。

（3）随意插嘴

出于对他人的尊重，当他人讲话时，尽量不要在其中途予以打断，不要突如其来、未经允许地上去插上一嘴。这种做法，不仅干扰了对方的思绪，破坏了交谈的效果，而且会给人以自以为是、喧宾夺主之感。确需发表个人意见或进行补充时，应待对方把话讲完，或是得到对方首肯后再讲。但应谨记：插话次数不宜多，时间不宜长，对陌生人的交谈则绝对不允许打断或插话。

（4）与人抬杠

抬杠，在此是指喜爱与人争辩，喜爱固执己见，喜爱强词夺理。在一般性的交谈中，应允许

谈话的规则

各抒己见、言论自由、不下结论，重在集思广益、活跃气氛、取长补短。若以“杠头”“杠精”自诩，自以为一贯正确，无理搅三分，得理不让人，甚至时时强词夺理，与人交谈之中非要争个面红耳赤、你死我活，导致大家大伤和气，显然是有悖交谈主旨的。

（5）**否定他人**

在交谈之中，要善于聆听他人的意见。若对方所述无伤大雅、无关大是大非，一般不宜当面予以否定，免得让对方下不了台。交往礼仪有一项重要的原则，叫作“不随意纠正”。它的具体含义是：对交往对象的所作所为，应当求大同、存小异，若其无关宏旨，不触犯法律，不违反伦理道德，不有悖公序良俗，不有辱国格人格，不涉及生命安全，一般没有必要判断其是非曲直，更没有必要当面对其加以否定。在交谈中不去任意否定对方的见解，就是该原则的具体运用。

适可而止

与其他形式的社交活动一样，交谈也必定受制于时间。虽然说亲朋好友之间的交谈往往“酒逢知己千杯少”，但实际上它仍需要见好就收、适可而止。这样做，不仅可使下次交谈还有话可说，还会使每次交谈都令人回味无穷。

普通场合的小规模交谈，以半小时以内结束为宜，最长不要超过 1 个小时。交谈的时间一久，它所包含的信息与情趣就难免会被“稀释”。

一般而论，在交谈中一个人的每次发言，最好不要长于 3 分钟，至多不要长于 5 分钟。

令交谈适可而止，主要有四点好处：第一，它可以为大家节省时间，省得耽误正事。第二，它可以使每名在座者都有机会发言，以示平等。第三，它可以使每个人的发言提炼其精华，少讲废话。第四，它还可以使大家对交谈意犹未尽，保持美好的印象，并且对下一次的交谈有所期待。

凡此种种，都说明交谈适可而止不仅必要，也是必须付诸行动的。

思考题

1. 什么是交往礼仪中的“三 A 原则”？
2. 称呼方面的主要禁忌是什么？
3. 做自我介绍时，需要注意哪些问题？
4. 为他人进行介绍时，怎样确定其先后顺序？
5. 需要握手时，究竟应当由哪一方首先伸出手来？

6. 握手时有哪些主要的禁忌？
7. 除握手外，国内外目前还有哪些通行的会面礼节？
8. 制作名片需要注意哪些方面的问题？
9. 社交式名片通常应包括哪些具体内容？
10. 名片有何主要用途？
11. 怎样向他人索要名片？
12. 为什么交谈时语言要文明？
13. 在交谈时，不宜选择哪些话题？

第四章 通联礼仪

通联礼仪，通常是指人们进行通信、保持联络时所应遵守的基本行为规范。遵守通联礼仪，是维持良好的人际关系，进而使其有所发展的重要前提。本章所讲授的内容，具体包括有关电话、书信、题字、馈赠、送花、社交媒体等方面的礼仪规范。

学习目的

- 与交往对象保持常规的互联互通。
- 在通信联络中有意识地维护自身形象。
- 掌握基本的通联礼仪。
- 在通信联络中彬彬有礼。
- 克服通信联络中的失礼之举。

本章要点

- 本章讲授的是通联礼仪，它是指人们进行通信、保持联络时所应遵守的基本行为规范。遵守通联礼仪，是维持良好的人际关系，进而使其有所发展的重要前提。
- 第一节讲授的是有关电话的礼仪，主要介绍拨打电话、接听电话、使用手机时的基本规范。
- 第二节讲授的是有关书信的礼仪，主要介绍的是书信程式与通信技巧。
- 第三节讲授的是有关题字的礼仪，主要介绍在签名与赠言时应注意的问题。
- 第四节讲授的是有关馈赠的礼仪，主要介绍在赠人以礼与受赠于人时应遵守的必要规则。
- 第五节讲授的是有关送花的礼仪，主要介绍与送花的形式、送花的时机、鲜花的寓意相关的规范。
- 第六节讲授的是有关社交媒体的礼仪，主要介绍的是有关社交媒体的合法使用、文明使用、理性使用、适度使用。

在提及个人成功的制约因素时，美国著名学者卡内基认为：它基本上取决于每个人的先天条件、后天准备、个人机遇，以及良好的人际关系。但是，他又说：上述几点所起的作用并非可以等量齐观，而是分别发挥着不同的作用。

根据他的观点：在正常情况下，一个人所取得的成功，10%左右取决于他的先天和后天的条件，20%左右取决于他的个人机遇，而剩下的大头，即70%左右，则主要取决于他的人际关系。在这里，卡内基对人际关系的强调或许有些过度，但他所提出的“人际关系是制约事业、发展的主要因素”的观点，却早已被事实证明是正确的。

在现代生活里，任何一个人想要在事业上有所成就，离开了良好的人际关系，实际上都是不可能的。而良好的人际关系既需要积极、主动、合乎礼仪地去争取，更需要互联互通，更需要对其想方设法加以巩固、维护与发展。

有道是“相交一场，常来常往”。在维系人际关系的诸多方法之中，“常来常往”是最有成效的一种。而在现代快节奏的现实生活里，“常来常往”不但可以表现为相互走动、经常见面，也可以借助于其他形式进行。利用通信、联络手段与交往对象保持联系，就是其中之一。

通联礼仪，就是人们在人际交往中进行通信、保持联络时所应遵守的行为规范。遵守通联礼仪，是维持良好的人际关系，保持常规的互联互通，进而使人际关系有所发展的重要前提。

通联礼仪的主要内容，有电话礼仪、书信礼仪、题字礼仪、馈赠礼仪、送花礼仪、社交媒体礼仪等。其共性在于，它们都是关于某种人际交往媒介的操作规范。

通联礼仪的基本原则是“保持联络”。它的基本含义是：在人际交往中，要尽一切可能，与自己的交往对象保持各种形式的有效联系，以便进一步地加深交往和沟通，巩固、促进和发展彼此间的正常关系。人与人之间如果不能保持联络，则难有其正常的人际交往可言。遵守这一原则，是通联礼仪的基本要求。

一、电话

在日常生活里，电话早已成了现代人不可缺少的交际工具之一。即便在所有的现代通联手段中，它也毋庸置疑地位居排行榜之首。

正确地利用电话，并不是每一位会打电话的人都能做得到的。要正确地利用电话，不仅要熟练地掌握使用电话的技巧，而且需要自觉地维护自己的“电话形象”。

所谓“电话形象”，是电话礼仪的主旨之所在。它的含义是：人们在使用电话时的种种表现，会使通话对象“如见其人”，能够给对方以及其他在场之人留下完整的、深刻的印象。一般认为，一个人的“电话形象”，主要是由他使用电话时的语言、内容、态度、表情、举止，以及时间感等几个方面所构成的。它被视为每个人个人形象的重要组成部分之一。据此，人们往往可以对通话之人的文明礼貌的修养和为人处世的风格有所了解。

通联礼仪要求：在使用电话时，必须精心地维护电话形象。要做到这一点，必须在拨打电话、接听电话、使用手机时，自觉自愿地做到知礼、守礼、待人以礼。

(一) 拨打电话

使用电话，总有一方是发起者。在通话双方之中，发起者被称为发话人，他的通话过程被称作拨打电话，或简称为打电话。被动接听电话的一方，则被称为受话人，他的通话过程则被称作接听电话，或简称为接电话。在整个通话过程中，发话人通常始终居于主动、支配的地位。作为“先发制人”的一方，若要使自己所打的电话既能正确无误地传递信息、联络感情，又能为自己塑造完美的电话形象，发话人在打电话时，就必须时间适宜、内容简练、表现文明。在这些方面稍有失误，都会使自己塑造良好电话形象的努力功亏一篑。

时间适宜

要拨打好一次电话，首先就应当明确：通话唯有在适宜之时进行，才会事半功倍。

考虑通话的时间问题，需要注意两个要点：第一，何时通话为佳？第二，通话多久为宜？

(1) **通话时间**

按照惯例，通话的最佳时间有二：一是双方预先约定的时间；二是对方方便的时间。

除有要事必须立即通报外，不要在他人的休息时间打电话，如每日上午 7 点之前、晚上 10 点之后，以及午休的时间、节假日、周末等。在对方用餐时打电话，也未必合适。

给海外人士打电话，首先要了解一下时差，不要不分昼夜地去骚扰他人。

打公务电话，则应尽量在工作时间内进行。不要在他人的私人时间，尤其是休假期间去麻烦对方。此外，若能有意识地避开对方的通话高峰时间、业务繁忙时间、生理厌倦时间，则打电话的效果往往更佳。

（2）**通话长度**

在一般情况下，每次通话的具体时间长度均应有所控制。其基本的要求是：以短为佳，宁短勿长。

在电话礼仪里，有所谓的“3 分钟原则”。实际上，它就是“以短为佳，宁短勿长”这一基本要求的具体体现。它的含义是：在打电话时，发话人应当自觉地、有意识地将每次通话的长度限定在 3 分钟之内，并尽量不要超过这一限定。

在日常进行的社交活动中，但凡使用电话，都应尽可能将“3 分钟原则”付诸实践。身为发话人时，特别需要牢记此点。

（3）**体谅对方**

发话人在拨打电话时，应当善解人意、将心比心，对受话人多多体谅。不论彼此关系如何，对这一点都不要疏忽大意。在把握通话时间时，对此尤须关注。

在通话开始后，除要自觉地控制通话长度外，必要时还应关注受话人的反应。例如，可以在开始通话时，先询问一下对方，现在通话是否方便。倘若对方不方便，则可另约一个时间，届时再把电话打过去。

倘若通话时间较长，亦应先征求一下对方意见，并在结束时略表歉意。

在对方休假、用餐、睡觉时，或其工作、开会时，万不得已打电话影响了别人，不仅要讲清楚原因，而且勿忘说一声：“对不起。”

在他人上班时间内，原则上不要为了私人事宜而拨打电话妨碍对方。

内容简练

在通话时，要求发话人内容简练，不仅是礼仪上的规范，而且是限定通话长度的必要前提。根据通联礼仪规范，发话人要做到内容简练，就必须做好以下几个方面。

（1）**提前准备**

每次通话之前，发话人应做好充分准备。最好的办法，是把受话人的姓名、电话号码、通话要点等通话必不可少的内容列出一张“清单”。这样一来，通话时便可照此办理，就不会再出现现想现说、缺少条理、丢三落四的情况了。

此种方法简单易行，只要养成了习惯，就会成为自己的自觉行动。它不仅利己利人，而且容易使通话对象感到自己办事有板有眼、训练有素。

（2）**简明扼要**

在通话时，发话人讲话要务实而不务虚。问候完毕，即应开宗明义、直奔主题，一定要少讲空话、不说废话、绝不啰唆，切勿节外生枝、没话找话、短话长说。

通话过程中，最忌讳发话人讲话吞吞吐吐、模糊不清、东拉西扯。至于一厢情愿地逼着通话对象和自己共煲"电话粥"，或者故弄玄虚，在通话时玩"捉迷藏""猜一猜"，则更会令人生厌。

（3）适可而止

作为发话人，应自觉控制通话的长度。要讲的话讲完了，即应终止通话。由通话双方中地位较高的一方终止通话，是电话礼仪的惯例之一。发话人在通话双方中居于地位较低的位置时，则要长话短说、适可而止。

因此，发话人切勿"当断不断，自受其乱"。不要话已讲完，却依旧反复铺陈、再三絮叨。

需要在此明确的是，不论出于何种目的，拨打陌生的电话号码进行推销或促销，均属扰民。

表现文明

发话人在其通话的过程中，自始至终都要待人以礼，表现得文明大度、尊重自己的通话对象。具体说来，必须注意以下几个重要环节。

（1）语言文明

在通话时，发话人不仅不能使用"脏、乱、差"的语言，还须切记：有下列三句话非讲不可。它们被称为"电话的基本文明用语"，具体所指的是：

第一，问候语。在通话之初，首先应向受话人恭恭敬敬地问一声"您好"，然后方可再言其他。切勿一上来就生硬地说"喂"，或是开口便道自己的事情。

第二，介绍语。在问候对方后，接下来须自报家门，以便对方明确"来者何人"。在电话里自报家门，发话人有以下四种模式可以借鉴：其一，报出本人的全名。其二，报出本人所在的单位。其三，报出本人所在的单位和全名。其四，报出本人所在的单位、全名和职务。其中第一种模式主要适用于私人交往，而后三种模式则适用于公务交往。最后一种模式，通常最为正规。在本单位内部通话时，发话人亦可只报本人所在的部门。

第三，道别语。终止通话前，在预备放下话筒时，应先说一声"再见"。要是缺少了这句礼貌用语，就会使终止通话显得有些突如其来，并让自己的待人以礼有始而无终。

（2）态度文明

发话人在通话时，除语言要"达标"之外，在态度方面也应好自为之。

对受话人，不要厉声呵斥。切忌态度上粗暴无礼，但也没有必要低三下四、阿谀奉承。

电话若需要总机转接，勿忘对总机的话务员问上一声好，并且还要加上一声“谢谢”。此外，“请”“麻烦”“劳驾”之类的常规礼貌用语，该用时也一定要用。

当要找的人不在，需要接听电话之人代找，或代为转告、留言时，态度同样要文明而有礼。

通话时电话忽然中断，依礼应由发话人立即再拨，并说明通话中断系线路故障所致。不要不了了之，或坐等受话人一方打来电话。

若拨错了电话号码，应对接听者表示歉意。不要一言不发，或挂断了事。

（3）**举止文明**

发话人在通话时，在举止方面应对自己有所要求。当众拨打电话时，对这一点更不能掉以轻心。

在打电话时，最好双手持握话筒，并起身站立。无论如何，都不要在通话时把话筒夹在脖子与肩膀、下巴之间，不要抱着电话机随意走动，不要趴着、仰着、坐在桌角上，或是高架双腿与人通话。拨号时，不要以笔代手。边打电话边吃东西或喝东西，亦为失态。

打电话的规则

在通话时，不宜发声过高，免得令对方承受不起。标准的做法是：声音宁小勿大，并应使话筒与口部保持 3 厘米左右的距离。

终止通话、放下话筒时，应用双手轻放，不要用力摔话筒，以免令对方受到惊吓。

通话“半途而废”，或拨号时对方一再占线的话，要表现出应有的耐心。不要骂骂咧咧，或是采用粗暴的举动拿电话机撒气。

（二）接听电话

在整个通话的过程中，受话人虽处于被动的位置，但也不可因此在礼仪规范方面得过且过、不加重视。

根据通联礼仪规范，受话人接电话时，由于具体情况有所不同，需要分为本人受话、代接电话以及录音电话等，以下对其各自分别而论。

▍本人受话

所谓本人受话，这里指的是由受话人本人亲自接听他人打给自己的电话。在本人受话时，按照电话礼仪的要求，需要掌握以下三点。

（1）**接听及时**

一旦电话铃声响起，即应立即停止自己手头的事，尽快接听。接听电话是否及时，实质上反映着一个人待人接物的真实态度。

如果有可能的话，在电话铃响以后，应亲自接听电话，轻易不要让别人代劳，尤其是不要让小孩子代接电话。不要铃响许久，甚至响过几遍之后，才姗姗来迟地去接电话。此举并非说明自己派头大，而只能表明自己妄自尊大。在正常情况下，不允许不接听他人打来的电话，尤其是“如约而来”的电话。

因特殊原因，致使铃响过久才接电话的话，必须在通话之初向发话人表示歉意。

在电话礼仪中，有一项“铃响不过三声原则”。它的含义是：接听电话时，以在铃响三次以内拿起话筒最为适当。在日常生活里，应尽量遵守这一原则。

(2) 应对谦和

接电话时，受话人应努力使自己的所作所为合乎礼仪。特别重要的是，必须关注下列四点：

第一，自报家门。拿起话筒后，即应自报家门，并首先向发话人问好。向发话人问好，一是出于礼貌；二是为了说明有人正在接听。当对方首先问好后，应立即问候对方。不要一声不吭、装神弄鬼、故弄玄虚。至于要自报家门，则是为了让发话人验证一下，是否拨错了号码，或找错了人。自报家门时所说的内容，可参照发话人自报家门时的那几种模式酌定。在私人寓所接听电话时，为了自我保护，有时可以用电话号码作为自报家门的内容，或者不必自报家门。

第二，聚精会神。在通话时，应聚精会神地接听电话。不允许三心二意、心不在焉，或是把话筒置于一旁、任其“自言自语”。在通话过程中，对发话人的态度应当谦恭友好。当对方身份较低或有求于己时，更应表现得不卑不亢。不要拿腔拿调、对对方戏弄嘲讽，伤害其自尊心。更不要一言不发，有意冷场。

第三，与人道别。当通话终止时，不要忘记向发话人道“再见”。当通话因故暂时中断后，要等候对方再拨进来。既不要扬长而去，也不要为此而随后责怪对方。

第四，善待误拨。若接听到误拨进来的电话，一定要耐心地向对方细加说明。如有可能，还应向对方提供帮助，或者为其代转电话。不要对此置之不理、勃然大怒、恶语相向，甚至出口伤人。

(3) 主次分明

平时，一旦电话铃声响起，即应以此为自己活动的中心，而绝不应当不明主次、随意分心。

接听他人电话时，不要再与周围的人交谈、阅读文件，或者看电视、听音乐、刷微信、吃东西。在一般情况下，尽量不要对发话人表示对方的电话“来得不是时候”。

万一在会晤重要客人或举行会议期间有人打来电话，而且此刻的确不宜与其深谈，可简单地向其说明原因、表示歉意，并再约一个具体时间，届时由自己主动打电话过去。若对方是长途的话，尤须注意，别让对方再打过来。约好下次的通话时间后，即应遵守。在下次通话开始时，勿忘就此再次向对方致歉。

在接听电话之时，适逢另一个电

话打了进来，切忌置之不理。可先对通话对象说明原因，请求其勿挂电话、小候片刻，然后立即去接另一个电话。待接通之后，先请对方稍候，或过一会儿再打进来，随后再继续方才正打的电话。

不论自己多么忙，都不要拔下电话线，对外界进行自我隔绝。也不要把假的电话号码、莫须有的电话号码、别人的电话号码，留给自己不希望与之保持联系的人。

代接电话

在日常生活里，经常需要为其他人代接、代转电话。代接、代转电话时，应着重关注礼尚往来、尊重隐私、记忆准确、传达及时四个方面的问题。

（1）礼尚往来

接电话时，假如对方所找之人并非自己，不要口出不快，不要拒绝对方代找旁人的请求，尤其是不要对对方所找之人口有微词，或是对方要找的人就在身边，却偏偏告之以“不在”。至于非要说“没有你找的这个人”，则更属非礼。

同事、家人之间，互相代接电话，本是互利互助之事，所以讲究礼尚往来、有来有往。连电话都懒得为人代接的人，在现实生活里是难以取信于人的。

（2）尊重隐私

在代接电话时，不要充当“包打听”，不要向发话人询问对方与其所找之人的关系如何。当发话人有求于己，要求转达某事给某人时，要严守口风。切勿对此随意扩散、广而告之，辜负了他人的信任。

即使发话人所找的人就在附近，也不要大喊大叫，闹得人人皆知、四邻不宁。当别人通话时，不要“旁听”，更不要插嘴。

（3）记忆准确

若发话人所要找的人不在，可在向其说明后，问一下对方是否需要代为转达。对方有此请求时，即应相助于人。

对发话人要求转达的具体内容，最好认真做好笔录。在对方讲完之后，还应重复一遍，以验证自己的记录是否正确无误，免得误事。记录他人的电话信息，应包括通话者单位、通话者姓名、通话时间、通话时长、通话要点、是否要求回电话、回电话的时间，以及对方预留的电话号码等几项内容。

（4）传达及时

接听寻找他人的电话时，首先需要明确“对方是谁”与“现在找谁”两个问题。若对方不愿讲第一个问题，可不必勉强。若对方所要找的人不在，可先以实相告，再询问对方“来者何人”“所为何事”，若将二者的先后次序颠倒了，就可能使发话人产生疑心。

若发话人所找的人就在附近，应立刻去找，不要拖延。若答应发话人代为传话，则应尽快落实。不要置之脑后，或是存心拖延时间。

不到万不得已时，尽量不要把自己代人转达的内容，再去委托他人转告。那样一来，一则容易使内容走样；二则难保不会耽误时间。

录音电话

许多时候，为了保证联络的畅通，人们往往会使用录音电话。使用录音电话的要点，通常有以下两个方面。

（1）**制作留言**

使用录音电话，少不了要制作一段本人留言。留言的常规内容有：电话机主的单位、姓名，问候语、致歉语、道别语，留言的原因，对发话人的请求，等等。

私人住宅所用的录音电话，不宜由年轻姑娘进行录音，而且不宜自报其姓名。以电话号码进行代替，既有利于自我保护，又不致误事，例如：

> 您好！这里是033-6336688。对不起，主人现在因事外出。有事的话，请在提示音之后留言。主人回来后，将立即同您联系，谢谢。再见！

（2）**处理来电**

在人际交往中，虽使用录音电话属于无形交际，但它与人们面对面的交际完全一样，也是要讲究“言必信，行必果”的。在处理录音电话里他人的来电时，需要注意的问题有三：

第一，尽量少使用录音电话。尤其是不要人在家中，却以录音电话替自己“招架”外人。

第二，尽快处理录下的信息。对于外人打进来的电话录音，应当立即进行必要的处理或答复。不要一拖再拖，或者置之不理。

第三，对录下的电话不能否认。不要对自己明明听过的他人电话录音赖账，或显得若无其事。那样做的话，只会从一个侧面告诉旁人：此人言而无信。

（三）使用手机

在各种现代化的通信手段之中，移动通信工具异军突起，而且渐呈后来居上之势。在谈及电话礼仪时，若对移动通信工具无所涉及的话，不仅说明自己闭目塞听、观念陈旧，而且证明自己业已落后于时代。在个人电话形象之中，移动通信工具的使用是其重要的组成部分之一。

就目前而言，人们所使用的移动通信工具主要是移动电话，它又称手机。使用手机之时，主要涉及使用规则和置放位置两个方面的问题。

使用规则

使用手机时，应当在方便交际联络的同时，严格遵守手机的使用规则。否则，就有可能在无形之中损害自己的电话形象。

具体而言，在使用手机时，需要遵守的礼仪规则主要有四项。

（1）**方便他人为先**

使用手机，当然是为了方便自己。与此同时，不应当忘却方便于人，并且应将这一点放在首位。具体来说，在使用手机时，应当注意：

要牢记自己手机的交费日期，或经常查看其话费余额，并且按时交费、充值。不要因为忘记交费、充值而被停机，致使他人与自己的联络中断。

改换了手机号码后，应尽早告知自己主要的交往对象，以保证彼此之间联络的顺畅。

当他人利用手机联络自己时，应尽早回复。在约定的联络时间内，不要随便关机。因错码、掉线、没有网络信号、手机电量耗尽而有碍联络或暂停联络，应及时说明，并向联络对象道歉。利用手机向他人发送短信，不仅应当内容健康，而且务必署上本人姓名，免得令人猜疑不止。此外，滥发手机短信，以及向他人发送、转发黄色、无聊的“垃圾信息”或网址、图片，亦为失礼。

利用手机与对方联络，并要求对方马上按自己指定的号码回复时，切勿使自己的手机一直处于通话状态，致使对方打不进来。

（2）**遵守公共秩序**

使用手机时，绝对不允许在有意无意间破坏公共秩序。具体来说，此项要求主要是指：

第一，不应在公共场合，尤其是走廊、大厅、楼梯、电梯、路口、人行道等人来人往之处，旁若无人地使用手机。

第二，不应在要求“保持安静”的公共场所，诸如音乐厅、美术馆、博物馆、展览馆、影剧院、歌舞厅以及餐厅、酒吧、茶馆等处，高声使用手机通话。必要时，应关机，或将手机调至静音状态。

第三，不应在上班期间，尤其是在办公室、操作间里，长时间使用自己的手机打私人电话。

（3）**切勿失敬于人**

在他人面前使用手机时，切莫失敬于对方。

第一，手机铃声应处于静音状态。与人交谈或置身于公共场所时，必须如此。

第二，切勿当面、当众拨打或接听手机。无论如何，单独面对他人或在公共场所时拨打、接听手机，均为失礼之举。

第三，与他人相处时，不宜把玩手机。在他人面前充当“低头一族”，即收发短信或微信、刷微博、检索信息，都会显得心不在焉。

第四，不要动辄使用手机对他

人录音、录像或拍照。即使对熟人，此举也颇为不当。假如使用手机偷拍、偷录他人，甚至公之于众，则可谓失礼之至。在他人面前“自拍”，或随便邀请他人与自己一同“自拍”，亦为不妥。

(4) 自觉维护安全

使用手机时，必须牢记“安全至上”原则，切勿有章不循、有纪不守、马虎大意、随意犯规。那样做不但害己，而且会害人。使用手机时，特别要重视如下五点：

第一，不要在驾驶汽车、摩托车、电动车，或者使用平衡车、骑自行车的时候使用手机通话，以防止发生意外。

第二，不要在病房、油库等处使用手机，免得它所发出的信号有碍治疗，或引发火灾、爆炸。

第三，不要在飞机飞行期间启用手机，否则极可能使飞机“迷失航向”。

第四，不要在使用手机时涉及个人秘密、行业秘密乃至国家秘密。需要明确的是：手机在其使用时并不能够为它传递的所有信息保密。

第五，不要在使用手机时扩散他人隐私信息，或危言耸听、以讹传讹。

置放位置

使用手机时，应将其放置在适当的位置。它的放置之处，既要方便使用，又要合乎礼仪。

(1) 常规的位置

在较为正式的场合，尤其是在公务交往中，以及其他一切公共场合，手机在不使用时，均应暂放于合乎礼仪的常规位置。无论如何，都不要在并未使用时将其执握于手，或是将其挂在腰带上、胳膊上。

通常放置手机的常规位置有两处：第一，随身携带的公文包内。第二，衣服口袋内，尤其是上衣的口袋里。在二者之中，第一种位置尤显正规。

(2) 暂放的位置

有时，亦可将手机暂存、暂放于下列位置：

第一，在参加会议时，为了既不误事又不妨碍于人，可将其暂交秘书、助理、随员或者会务人员代管。

第二，与人坐在一起交谈时，可将其暂放于不起眼之处，诸如手边、身旁等，也可以将其放在手袋里不取出来。必须切记：不要将其放在桌上。

二、书信

通信，是人际交往中迄今为止最古老、最实用的一种通联方式。在日常生活里，个人与个人、个人与组织、组织与组织之间，都可以利用书信来传递信息，互通情报，交流思想，表达情感。

在现代社会中，随着科技的进步，业已涌现出了多种多样的新型通联方式。与它们相比，书信可谓既普通又原始。虽然如此，却不能认为：在当前的人际交往中，通信已经可有可无，甚至即将退出历史的舞台，“无可奈何花落去”了。

这是因为，就目前而言，在传递信息、互通情报、交流思想、表达情感诸方面，书信所发挥的某些特殊作用，仍是其他通联方式所难以替代的。

举例来讲，与微信、手机短信相比，书信尽管时效性较差，但却具有直观性与易藏性，既可以反复阅读、细心体味，又便于保存，可以收藏留念。此外，通过书信，还可以委婉地表意传情、提醒暗示。

与电子邮件、社交媒体相比，通信虽然速度太慢，但其所包含的信息往往容量更大。更重要的是，由于它是发信人亲笔书写，所以可使收信人“见字如面”，顿生亲近之感。

总之，对现代人来说，在人际交往中适当地使用书信，并不意味着自己落伍、守旧。与此恰恰相反，掌握必要的通信技巧，并且在人际交往中尽可能地利用书信与他人保持联系，依旧是人人所要做的事情。

通信的礼仪规范甚多。简单地讲，在书信程式、通信技巧方面，应当更多地予以关注。

(一) 书信程式

书信程式，有时又叫书信格式，它所指的是书信的写作法则和布局结构。任何一封正式的书信，要想发挥功效，并以礼敬人，首先就必须使其在程式上中规中矩。

按照正常情况，每封书信皆由信文与封文两部分组成。二者在程式上各有各的要求，并且均须“照章办事”。

信文

信文，即书写于信笺之上的文字，故又叫笺文。一般来说，信文是一封书信之中的主体，而且也是发信人写作与收信人阅读的重点。

从程式上看，每一封正式书信的信文，大体上都由前段、中段、后段三个具体部分所构成，三者缺一不可。

（1）**信文的前段**

信文的前段，指的是信文的起始部分。具体而言，它又由以下两个部分所组成：

第一，对收信人的具体称呼。确定对收信人的称呼时，应兼顾其性别、年龄、职业、身份，以及双方之间的关系，千万不要草率从事。准确地讲，该部分也叫称谓语。

第二，对收信人所进行的问候。它也叫问候语。这一部分通常不允许省去。

过去，我国民间对信文前段的讲究极多。它又被叫作信文的开头，通常要采用专用的文言文，并要选用合乎通信双方具体身份的谦辞与敬语。而今写信时，自然不必刻意去仿古，没有必要照抄、照搬业已过时的繁文缛节，但该使用的称呼与问候，依旧不可或缺。

根据惯例，信文前段的第一部分应在信笺第一行顶格书写，而其第二部分则须写在信笺第二行上，并且还要在开头空上两格。

（2）**信文的中段**

信文的中段，又叫信文的正文。实际上，这一部分才是书信的核心内容之所在。

依据常规，正文应紧接着写在问候语后面，并要另起一段书写。它的头一行要空出头两格，此后转行顶格书写。根据实际需求，正文可以分作数段。每段头一行都需要空出前两格，此后转行顶格。在一般情况下，在正文中每讲一件事情，原则上都应当另起一段，以便层次清晰，使收信人能够一目了然。

（3）**信文的后段**

信文的后段，又叫信文的结尾。它位于正文之后，属于信文的结束部分。只有写好了这一部分，使“尾声”完美无缺，才能使信文“有头有尾”、有始有终。在一般情况下，信文的后段应由以下五个部分构成：

第一，结束语。结束语，此处是指专门写在信尾的应酬话和按惯例所用的谦辞、敬语。其目的，是呼应正文，宣布“到此为止”。该部分可自成一段书写；也可以紧接着正文的最后一段书写，不再独立分段。

第二，祝福语。祝福语，在此指的是对收信人所表达的良好祝愿，有时又叫祝词。通常它应采用专门的习惯用语，并分成两行书写。写在头一行的部分，必须空出前两格。写在接下来一行的部分，则应顶格而写。

第三，落款语。落款语，一般又分为自称、署名、日期三个部分。自称与署名，可在祝福语之后另起一行书写，并且要注意：横写信文时，这一内容要偏右写；竖写信文时，则应使之偏下。日期的部分，通常应包括写信时具体的年、月、日。它可与署名写在同一行，并位于其后。有时，亦可另起一行，写于自称与署名的正下方。

第四，附问语。附问语，指的是发信人附带问候收信人身边的亲友，或者是代替自己身边的亲友问候收信人及其身边的亲友。一般而言，附问语应另行书写。其具体位置，可以在结束语之前，也可在落款语后面。

第五，补述语。补述语，又叫附言，指的是信文写毕之后，还有必要再进行补充的内容。写信时，一般不要出现过多附言。有必要写上这一部分时，要以“又及：”或“又启：”开头，独立成段，书写在信尾的最后。千万不要将其胡乱穿插，到处乱写。

需要强调的一点是：按照国内现行的惯例，信文均应横写。在没有必要时竖写信文，未免会给人以“舞文弄墨”之感。万一有必要竖写信文，则最好选用竖式信封与之相配套，务必不要使二者出现一横一竖的不般配组合。

此外，在书写信文时，务必令其各组成部分依照程序而行，并尽可能“各就各位”（见图 4－1）。

尊敬的于容教授：

您好！

您今年 2 月 26 日的来信已经收到，内言尽知。

能够收到您的来信，我非常高兴。多谢您对我的理解和鼓励。

您来信索取的那份资料，我将尽快找到，并挂号寄给您。收到希告，免得我惦念。

我省公关协会拟于今年 6 月 2 日在省会举办一次谈判理论研讨会。目前虽尚未定出具体计划，但全体理事一致要求，请您百忙之中抽空来为我们做一次有关现代商务谈判理论的主题报告。若蒙应允，我们将深感荣幸。待您决定之后，请尽快通知我。

知您日理万机，不多写了。请多多保重。

左政会长、牟冬梅秘书长附问您安好。

专此敬复，不尽欲言。

敬颂

春祺！

学生黄丹丹上　2022 年 3 月 2 日

又及：您所需要的资料已挂号寄出。

图 4－1　程式标准的横写信文一则

封文

封文，即在信封上所写的文字。按照标准书写封文，至少有以下三大好处：第一，能够保证书信准确无误地送达收信人手中。第二，能够直观地反映发信人的文化素养。第三，能够体现出发信人对传递信件者的高度尊重。

在一般情况下，国内以中文书写的信封多为横式。在横式信封上所出现的封文，应当由下述三个部分组成（见图 4－2）。除此之外，在信封上再写其他任何内容，都是不合适的。尤其需要注意：不要在信封背后乱涂乱写乱画。

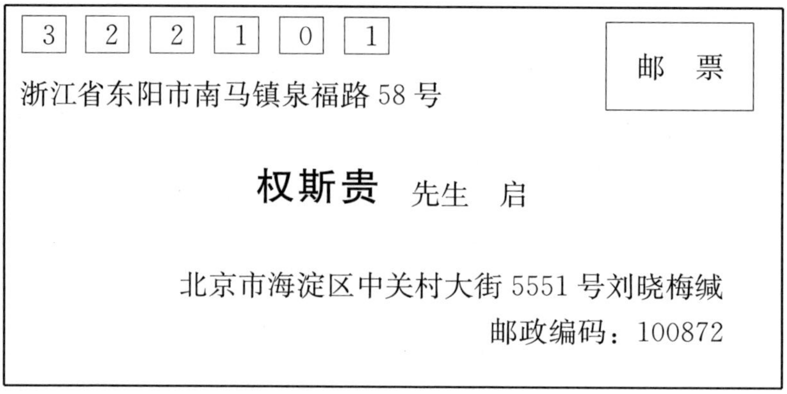

图 4－2 寄交的程式标准的横写封文一则

（1）收信人的地址

收信人的地址，应书写在横式信封的左上方。如有必要，可将其分作两行书写。在其左上角，按规定还应写明收信人所在地址的邮政编码。一般而言，在信封上，邮政编码绝对不可缺少。

（2）收信人的称谓

收信人的称谓，通常应在横式信封的正中央书写。通常，它又可分为三个组成部分：第一，收信人姓名。第二，供传递信件者对收信人使用的称呼。第三，专用的启封词，如“收”“启”等。后两个部分的内容，有时可以省略。

（3）发信人的落款

发信人的落款，一般位于横式信封的右下方。具体而言，它又被分作四个小的组成部分：其一，发信人地址。其二，发信人姓名。其三，发信人用来表示敬意的缄封词，如“缄”“谨缄”等。其四，发信人所在地址的邮政编码。

在上述四者之中，前三个部分可写成一行，其中第三个部分还可以略去不写。而第四个部分则应独立成行，写在横式信封右侧的最下方。

有的时候，书信可以请人带交，而不必通过邮局邮寄。在托人带交的信封上，可以不写双方的地址和邮政编码。但须令其封文之中包括以下内容：

第一，托带语。所谓托带语，即为拜托他人替自己带交信件而使用的专用词语。在横式信封上，应将其写在左上方。

第二，收信人称谓。通常，该部分应由收信人姓名、供托带人对收信人使用的称呼，以及收件词三个部分构成。三者应在横式信封的正中连成一行书写。

第三，写信人自署。它一般应写成一行，并位于横式信封的右下角。除写信人姓名之外，若有必要，这一部分还可以包括拜托词和托交时间。

委托他人带交信件，特别是委托与通信双方或其中一方关系较为生疏者带交信件时，信封上的封文必须完全符合标准（见图 4－3）。

敬烦　带交 **谢方玮**　先生　检收 傅冲拜托　7月6日

图 4-3　带交的程式标准的横写封文一则

以外文书写信件时，其信文、封文的具体程式，必须合乎使用该种文字所通行的标准。此处不再一一详述。

（二）通信技巧

在通信时，除发信人在写信时要遵守书信程式以外，通信双方在写信、发信以及收信等一系列具体环节上，都有许多技巧与规范应该掌握。

写信

在写信时，写信人所应注意的主要问题是：要尽可能地使书信礼貌、完整、清楚、正确、简洁。有关写信的这五项基本要求，亦称写信的五项原则。

（1）礼貌

所谓礼貌，其基本要求是：写信人在写信时，要像真正面对收信人一样，以必要的礼貌，去向对方表达自己的恭敬之意。其中的一个重要做法，就是要尽量多使用谦辞与敬语。

例如，在信文前段称呼收信人时，可使用诸如“尊敬的”“敬爱的”一类的提称词。对对方的问候必不可少，对对方的亲友亦应依礼致意。在信文后段，还应使用规范的祝福语。

（2）完整

所谓完整，其基本要求是：在写信时，为了避免传输错误信息，必须使书信的基本内容“按部就班”，并完整无缺。

例如，在信文中提及收到对方来信，或是在末尾落款时，不可一笔带过，而应准确到具体日期。一般要求写明几月几日，必要时还须写明何年何月何日何时。

在书写封文时，双方的邮政编码不可缺少。此外，在书写收信人及发信人地址时，要力求完整，而不宜采用简称。唯有如此，方能确保书信被及时送达，或是因故被退回时不致丢失。

(3) **清楚**

所谓清楚，其基本要求是：书写信函时，必须使之清晰可辨。要做到这一点，必须注意以下四处具体的细节：第一，字迹应当清清楚楚，切勿潦草或乱涂乱改。第二，要选择耐折、耐磨、吸墨、不洇、不残、不破的信笺、信封，切勿对其不加选择、随意乱用。第三，要选用字迹清楚的笔具与墨水。在任何时候，都不要用铅笔、蜡笔、圆珠笔、水彩笔、荧光笔写信，红色、紫色、绿色、棕色以及纯蓝色等色彩的墨水也最好别用。第四，也是至关重要的一点，在书信里叙事表意时，必须层次明、条理清、有头有尾。切勿天马行空、云山雾罩，令人疑惑丛生、不知其所云。

(4) **正确**

所谓正确，其基本要求是：在写信时，不论称呼、叙事，还是遣词、造句，都必须认真地做到正确无误。

在信中，切忌出现错字、别字、漏字、代用字或自造字，不要滥用繁体字、古体字、异体字，也不要为了省事而用汉语拼音或外文替代不会写的字。

在书写收信人姓名、地址、职务以及尊称时，不应出现任何差错。

在封文上收信人姓名之后书写的称呼，如“同志”“先生”“小姐”等，是专供邮递员或带信人使用的，而并非发信人对收信人所用的称呼，因此，像“大人”“爱妻”“小弟”之类的私人称呼，显然是不宜出现的。

(5) **简洁**

所谓简洁，其基本要求是：写信如同作文一样，同样讲究言简意赅、适可而止。在一般情况下，写信应当“有事言事，言罢即止”，切勿洋洋洒洒、无休无止、空耗笔墨、浪费时间。

此外，应当避免为使书信简洁而矫枉过正，去走另外一个极端。不要过分地惜墨如金，从而使书信通篇冰冷乏味、难以卒读。

发信

写毕书信之后，写信者在准备、寄发信件时，还有一系列的事情要做。在发信时，下述几项基本的礼仪规范亦不可不知。

(1) **折叠**

写好信文，将信笺装入信封时，不可令其过大或过小。在折叠信笺时，既不要随手乱折，也没有必要将其上缠下绕、边角对插，搞得神神秘秘。

折叠信笺的常规方法有四：

第一，先将信笺三等分纵向折叠，然后再将其横折，并令其两端一高一低。此法叫作“以低示己法”，意在表示谦恭。

第二，在折叠信笺时，可有意将收信人姓名外露。它叫作“外露姓名法”，可令收信人产生亲切感。

第三，先将信笺纵向对折，随即在折线处再往里卷折1～2厘米宽，最后再将其横向对折。此法叫作“公函折叠法”，多用于因公通信。

第四，将信笺先横向对折两次，然后再将其纵向折叠到可以装入信封之中的长度。此法叫作“随意折叠法”，适用于日常通信之时。

（2）**装入**

折好信笺，将其正式装入信封时，需要注意的问题是：一定要将其推至信封的顶端，并且令其与信封的封口之处留有大约1厘米的距离。这样做的好处是，收信人将来拆阅书信时，因为发信人早已“留有余地”，信笺便不易被“伤筋动骨”，从而影响阅读了。

（3）**附件**

有些时候，发信人在信封之内往往还要装入书信的其他一些附件。在处理这一问题时，应当注意三点：

第一，符合有关方面的具体规定。不要违规，不可乱装违禁物品。

第二，保持信封的平整、美观。不要因所装附件过多，而令其过分膨胀，甚至因此而“开膛破肚”。

第三，向收信人交代明确。在信文之中，要对附件的名称与数量写得一清二楚，必要时还可要求收信人“收到即告”，免得对方“查无实据”。

（4）**邮资**

通过邮局所寄发的信件，应自觉地按规定交付足够的邮资，不要缺资、欠资，否则大家都不方便。

（5）**封闭**

对于信笺装入信封后，信封应否封口的问题，切不可不加区别地一概而论。

根据现行的习惯做法，通过邮局寄达的信件，其信封必须一律封口；而托请他人带交的信件，其信封原则上则不宜封口。这么做，前者是为了保护个人隐私，保障通信秘密，后者则意在表示对托带者的信任与尊重。

收信

接到他人来信后，收信人在礼仪方面有下列五点需要注意的事项。

（1）**守法**

我国现行宪法之中明文规定：“中华人民共和国公民的通信自由和通信秘密受法律的保护。”这等于十分明确地告诉人们：任何扣留、私拆、偷阅、公布他人信件的行为，都是触犯法律的。因此，在人际交往中接触书信，尤其是替他人收取书信时，要具有良好的法律意识，切勿违法。即使自己扣留、私拆、偷阅、公布他人的信件仅仅是为了跟对方开玩笑，也是绝对不允许的。

（2）**拆信**

收到他人来信，通常先要拆启，

才能进行阅读。拆阅信件时的具体做法是否得当，不仅涉及来信能否完整无缺的问题，而且间接地体现着收信人的个人修养。

拆信时，一要确保信笺的完好；二要确保信封拆启后的美观。拆信的最佳之处，当推信封的封口处。有可能的话，最好利用刀、剪拆信，而不要直接下手去撕。无论如何，都不要把信封拆得“遍体鳞伤”。

（3）**保存**

收到他人来信后，切勿乱扔、乱塞。未经发信人本人允许，千万不要随便将对方的来信公开发表，或是在线下、线上到处传阅。那样做，对对方是非常不尊重的。

对于需要长期保存的书信，可整理在一起，或装订成册，然后妥为收藏。对于无须保留的书信，可集中起来以火焚毁，或用碎纸机进行破坏性处理。但是不宜将其作为垃圾扔掉，或是当成废纸卖掉。

（4）**即复**

在一般情况下，收到他人来信之后，应当立即去做的头一件事，就是回复对方的来信。应当说，及时地复信，不仅是对对方表示尊重有加的一种礼貌，也是做人所应当具备的一种美德。

对他人的来信，只收不复，或者能拖便拖、得过且过，不但会令发信人担心他的来信是否丢失，而且有可能会耽误正事。

有人在回复他人来信时，总喜欢说什么“因为太忙，迟复为歉，希望见谅”云云。其实，这种说法根本站不住脚。因为只要牵挂对方，再忙的人也能挤出回一封信的时间来。所谓“忙”，根本不能成为迟复他人来信的理由。

若是对他人的来信一拖了事，甚至干脆不进行答复，或者长时间地杳无音信，则更是通信之大忌。

（5）**回应**

对他人的来信，不仅要及时给予回复，在复信之中，还应当善解人意地对对方来信中需要回应的问题认真而耐心地进行回应。

特别需要注意的是，对他人来信之中提出的问题，如有可能，应当及时在复信中逐一地给予答复。对确需延后回答或不能解答的问题，在复信时要说明具体原因，或者是将延后回答所需要的大致时间及时告知对方。不要对此避而不谈，或是含糊作答。

对于他人在来信之中求助于自己的问题，若能够出手相助，最好尽力而为。由于种种原因，难以相助于人的话，亦应及时复信，并在信中申明具体困难，向对方致歉，或请求对方予以谅解。

以快递方式寄发、收阅书信时，可酌情参照上述的礼仪规范执行。

三、题字

自古以来，在我国民间交际中，就有“相交于文字”之习。题字，就是以文字为交际媒介，与其他人进行交往的一种“相交于文字”的具体形式。

题字，在其一般意义上指的是，在人际交往之中，应他人之邀，或是出于自己的某种考虑，为对方亲笔书写一些文字。通常认为，题字是一种与其他人进行交际应酬的高雅而又易行的方式。

从基本内容上说，题字可由题字者自行斟酌而定，也可应相邀者要求“命题作文”。但是，大体上来看，它主要供留作纪念，或者是为了向交往对象表示某种善意。

从具体形式上说，题字可长可短；可以是古文，也可以白话；可以是中文，也可以是外文；可以是“古已有之”的诗词、成语、名言、典故，也可以自行创作，直抒个人的胸襟抱负。在总体上，可以将其归结为两大类型：一类是签名，另一类则是赠言。

从题写动机上说，有的题字是题字者主动题写的，意在向交往对象表达自己的某种善良的意愿；有的题字则是由交往对象要求题字者题写的，意在向其表示自己的恭敬之心。在现实生活中，这两种情形都极为常见。概括起来讲，不论题字系应邀而写，还是“自作主张”而写，在本质上都是为了借以促进有关各方之间的相互关系。这一点不言而喻。

以下，将分别介绍签名和赠言这两种人际交往中最常见的题字形式的礼仪规范。

（一）签名

在日常生活里，人们经常有机会到处留下本人的“尊姓大名”。签名，就是“人过留名”的主要方式之一。

在一般情况之下，签名即指在被指定的地方写上本人的姓名，即连姓带名地写下自己姓名的全称。而在人际交往中所说的签名，则大多是指应他人之邀，出于留作纪念的目的，而特意为对方写下本人的姓名。

就礼仪规范而言，尽管签名方便易行，仅以举手之劳，便可一挥而就，但也不能有违约定俗成的定例。否则，不仅会有损本人的“大名”，而且有可能会失敬于人。

签名的礼仪规范，主要分为签名的字体规范与签名的表现规范两部分。

签名的字体

从字数方面来说，签名通常最少。虽则如此，但却不能对签名不加重视，完完全全地自作主张、自行其是。就拿签名时所用的字体而言，其礼仪规范就面面俱到、要求严格，丝毫不允许犯规违禁。

在正常情况下，签名就是认真地写下本人的姓名。由此可见，自己所写的本人姓名，亦即签名的全部内容。既然人的姓名往往一成不变，那么，在签名中最能体现个人特征的，便莫过于签名时所用的字体了。因此，要使自己的签名“名副其实”，并且力求尽善尽美，就首先要把关注的重点放在签名的字体上。

要想使自己的签名字体符合礼仪方面的要求，并且不出现大的纰漏，主要应当在以下六个方面下功夫。

（1）**清晰**

在正常情况下，签名清晰易辨是其最基本的要求。因此在书写签名时，必须采用规范的文字、规范的写法，不要自视不同凡响地信笔乱写、乱画，让人感到它犹如天书一般难以辨识。

（2）**完整**

书写签名时，若无特殊考虑，应努力使签名完整无缺。而要做到这一点，第一，名字应该完整无缺。第二，名字的每一笔每一画应该完整无缺。

（3）**真实**

签名时所签的本人姓名，应为本人的现用名，或是交往对象所熟知的笔名、艺名、字号。千万不要一时兴起，随手签以本人的化名、假名、小名、昵称、绰号以及对方一无所知的笔名，更不能以他人的姓名“李代桃僵”。

（4）**美观**

古人云：“字如其人”。就一个人来说，本人的姓名就是他的个人代表符号。一个人的字写得如何，通常反映了他的个人素质。一个人的姓名写得如何，则更能够直接地展示其个人的修养。因此，签名的字体要力求美观、工整、大方，并且一丝不苟。一定要将它视作个人的脸面，并认真对待。

（5）**个性**

在做好上述四点的同时，还可以使个人的签名字体别有风采、独具特色、与众不同，具有鲜明的个性化特征。有时，个性化的签名还不容易被模仿。为此，平日不可不练习签名，练习签名时不可不努力使之体现出自己的个人特色。

（6）**防伪**

鉴于个人签名用途甚广，而替人签名之后又对其难以控制，因而有必要在使个人签名独具特色的同时，“能人所不能”，为其巧设难以观察和模仿的可识别标志，使其难以被伪造、被滥用。

签名的表现

签名时，除字体的问题应予重视外，还有其他一系列的具体问题需要慎而又慎。

（1）**签名的请求**

绝大多数的签名，均系应邀而为。请求他人为自己签名，一定要看时间、地点、场合是否合适，对方是否方便，同时还要表现出自己的耐心，并要有礼貌地请求、有礼貌地道谢。切勿为了得到签名而死缠硬磨，不顾一切。

他人请求为其签名，对自己无疑是一种尊重。通常，应当尽可能地满足其要求。不要置之不理，甚至反唇相讥，或敷衍了事。

（2）**签名的态度**

和做其他事情一样，任何一名有教养，并且懂得自爱、敬人的人，在替人签名时都应当注意自己的态度，切不可怠慢于人。

替别人签名时，不要大笔一挥了事，显得过分草率。不要把自己的名字签得过大，显得洋洋自得；但也不宜签得过小。满足他人签名的要求时，要一视同仁，不要挑三拣四，尤其是不要只热衷于为异性签名。

（3）**签名的顺序**

有的时候，会出现多人同时应邀为某一个人签名的情况，这就出现了“孰先孰后”的签名时的先后顺序问题。处理这一问题的常规是：尊长优先。也就是说，应当先请长者、前辈、老师、上级签名，自己随后而行。

身份、地位相差无几的人一同为某一个人签名时，彼此也应以相互礼让为佳，切勿争先恐后。

（4）**签名的位置**

为他人签名时，必须选择好适宜的签名位置。一般来说，合乎礼法的常规签名位置有三处：

第一，请求者本人所指定的位置。

第二，适宜签名的空白位置。若替人所写的签名有碍其他，如有损文字、画面和他人的题字，则大为不妥。

第三，礼让他人的位置。多人同时在一处签名时，不要所占“地盘”过大，或是不自量力地抢先将本人姓名签于正中或抬头等应请尊长落笔的地方。

（5）**签名的保存**

获得他人签名后，理当妥善地进行保存、收藏。不要动辄展示于人，企图以其抬高个人身价。不要利用他人的签名进行商业性活动，从中为自己谋利。不要对他人的签名说三道四，或是将他人的签名乱扔、乱丢、乱放。

（二）赠言

在人际交往中，赠言时常为人们所采用。在题字的具体形式之中，赠言的重要性大大地高于签名。适当之时向他人赠言，在升华个人情感、鞭策激励于人等方面所发挥的作用，往往是其他任何一种礼仪文字都难以替代的。

赠言，在这里主要是指为了惜别留念或者相互勉励，而为别人所题写下来的一段文字。在一般情况下，它主要适用于私人交往的场合，尤其多见于关系较为密切的亲朋好友之间。

古人尝言："赠人以言，重于金石珠玉。"要使赠言在人际交往中真正发挥它本应发挥的作用，至少有以下四个方面的问题绝对不可轻视。

▌赠言的内容

赠言的内容，是其中心之所在。确定其具体内容时，务必因人、因事、因时而异，尤其要着重考虑拟赠对象的性别、年龄、职业、身份、爱好、阅历，以及本人与对方之间关系的现状。唯有如此，方能使赠言"有的放矢"。

具体说来，对于赠言的内容，最好思之再三、反复推敲，切莫临阵磨枪、随想随写。一般认为，赠言的内容必须合乎下列三点要求。具体而言，它可以引用他人语句，亦可自行独创。

（1）品位高雅

题写赠言，最忌格调低下。内容上低级、庸俗、消沉、颓废，或是"黑""黄""粗""脏"，显然都大为不妥。

倘若选择适当的内容，既令人耳目一新、别致脱俗，又催人向上、振奋人心，那么不仅会使赠言读起来品位高雅，也会令题写者让人另眼相看。

（2）思想健康

用以送人的赠言，在内容上不但要讲艺术性，而且更要讲思想性。一则好的赠言，应当充满真情实感、催人奋进，并且充满正能量。它既反映着题写者的思想水准，也体现着题写者对受赠者思想状况的个人判断。

（3）言之有物

好的赠言，通常都是有感而发、真实自然、言之有物。为他人书写赠言时，千万不要无病呻吟、生编滥造。宁可使之短而又短、耐人寻味，也绝不可把它搞成长篇大论，但却空洞无物。从某种意义上讲，浓缩赠言的内容，使其宁短勿长，是写出一则好赠言的先决条件之一。

赠言的形式

从具体形式而言，赠言有多种多样的选择。在为人题写赠言选择具体形式时，有三点需要一并加以考虑。第一，意欲以其表达什么内容，二者是否协调。第二，本人是否擅长此种形式，一定不要勉为其难。第三，此种形式是否适用，即受赠对象对此是否喜欢，书写时有无具体困难，等等。

在一般情况下，常见的赠言形式有如下五种。在书写赠言时，可从中择善而行。

（1）**格言式**

格言大都历经千锤百炼，言简意赅。只要引用得当，就可给人以有益的启迪。格言式赠言，即直接书以格言，赠予他人。赠人的格言，可借用于古人，或略作改造，但不宜完全自造。

（2）**名句式**

名句式赠言，指的是直接利用名人名言，或名作里的名句，作为赠言的内容。选择这一形式，既可以诲人不倦，又可令自己免除好为人师之嫌。

（3）**诗词式**

诗词式赠言，此处是指直接引用或撰写诗词，并书以赠人。这种形式的赠言，往往颇有感染力，但并非人人都擅长此道。不懂诗词格律的人，千万不要随便赋诗赠人。

（4）**对偶式**

对偶式赠言，又叫对联式赠言，它指的是以对偶句作为赠言的具体形式。它一般对仗工整，朗朗上口，容易记忆，在民间很受欢迎。

（5）**公式式**

公式式赠言，即将赠言的具体内容，以类似于公式的形式呈现。这一形式较为新颖，而且会给他人留下十分深刻的印象。

赠言的格式

从具体内容方面来说，任何一则书写完整的赠言，通常均应包括赠言主体内容、受赠者姓名、赠言缘由、书赠者姓名、书赠时间等。

受赠者姓名与赠言缘由叫作赠言的上款，书赠者姓名、书赠时间则被称作赠言的下款。二者在书写赠言时可略去其中之一，亦可同时省略不写。

不论赠言在书写时具体内容是多是少，它都可被分为横式与竖式两种格式。

（1）**横式**

横式的赠言，即将赠言横写。在具体书写时，通常应在左上方顶格写上受赠者姓名与赠言缘由，在下一行正中央书写赠言主体内容，而将书赠者姓名与书赠时间另起一行写在右下方（见图 4－4）。

李媛小姐毕业于耀华礼仪学校志贺

有礼走遍天下

张超鑫 2022 年 7 月 6 日

图 4-4　规范的横式赠言一则

在日常交往中，横式的赠言最为常见。

(2) **竖式**

竖式的赠言，即将赠言竖写。其具体方法是：先于右上方顶格自上而下书写受赠者姓名、赠言缘由，再自上而下、自右而左地居中书写赠言主体内容，最后再将书赠者姓名、书赠时间另起一行自上而下地写于左下方（见图 4-5）。

在民间交往中，尤其是在与长者或海外华人打交道时，采用竖式较为普遍。在采用诗词式、对偶式赠言时，也以采用竖式为佳。

滕军同志存念

上善若水

赵思雨二〇二二年三月九日

图 4-5　规范的竖式赠言一则

▌赠言的用具

书写赠言时，对于使用的工具不可不慎。在力所能及的前提下，应当尽量使自己所用的笔具和纸张合乎常规。

(1) **笔具**

书写赠言时，出于保存字迹的考虑，最好是根据个人的条件，从毛笔、钢笔、签字笔之中选取其一。在正常情况下，最好不要选用铅笔、蜡笔、荧光笔、白板笔或圆珠笔。此外，还要切记：不要在书写同一条赠言时，使用两种不同类型的笔，或是使用两种不同色泽的墨水。

倘若擅长书法，最好选用毛笔书写赠言。但不擅此道者，切勿勉为其难。

以钢笔书写赠言，最好采用黑色或蓝黑色的墨水。不要使用不易保留字迹的纯蓝墨水，或色泽过分鲜亮的红色、绿色、紫色、棕色、金色等彩色墨水。

(2) **纸张**

在一般情况下，赠言均被书写于一定规格的纸张之上。用于书写赠言的纸张，应当干净、平整、耐折、吸墨。在肮脏、粗糙、残破的纸张上留言，通常都是不合适的。

在许多时候，赠言亦可写在书籍、影集、日记簿、纪念册、留言册、明信片以及照片之上。在受赠者的其他指定之处书写，也是可以的。例如，有人就喜欢请人在手帕、丝绢、书画、服装、帽子上书写赠言。

书写赠言，应充分考虑到纸张面积的大小。切勿随意涂改，切勿出现遗漏或是超出“规划区”。写错字、别字的情况，则更应避免出现。

四、馈赠

在民间交往中，馈赠行为时有所见。所谓馈赠，即指为了向其他人表达某种个人意愿，而将某件物品送给对方。有时，馈赠也叫赠送。

作为人际交往中的一项重要举措，馈赠要求认真、自愿、量力而行，并且不可强人所难。成功的馈赠行为，应当能够借此恰到好处地向受赠者表达自己的友好、敬重或其他某种特殊的情感。与此同时，它还应当能够让对方喜欢，并产生愉悦感。除此之外，它最好还应给受赠者以某种深刻的印象，令其难以忘怀。

人际交往中的馈赠行为，是发生于赠送者与受赠者之间的，馈赠礼仪因而也就牵涉到二者彼此双方。具体来说，学习馈赠礼仪，不仅要通晓赠送的守则，而且应当对受赠的须知一清二楚。

(一) 赠送的守则

每逢以物赠人时，赠送者往往会自谦道：“区区薄礼，不成敬意。”话虽是这么说，但实际上任何人在选择赠品时，都是将其视为友情或敬意的化身，从而对其倍加重视。以物赠人而无所用心，是完全不可能的。

作为馈赠的发起之人，赠送者选择、准备礼品以及面交受赠者的一系列活动，都应当考虑周到、符合礼数、慎而又慎。

在一般情况下，选赠礼品时，务须兼顾佳礼的标准、禁忌的回避、送礼的常规三大问题。

佳礼的标准

送礼之人，无人不想赠人之物受到受赠者的重视。但要真正做到这一点，却并非轻而易举。所谓佳礼，在此是指在人际交往中受到欢迎的礼物。依照通联礼仪的规范，在人际交往中受到欢迎的礼品，通常必须符合以下几项具体的标准。

（1）**对象性**

送予他人的礼品，首先要符合对方的某种实际需要：或是有助于对方的工作、学习或生活，或是可以满足对方的兴趣、爱好。通俗地讲，就是所赠礼品应该投其所好。这就是礼品的对象性。例如，宝刀理应赠予猛士，鲜花自当送给佳人。若反其道而行之，使礼品“找错对象”，就很难使其适得其所。

（2）**纪念性**

在绝大多数情况下，尤其是在关系普通者之间，送人的礼品务必着重突出其纪念意义，即要讲究“千里送鹅毛，礼轻情义重”，而无须过分强调其价值、价格。这就是所谓礼品的纪念性。不提倡动辄以大额的现金、名牌的商品、名贵的珠宝赠送于人。那样的话，不但会让受赠者陷入受之不当、却之不恭的两难境地，还会给人以庸俗之感。

（3）**独创性**

送人礼品，与做其他许多事情一样，是非常忌讳“老生常谈”“千篇一律”的。选择礼品时，应当精心构思、匠心独运、富于创意，力争使之新、奇、特。这就是礼品的独创性。赠送具有独创性的礼品给人，往往可以令其耳目一新，既兴奋又感动，因为这等于是“特别的爱给特别的你”。果真能够做到这样的话，赠送者在对方心目中往往便会因此而“升值”。

（4）**时尚性**

礼品的时尚性，指的是送人的礼品，在符合以上几项标准的同时，还必须符合时尚，不宜过时或落伍。送人的礼品，因个人能力所限，不一定十分前卫，但一定不要脱离时尚。否则的话，等于自己劳而无功，而且还有对受赠者轻视或应付之嫌。

选礼品的规则

禁忌的回避

在选择、准备礼品时，不能单凭个人意愿，“想当然”地自作主张。在努力选择上佳礼品时，应当有意识地做到不送受赠者所不欢迎的礼品。也就是说，要自觉、主动地避开对方受礼的禁忌。

哪些礼品一般为受赠者所难以接受呢？根据一般规律，它们主要包括下列七类物品。

（1）**违法的物品**

在现代国家里，法律体现着国民的意志，所以法律高于一切。在任何时候，选送礼品给别人时，都要首先树立法律意识，认真考虑一下，是否与我国现行法律相抵触。例如，具有严重政治问题，泄露国家秘密或本单位商业秘密，涉黄、涉赌、涉毒、涉枪一类的物品，在任何时候都不可赠送于人。不然的话，就会既害人又害己。赠送礼品给外国友人时，还应考虑到使之不违反对方所在国家的现行法律。

（2）**犯规的物品**

所谓犯规的物品，这里指的是所赠礼品不符合馈赠双方，尤其是受赠者一方的有关规定。赠送犯规的物品给人，显然是明知故犯，成心让对方为难，甚至有害于对方的。例如，我国规定：公务员在执行公务时，不得以任何理由收受礼品，或变相收受礼品，否则即有受贿之嫌。若对关系普通者赠以价格昂贵的礼品、大额现金或有价证券，亦属犯规。

（3）**败俗的物品**

挑选赠品时，特别是在为交往不深的对象或外地人士、外国友人挑选赠品时，还应当有意识地使赠品不与对方所在地的风俗习惯相矛盾、相抵触。在任何情况下，都要坚决避免把对方认为伤风败俗的物品作为礼品相赠。这样做，是尊重交往对象的题中应有之义。众所周知，在我国的大部分地区，老年人忌讳发音与“终”相近的钟，恋人们反感于发音与“散”相近的伞。在阿拉伯地区，严禁饮酒。在西方，药品、保健品均不宜送人。非要以此相赠，怎能令受赠者愉快呢？

（4）**犯忌的物品**

在日常生活中，人们由于种种原因，往往会对某些物品敬而远之，或者存在着强烈的反感和抵触情绪。举例来说，高血压患者不能吃含高盐、高脂肪、高胆固醇的食品，失恋或丧偶之人绝不会喜欢配对使用的“情侣用品”。诸如此类的物品，就是所谓犯忌的物品，即受赠者本人的忌讳之物。将犯忌之物送人，不仅会令对方难堪，而且会使自己促进双方关系的良好愿望适得其反。

（5）**有害的物品**

有一些东西，虽然不为法律、规章所禁止，但是对人们的工作、学习、生活以及身体健康、家庭幸福非但无益，反而有害。这就是属于不宜送人之列的有害的物品。平日最常见的此类物品有：香烟、槟榔、赌具以及庸俗低级的书刊、音像制品。将此类物品送人，有些时候或许恰能投其所好，但却难脱害人之嫌。

（6）**废弃的物品**

赠送给他人的礼品，不必出身“名门望族”，也不一定非得价格高昂，让人叹为观止。但是，除古董、文物之外，在一般情况下，绝对不要把自家的旧物、废品、淘汰货、使用不完的东西或是用了一半的东西相赠于人。把过时、无用之物送给别人，并不说明自己与对方“不见外”，而只能证明自己小瞧别人。要不是这样的话，为什么要将“处理品”处理给人家呢？还须明确：他人所赠之物，一般也不宜再转送于人。

（7）**广告类物品**

所谓广告，简单地讲，就是支付费用并借助于某种载体所进行的意在获利的宣传。了解了什么是广告，就应该懂得：在一般情况下，除家人之外，轻易不要把带有广告标志或广告语的物品赠送给别人。将广告类物品送人，非但等于什么都没有送，反而还会使人产生存心“杀熟”，利用对方替自己做免费宣传的印象。

送礼的常规

现场赠送礼品时，有一些特别需要注意的事项。做好这些事情，既是通联礼仪的基本要求，又是使整个馈赠行为取得成功的必不可少的重要环节。

（1）**精心包装**

送给他人的礼品，尤其是在正式场合赠送于人的礼品，在相赠之前，一般都应当认真进行包装，即使用专门的纸张包裹礼品，或是把礼品装入特制的盒子之内。

礼品的包装，通常被看作礼品必不可缺的重要组成部分之一。它犹如礼品的“外衣”。穿上了“外衣”的礼品，方才显得正式、高档，而且还会使受赠者感到自己备受重视。在国际交往中，此点尤须践行。

包装礼品时，既要量力而行，反对华而不实，又要尽量争取做得好一些。包装时，通常需要讲究其材料、色彩、图案及捆扎、包裹的具体方式。若是不进行任何包装，或者包装档次过低、马马虎虎，搞不好就会导致礼品本身的价值被“低估”。

（2）**表现大方**

现场赠送礼品时，最重要的是要神态自然，举止大方，表现适当。千万不要像是做了“亏心事”，“见不得阳光”，偷偷摸摸，小里小气，手足无措。

赠送礼品，通常是为了表达自己的一片心意，所以理当光明正大、泰然自若。将礼品送给受赠者，一般应在见面之后进行。届时，应当郑重其事地起身站立，走近受赠者，双手将礼品递给对方。礼品通常应当直接递到对方的手中，而不宜放下后由对方自取。

若礼品过大，可由他人帮助递交，但赠送者本人最好还是要参与其中，并援之以手。

若同时向多人赠送礼品，最好先长辈后晚辈、先女士后男士、先上司后下级、先外宾后内宾，按照规范化的尊卑次序，有条不紊地进行。

不要把送给他人的礼品乱掖乱塞在对方的居所之内，或者悄悄放下，而不是直言相告。

（3）**有所说明**

当面亲送礼品时，一言不发，送上则罢，是要不得的。在以礼赠人时，有必要辅以适当的、认真的说明。

赠送礼品时所要进行的说明，大体上可分为下列四类：

第一，因何而送礼。例如，在说过“祝您生日快乐”之后再送上礼品，这自然等于表明所送的是生日礼物了。

第二，自己的态度。送礼时切勿自我贬低，说什么“没有准备，临时才买来的”，“没有什么好东西，凑合着用吧”，而应当实事求是地说明自己的态度，例如，“这是我为你精心挑选的”，“相信你一定会喜欢”。

第三，礼品的寓意。在送礼时，详细地介绍礼品的具体寓意，多讲几句吉祥话，往往必不可少。

第四，礼品的用途。假如礼品较为新颖，则还有必要向受赠者说明其具体特点、用途、用法，以便让对方明了礼品的独特之处、作何之用，以及如何使用。

（二）受赠的须知

作为受赠者，在接受礼品时，有一些注意事项必须了然于胸，并认真遵守。总之，既不可以对他人的礼品漠然无视，也不宜在接受礼品时行为失当。

欣然笑纳

在一般情况下，对于他人诚心相赠的礼品是却之不恭的。倘若获赠的礼品并非违法犯规之物，那么最佳的表现应当是恭敬不如从命，大大方方地欣然接受为好。

接受他人相赠礼品之时，对下列五个细节应予认真对待，而绝对不允许疏忽大意。

（1）**神态专注**

当他人口头上宣布有礼相赠时，不论自己正在做什么事，都应立即中止，并起身站立、面向对方，以便有所准备。在对方取出礼品，预备赠送时，不应开口相询、伸手去抢，或者双眼盯住不放、但求“先睹为快”。此时此刻，最应当保持风度。神态既要专注、认真，更要显得稳重、大方。

（2）**双手捧接**

在赠送者递上礼品时，要尽可能地使用双手前去“迎接”。不要一只手去接礼品，特别是不要单用左手去接礼品。在接受礼品时，勿忘面含微笑，注视对方的眼睛。接过来的若是对方所提供的礼品单，则应立即从头至尾通读一遍。接下来需要继续应酬的话，可将礼品暂时放下。但不要信手乱丢，不到万不得已时不要把礼品直接放在地上。

（3）认真道谢

在双手接过他人所赠礼品的同时，应恭恭敬敬、认认真真地向对方立即道谢。与此同时，还应该即刻与对方握一握手，以示感谢之意。不要在对方递上礼品时无所表示，好似对方是在依例“进贡”。也不要虚情假意、推推躲躲、反复推辞；或是心口不一，嘴上说着“不要，不要”，手却早早伸了过去。

（4）当面拆封

如果现场条件许可，例如时间充裕、人数不多、礼品包装考究等等，那么在接过他人相赠的礼品之后，应当尽可能地当着对方的面，将礼品的包装当场拆封。此种做法，在国际社会里是非常普遍的。它表示自己看重对方，同时也很是看重获赠的礼品。如此操作，比接受礼品后把它扔在一边的做法确有所长。要是当面启封礼品比较麻烦或容易产生误会的话，也可以不这样做。在启封时，动作要井然有序、舒缓文明，不要乱扯、乱撕、乱丢包装用品。

（5）表示欣赏

当面拆开包装之后，如果有时间的话，勿忘采用适当的动作和语言，显示自己对礼品的重视、欣赏之意。例如，可将他人所送的鲜花捧在身前闻闻花香，随后再将其插入花瓶，并置于醒目之处。要是别人送了一条围巾给自己，则可以马上把它围上，照一照镜子，并告诉赠送者与其他在场者“我很喜欢它的花色与式样”，或是“这条围巾真漂亮”。切不可再三声明获赠之物不适合自己，或当场对其吹毛求疵。

▌拒绝有方

有的时候，出于种种原因，不能够接受他人所赠送的礼品。在确有必要对其拒绝时，一定要讲究方式、方法，处处依礼而行。要给对方留有退路，使其有台阶可下，而切忌令人难堪。

符合通联礼仪的拒收礼品的方法有以下三种，在实际操作中可以酌情选择，并见机行事。

（1）婉言相告法

婉言相告法，即采用委婉的、不失礼貌的语言，向赠送者暗示自己难以接受对方的好意。例如，当对方向自己赠送手机时，可告之：“我已经有一部了。”当一位男士送电影票给一位小姐，而对方打算回绝时，则可以说：“我男朋友也要请我去看这部影片，而且我们已经有约在先了。”

(2) **直言缘由法**

直言缘由法，即直截了当而又诚实地向赠送者说明自己难以接受礼品的原因。在公务交往中拒绝礼品时，此法尤其适用。例如，拒绝他人所赠的大额现金时，可以讲："我们单位有规定，接受现金是受贿的行为。"拒绝他人所赠的贵重礼品时，可以说："按照有关规定，你送我的这件东西，必须登记上缴。"

(3) **事后退还法**

有时，拒绝他人所送的礼品，若在大庭广众之下进行，往往会使受赠者有口难张，使赠送者尴尬异常。遇到这种情况，可采用事后退还法加以处理。所谓事后退还法，即当时接受了礼品，但并不拆启其包装。事后，应尽快地将礼品物归原主。需要强调的是，采取此方法时，退还礼品的时间不宜拖延过久，最好应于接受礼品起的 24 小时之内付诸行动。此外，切勿将退还之物私下拆封，尤其是不宜用过之后才去退还。

依礼还礼

《礼记》有言："往而不来，非礼也；来而不往，亦非礼也。"在人际交往中，礼尚往来。互赠礼品，也属于人之常情。要是在馈赠行为中只进不出，意味着有来无往，肯定是行不通的。

在许多时候，接受他人礼品之后，即应铭记在心，并在适当的时刻，以适当的方式，向对方回赠礼品。这就是人们常说的还礼。

依照通联礼仪的规范，在人际交往中选择还礼时，重点需要注意还礼的时间与还礼的形式两个问题。把这两个方面的问题都处理好了，还礼方算合"礼"。

(1) **还礼的时间**

就还礼而言，在具体的时间上必须慎重思量。若是还礼过早，好似"等价交换"，又好比"划清界限"，会使自己显得浅薄庸俗。但要是拖延过久，遥遥无期，则又跟无此打算没有什么不同。

选择还礼的时间，一般讲究"后会有期"。其最佳的选择有三：第一，适逢与对方的馈赠相同的机会还礼。第二，在对方及其家人的某一喜庆活动中还礼。第三，此后登门拜访之时还礼。

需要强调的是：还礼并非"还债"，而是要讲自觉自愿。通常，还礼次数不必过多，完全没有必要再三再四地还礼，以致使其成为一种负担。

(2) **还礼的形式**

还礼，是很讲究具体形式的选择的。还礼的形式要是不对路数，"还"往往还不如"不还"。

在考虑还礼时，下述几种具体形式都是合乎礼仪，可以优先选择其一的。

第一，可以对方相赠之物的同类物品作为还礼。这里所说的"同类"，指的是大的种类。例如，你送我书刊，我可还之以画册，因为它们均为文艺类礼品。但要注意，在具体品种上，还礼不要与赠礼完全相同。

第二，可以与对方相赠之物价格大体类似的物品作为还礼。一般来讲，还礼与赠礼的价格相仿即可，没有必要有过之而无不及。即使还礼在价格上较赠礼稍差一些，也未见得不可。

第三，可以某种意在向对方表示尊重的方式来代替还礼。实际上，受礼以后，不必非要还礼不可。代之以其他形式，例如，在受礼之后，在口头上或书面上向对方致谢，或是在再次见到对方之时使用对方的赠礼，以示不忘，等等，同样是可行的好办法。

五、送花

在世间一切事物中，人们公认：鲜花最美，鲜花最艳，鲜花最香。自古至今，不论在国内还是在国外，美丽动人的鲜花不但受到无数文人墨客的百般赞颂，也一向被广大的平民百姓用来美化生活，以物传情。

鲜花在日常生活中不只是娇艳可爱，楚楚动人，还具有多种多样的实际用途。鲜花可以装点居室，鲜花可以扮靓增辉，鲜花可以赠送友人，通过鲜花可以致谢道歉……可以毫不夸张地说，人们的生活如果离开了可爱的鲜花，必将立即失色大半。

在人际交往之中赠送鲜花，是馈赠的一种特殊的形式，而且也是人们最为欢迎的一种馈赠形式。送人以鲜花，既可以“借物抒情”，以其表达感情、歌颂友谊，也可以提升整个馈赠行为的品位和境界，使之高雅脱俗、温馨浪漫。因此，在人际交往中以花为赠，是最保险、最容易获取成功，而又皆大欢喜的一种馈赠选择。

以花为礼时，既要遵守基本的馈赠礼仪，同时也要掌握其自身相沿成习的一些独特做法。一般来说，学习送花礼仪，需要明确的主要问题有：送花的形式、送花的时机、鲜花的寓意等等。

（一）送花的形式

在送花的活动过程里，离不开人与物的密切“合作”。在送花活动里的“人”，自然是送花者，他是这一过程中的主体。在送花活动里的“物”，则是指的“花”，它是这一过程中的客体。

送花的形式，即应当如何将鲜花送人的问题。具体而言，送花的形式既可以以人来加以区分，也可以以花来加以区分。

以人区分

以人来区分送花的形式，通常可将其区分为本人亲送、亲友转送、雇人代送三种。具体而言，它们又分别适用于不同的情况和场合。

（1）**本人亲送**

本人亲送鲜花，是送花最基本的形式。它容易使送花者在身临其境时，见机行事。采用此种形式，不但可以与受赠者一同分享当时的喜悦，还可以亲自在现场解说自己送花的缘由与其含义，不致使送花的行为“词不达意”。

（2）**亲友转送**

由亲友转送鲜花，一般是赠送人本人因故不能到场时所做的一种选择。在大多数情况下，它是不得已而为之的。尽管如此，由亲友转送鲜花有时也自有其独到的好处。比如说，由于代送鲜花的亲友通常与受赠者并不陌生，所以他可一身二任，同时担任赠送者的最佳信使，细致周详地向受赠者传递相关的信息，有时甚至可以代言赠送者所难言之事。

（3）**雇人代送**

有时，自己难以分身，或是为了刻意制造一种气氛，可以按有关标准支付费用，委托鲜花店的“花仙子”“花仙女”，或是快递公司、邮政公司的“礼仪小姐”“礼仪先生”，代替自己上门送花。这种送花的形式，目前正越来越受到欢迎。

以花区分

依照送人的鲜花或者其具体组合形式的不同，送花又可以分为送束花、篮花、盆花、插花、饰花、花环、花圈等等。

需要强调的是：在绝大多数情况下，送人之花以鲜花为佳。尽可能地不要以干花、假花送人，尤其是不要将凋零、衰败、发蔫的鲜花送人。

（1）**束花**

束花，又称花束。它是以新鲜的数支切花捆扎成束，精心修剪或包装后而成的一种鲜花组合。在以花区分的送花的具体形式中，它是适用面最广、应用最多的一种。

（2）**篮花**

篮花，又称花篮。它是指以形状各异的精编草篮，按一定的要求，盛放一定数量花大色艳的新鲜切花。与赠送束花相比较，赠送篮花显得更隆重、更高档。其最适宜的场合，通常有开业、开展、庆典、演出、祝寿等等。

（3）**盆花**

盆花，即栽种在专门的花盆里，主要用作观赏的花草。送人的盆花，可以是自养的心爱之物，也可以是特意买来的珍稀品种。送盆花的最佳时机，有登门拜年、祝贺乔迁，以及至交互访等等。其赠送的对象，则最好是老年人、爱花人以及兼具种植盆花的时空条件者。

（4）**插花**

插花，指的是采用一定的技巧，将各种供观赏的鲜花在精心修剪之后，经过认真搭配，然后以一定的艺术造型插放在花瓶、花篮、花插之中。将插花放置于室内案头，可使花香弥漫、花色宜人、春色满眼。插花主要用来装饰居室，或布置客厅、会议室，同时也可以赠予亲朋好友。

（5）**饰花**

在日常生活里，往往可以单枝的鲜花进行装饰，这就是所谓的饰花。按其装饰部位的不同，最常见的饰花有襟花、头花等。襟花可插于左侧的衣襟，头花则插于头部。在二者之中，襟花可使用于各类社交场合，而头花则仅限于非正式场合使用。除亲朋好友外，饰花一般不宜送人。但襟花在某些庆典、仪式上，则可以统一发放。

（6）**花环**

花环，此处所指的是用新鲜的切花编扎而成的环状物。它既可以手持，也可以佩戴于脖颈、头顶或手腕上。它多用于自我装饰、表演舞蹈、迎送贵宾，有时亦可赠人。其受赠对象，通常是贵宾或友好人士。

（7）**花圈**

花圈，指的是用鲜花扎成的固定的圆状祭奠物。它仅能用在悼念、缅怀逝者的场合，例如，参加追悼会、扫墓、祭拜、谒陵等等。

（二）送花的时机

诗圣杜甫诗云："好雨知时节，当春乃发生。"其实，要使送花的效果恰到好处，又何尝不需要巧择时机呢？

在人际交往中，适合以花相赠的机会不少。在下述时机赠人以鲜花，或许更容易取得良好的效果。

▌例行的时机

在人际交往中，在以下几种时刻以花赠人，早已成为被普遍采用的方式。

（1）**喜礼之用**

遇到亲朋好友结婚、生子、做寿、乔迁、升学、晋职、获奖、出国诸般喜事，自然可以赠送鲜花作为贺礼，去恭喜对方。

（2）**贺礼之用**

参与某些应表祝贺之意的活动，例如，企业开张、展览开幕、大厦奠基、新船下水、周年庆典、演出成功、新作出版等等，可赠送鲜花作为贺礼。

（3）**节庆礼之用**

逢年过节，遇到诸如春节、中秋节、国庆节、重阳节、母亲节、父亲节、教师节、护士节、青年节、妇女节、情人节、丰收节之类的良辰吉日，可向亲友赠送鲜花。

（4）**嘉奖礼之用**

对先进、模范、英雄、义士以及在各类比赛中的获胜者，或者为国家、为单位赢得荣誉者，可赠送鲜花表示嘉奖鼓励。

（5）**慰问礼之用**

当亲友、邻里、同事、同学、同乡或其家人遭遇不幸、挫折，例如失恋、生病，或是遇到其他一些天灾人祸时，应前去慰问，并赠以鲜花。

（6）**丧葬礼之用**

当关系密切者，或者其家人亲属举办丧事、葬仪时，可送以鲜花，以寄托对逝者的哀思。

（7）**祭奠礼之用**

当自己为他人祭祀、扫墓时，可以花为礼，追思、缅怀故人，或表示自己的一番敬意。

巧用的时机

在下述时刻，用鲜花赠人，不仅独出心裁，富有创意，令人耳目一新，而且往往会有助于赠送者与受赠者双方之间关系的发展或者改善。

（1）**做客**

前往他人居所做客时，选择何种礼品往往让人颇费思量。其实，此时若以鲜花为礼，是既脱俗又不至于让对方为难或产生猜忌的。

（2）**迎送**

当关系密切者即将远行，或者远道归来之际，向其赠送一束鲜花，可以巧妙而又委婉地表达自己的亲情、友情、爱情，而不会令其无所附丽。

（3）**纪念**

每逢重要的私人纪念日，例如，与恋人初识之时、与配偶定情之日，以及对方生辰和双方结婚纪念日，送花给对方，可略表寸心，显示自己“我心依旧”，一如既往地珍爱对方。

（4）**示爱**

向自己的意中人吐露自己的爱慕之意，对某些人而言是一件“心思好动口难开”的难事。此时，不妨以花为媒、借花开道，通过向对方献花来袒露心声。

（5）**回绝**

拒绝别人，往往是一大难题。有时，直截了当地以实言相告是不行的，而且也难以开口。例如，拒绝他人求爱、打算中止双方关系时，往往就是这样。遇上这类情况，可用约定俗成的、对方知晓的送花方式去回绝对方。

（6）**致歉**

有的时候，因为阴差阳错，而与其他人产生了矛盾、误解甚至严重的隔阂，可后来才知道责任在自己一方，如果不想将错就错、彻底失去对方的话，比较可行的一个办法，是赠送鲜花给对方，以花致歉。必要时，还可附以道歉卡。此时，鲜花就会充当自己的“和平使者”，忠实地替自己“言难言之事”，犹如自己当面向对方“负荆请罪”一般。

（三）鲜花的寓意

鲜花在常人眼里美丽可爱，除鲜花自身的先天条件比较优越之外，一个重要的因素，是“情人眼里出西施”，人们往往“借景生情”“借物抒怀”，在鲜花身上附加了种种美好的寓意。

例如，在中国人看来，春日的兰花高雅不俗，夏季的荷花自尊自爱，秋天的菊花坚贞顽强，冬时的梅花无私无畏，等等，实际上都是由于其被人们附以寓意所致。

鲜花的寓意，是送花予人时必须正视不可的一个要点。它的本意，是指某一种鲜花依其品种、色彩、数目、搭配的不同，可用以表达某种意图，或具有何种含义。它通常约定俗成。假如事先不了解鲜花的寓意，或者在选择鲜花时不顾及这一点，那么送人鲜花时往往就会大出差错。

上面在谈及“送花的形式”时，主要讨论的是应当怎样送花的问题。接下来，则要讨论的是应当送什么样的花的问题。从本质上讲，以下所讨论的实际上是“送花的内容”问题。就送花而言，其内容与形式相互关联、相互作用，二者都是非常重要的。

下面所要讨论的主要问题，分别是鲜花的通用寓意和鲜花的民俗寓意。

▌通用寓意

在世界上，有一些鲜花的寓意是相传已久、人所共知、广为沿用的。这就是所谓鲜花的通用寓意。在许多情况下，人们习惯把鲜花的通用寓意叫作花语。准确地说，所谓花语，乃指借用花卉来表达人类的某种情感、愿望或象征。简言之，花语实际上就是借花所传之意、以花类比之情。

根据通联礼仪规范，花语一旦形成，并被众人接受之后，便流传开来，须人人了解、个个遵守。一般而言，不能自造花语，也不许篡改花语。在时尚者那里，花语相当普及。

人世间鲜花无数，花语也因此成千上万。事实上，任何人都没有必要，也不太可能对全部花语一清二楚，并熟练掌握。不过，对常用的花语，特别是下述三类花语，却有必要人人做到基本精通。在国际社会里，它们尤受重视。

（1）**表达情感**

在全部花语之中，有相当数量的一个部分，是被用来“寓情于花”、表达人之常情的。

例如，牡丹表示富贵，兰花表示高雅，荷花表示圣洁，菊花表示坚贞，梅花表示顺遂，玫瑰表示爱情，丁香表示初恋，柠檬表示挚爱，橄榄表示和平，桂花表示光荣，白桑表示智慧，水仙表示尊敬，百合表示纯洁，茶花表示美好，紫藤表示欢迎，豆蔻表示别离，杏花表示疑惑，垂柳表示悲哀，石竹表示拒绝，等等。

有时，还可以将几种花语相近的鲜花搭配在一起送人。此类搭配、组合比较固定的鲜花，往往又组合成了新的花语。

例如，将表示勤勉的红丁香、表示谨慎的楤木和表示战胜困难的菟丝子组合而成的花束赠予友人，可表示：“君如奋斗，必将成功！”

将表示成婚的常春藤、表示结合的麦蒿和表示羁绊的五爪龙组合而成的花束赠予新婚者，可表示：“同心相爱，永不分离。”

将表示分别的杉枝、表示祝愿的香罗勒和表示勿忘的胭脂花组合而成的花束赠予远行之人，则可表示：“为君祝福，君勿忘我。”

（2）**代表国家**

目前，有一些国家拥有自己的国花。所谓国花，指的是以某种鲜花来代表国家，用以作为国家的标志和象征。

确定国花，有些国家采用的是由议会立法决定的方式，另外一些国家则是依据本国文化传统和绝大多数人的意愿协商选定的，或是由其主流社会约定俗成的。还有一些国家，为慎重起见，至今尚未明确地选定国花。

在正常情况下，各国的国花大都具有下列三个特点：

第一，一个国家只有一种国花。

第二，各国国花都是本国人民最喜爱的花。

第三，国花通常代表国家形象，人人都须尊重它、爱护它。既不宜滥用国花，也不可失敬于国花。在国际交往中，这一点尤其重要。

世界上主要国家的国花有：

美国——玫瑰。日本——樱花。德国——矢车菊。法国——香根鸢尾。英国——玫瑰。意大利——雏菊。加拿大——枫叶。澳大利亚——金合欢。瑞士——火绒草。荷兰——郁金香。瑞典——铃兰。丹麦——冬青。波兰——三色堇。希腊——橄榄。西班牙——石榴。塞尔维亚——桃花。俄罗斯——向日葵。韩国——木槿花。泰国——金链花。新加坡——卓锦·万代兰。越南——莲花。老挝——占芭花。印度尼西亚——白茉莉。印度——莲花。巴基斯坦——素馨花。菲律宾——茉莉。马来西亚——扶桑。缅甸——龙船花。尼泊尔——杜鹃。巴西——毛蟹爪兰。阿根廷——赛波花。埃及——睡莲。南非——帝王花。

（3）**代表城市**

与许多国家拥有国花一样，世界上的许多城市也拥有自己的市花。

所谓市花，指的是用来代表本市，作为本市标志或象征的某一种鲜花。与国花一样，市花既体现了本市人民对美的独特的追求，又表达了当地独特的历史文化内涵。

我国的许多城市都拥有自己的市花。例如，北京市的市花是月季和菊花，上海市的市花是白玉兰，天津市的市花是月季，重庆市的市花则是山茶花。

在我国香港特别行政区和澳门特别行政区的区旗上，则分别以紫荆花和莲花作为其主要图案。

根据常规，凡属市花均具有下列五个特点：

第一，是全市人民最为喜爱的花。

第二，在本市易于生长，并且兼具城市特色。

第三，由全市人民公开选定。

第四，作为本市标志，在美化城市和城市之间的交往中广泛使用。

第五，作为本市的化身与代言者，人们对其倍加尊重，绝不可予以轻视或损坏。

民俗寓意

同一品种的鲜花，在不同的国家和地区，往往会被赋予各不相同的含义。这在多半情况下是民俗不同使然，故可称之为鲜花的民俗寓意。如果说，鲜花的通用寓意指的是鲜花寓意的共性的话，那么则可以说，鲜花的民俗寓意指的是鲜花寓意的个性。在任何情况下，事物的共性与个性都是相辅而行的。共性寓于个性之中，没有个性就没有共性可言。研究个性，则将有助于更加充分地认识共性。

在选送鲜花时，尤其是在跨地区、跨国家的人际交往中欲以鲜花赠人时，不但要关注其通用寓意，而且要关注其民俗寓意，二者应当并行不悖。

就选送鲜花而言，所应关注的鲜花的民俗寓意，主要体现在鲜花的品种、色彩、数量三个问题上。

（1）品种

在不同的风俗习惯里，同一品种的鲜花往往在其寓意上大为不同。对此假如一知半解甚至根本不懂的话，难免就要犯忌。

例如，中国人所普遍喜爱的黄菊，送给某些西方人则是万万要不得的。在一些西方国家里，黄菊代表死亡，仅供丧葬、祭拜活动使用。

中国人赞赏荷花，是因其“出淤泥而不染，濯清涟而不妖”。可是到了日本，平白无故是不能用它来送人的。这是因为荷花在日本所表示的也是死亡。

在我国的广东、海南、港澳地区，送人金橘、桃花，会令对方笑逐颜开。而以梅花、茉莉送人，则必定会招致反感。原来，那里的人们习惯于“讨口彩”。金橘有“吉”，桃花“红火”，所以让人来者不拒。而梅花、茉莉则音同“霉”“没利”，故而令人避之不及。

（2）**色彩**

鲜花的一大特点，是其万紫千红、色彩缤纷。但是，在不同的习俗里，对于鲜花的色彩却有着不同的理解。

举例而言，在国内，人们最喜爱红色的鲜花，因为在中国民俗里，红色象征大吉大利、兴旺发达。新人成婚时，赠以红色鲜花，可谓最佳、方为得当。但在西方人眼里，白色鲜花象征着纯洁无瑕，将其送予新娘，将是对她的至高赞美。然而西方人未必知道，在老一辈的中国人看来，送给新人白色鲜花则是大大的“不吉利”。

再如，在某些国家，人们送花时多以多色鲜花相组合，很少会送人清一色的红花或黄花。原来，在那里以纯红色的鲜花送人意味着向对方求爱，而以纯黄色的鲜花送人则暗示决定与对方分道扬镳。

（3）**数量**

送花的具体数量，在不同国家、地区的民俗中，是大有其各不相同的许多说道的。

在中国的喜庆活动中送花要送双数，意即“好事成双”。在丧葬仪式上送花则要送单数，以免“祸不单行”。

在一些西方国家，送人的鲜花则通常讲究的是单数。例如，送 1 枝鲜花表示“一见钟情”，送 11 枝鲜花则表示“一心一意”。只有象征着凶兆的“13”才是例外。

依据民俗，有些数字，由于读音或其他原因，在送花时也是忌讳出现的。例如，在欧美国家，送人的鲜花绝对不能是 13 枝。而在日本、韩国、朝鲜，以及中国的广东、海南、香港、澳门、台湾地区，送 4 枝鲜花给人，也是招人白眼的，因为“4”的发音与“死”相近。

六、社交媒体

步入 21 世纪以来，中国经济高速地发展，社会不断地进步，人民的生活水准迅速地提升，我们伟大的祖国正在大踏步地走向世界的中心。在此背景下，国人的交际范围日趋扩大，交际工具日新月异，交际方式也随之不断地推陈出新。在多种崭新的交际方式中，社交媒体目前最为令人瞩目。

社交媒体，亦称社会化媒体。它在此是指人们基于互联网及其各种社交软件，进行交际、沟通与互动的交往平台。在特定的社交媒体上，其参与者可用真实姓名或虚拟身份发帖跟帖、分享经验、讨论专题、进行评论、推广作品、与人互动，或者结交网友、组成圈子、互相推介。目前，国内最受欢迎的社交媒体有：微信、微博、抖音、快手、QQ、B 站、豆瓣、天涯社区、百度贴吧等。它们都各具特色，人们既可以选择其一，也可以同时置身于多个社交媒体之中。

具体而言，使用社交媒体固然可以听任个人偏好，但不论对哪一种社交媒体都应当自觉地依规使用。也就是说，对其务必要合法使用、文明使用、理性使用、适度使用。依照通联礼仪，此乃使用社交媒体的基本行为规范。

（一）合法使用

古人主张："君子不立危墙之下。"在使用社交媒体时自觉遵守有关的法律、法规，显然是一种应有的常识。就目前而言，《中华人民共和国宪法》《中华人民共和国民法典》《中华人民共和国保守国家秘密法》《中华人民共和国网络安全法》《中华人民共和国数据安全法》《中华人民共和国电子签名法》《中华人民共和国个人信息保护法》等等法律、法规，是每一位社交媒体使用者都必须认真学习并遵守的。

倡导每一位社交媒体使用者主动、认真地学习并遵守有关法律、法规，意在确保其合法而有效地使用社交媒体。所谓合法使用社交媒体，主要包括下列几点。

▍维护自身权利

使用社交媒体时，有必要依法维护自身权利。使用社交媒体时维护自身权利，包括以下两个方面。

（1）了解自身权利

《中华人民共和国民法典》明文规定：公民拥有其合法的姓名权、肖像权、名誉权、荣誉权、隐私权、财产权、知识产权等等。

对于上述权利，应当充分地加以了解，绝对不可一知半解，更不能一无所知。

（2）维护合法权利

在使用社交媒体时，应充分维护自己与他人的合法权利。

一是使用社交媒体时，理应维护自身的合法权利。

二是使用社交媒体时，还应维护他人的合法权利。在任何情况下，都不允许在使用礼交媒体时对他人的合法权利构成伤害。

▍承担社会责任

使用社交媒体时，不仅要享受其种种便利与乐趣，更要自觉地承担其相关的社会责任。

（1）明大德

毛泽东同志早就指出："国家的统一，人民的团结，国内各民族的团结，这是我们的事业必定要胜利的基本保证。"他的这一教导，就是每一名中华人民共和国的公民所要明确的大是大非，所应恪守的大德。

具体而言，在使用社交媒体时必须明确：任何直接或间接地损害祖国统一、国家安全、民族团结、社会稳定、中外关系，乃至危害中国国家形象的话都绝对不能说，此类的事情则更是绝对不能做。

（2）**守公德**

依据《中华人民共和国宪法》的规定：爱祖国、爱人民、爱劳动、爱科学、爱社会主义等“五爱”，是我国当代社会公德的基本内容。

对于当代中国人皆应人人遵守的社会公德，不但必须知道、明白、记住，而且更要在日常生活与学习中，包括在社交媒体使用中切切实实地真正践行。

（3）**严私德**

所谓私德，一般指的是私人生活中有关个人的道德规范，它适用于私人领域，有时亦称个人品德。

使用社交媒体，通常大多属于私人行为、私人空间、私人偏好。尽管如此，严守私德亦不可忽略。

根据我国有关互联网账号名称管理的规定：其使用者必须遵守“网络实名制”。具体而言，其注册用户必须“后台实名”，否则不能发布信息，不得跟帖评论。

在社交媒体上，不论以真实姓名抛头露面，还是“身穿马甲”“潜水”“灌水”，都应当严守个人私德。

一是要“言”之有据。

在社交媒体上发布信息时，绝对不可为了“吸睛”“吸粉”而生编乱造、无中生有、造谣惑众、危言耸听，更不能以讹传讹地胡言乱语、胡编滥转。

总之，在社交媒体上活动时，其所作所为皆应言之有据、实事求是。

二是要“言”而有信。

古人认为，“慎于承诺，有诺必践”，是人人皆应具备的私德。在社交媒体上，一定要“说话算数”，并应“兑现承诺”。动辄拒不认账，甚至下线跑路、拉黑特定的交往对象，或者卸载特定的社交软件，往往乃懦夫之所为也。

尽管在社交媒体上所应严守的私德远远不止于上述两点，但它们却是社交媒体使用中严私德的基本要求。

行为有所规范

不论利用何种身份置身于社交媒体上，均应对其个人行为有所规范，尤其是应在以下几个方面对其个人行为有所限制。

（1）**勿碰黄、赌、毒**

在社交媒体上活动时，倘若遇到传播黄色信息、组织招嫖卖淫、聚众进行赌博、吸食买卖毒品等违法犯罪的行为，既不得围观、触碰，更要对其及时进行举报。

(2) **勿传邪、恐、暴**

在社交媒体上，任何传播邪教邪说、宣传或传授恐怖行径、煽动或教唆暴力行为的举动，明显地都属于违法犯罪。

(3) **勿涉网络暴力**

网络暴力，亦简称网暴，此处是指在社交媒体上以文字、言论、图片、音频、视频等，对他人造谣、诽谤、诬蔑、辱骂、群殴，甚至不断地进行追踪、骚扰，从而对对方的名誉、权益、身心健康造成严重伤害。

在社交媒体上进行活动时，必须是非分明，保持定力，远离网络暴力。

(4) **勿非议先贤先烈**

古人早有训示："敬贤者存"。《中华人民共和国英雄烈士保护法》则明文规定："任何组织和个人不得在公共场所、互联网或者利用广播电视、电影、出版物等，以侮辱、诽谤或者其他方式侵害英雄烈士的姓名、肖像、名誉、荣誉。"

对以上要求与规定，必须遵守，在社交媒体上绝对不得以任何方式讥讽、嘲笑、戏说、质疑、曲解，甚至公然辱骂先贤、先烈、英雄、模范。

(5) **勿泄露他人隐私**

如前所述，个人隐私，包括本人与他人的隐私，在我国依法受到保护。在现实生活中，不得随意打探、查找、透露、公开他人隐私。以虚拟或真实身份在社交媒体上参与各种活动时，同样也不得随随便便地对他人进行"人肉搜索"。

遵守以上行为规范，既是其本应具备的为人处世的基本教养，更是其遵法守纪的主要标志之一。

(二) 文明使用

所谓"有道德才能高尚，有教养才能文明"。文明地做人、文明地做事，是当代中国人所应具备的基本品德与基本教养。使用社交媒体，务必要讲文明、有礼貌、守规矩。此之谓对社交媒体的文明使用。

在社交媒体上进行活动之际，对其文明使用的重点，就是要在以下几个方面画出自己的底线。

▌莫自我贬低

毛泽东同志曾经指出："我们的教育方针，应该使受教育者在德育、智育、体育几方面都得到发展，成为有社会主义觉悟的有文化的劳动者。"当代中国人理当德、智、体全面发展，奋发向上，表里如一。即使在社交媒体上以私人身份进行活动时，也切切不可随波逐流、迷失方向、为所欲为。

（1）**言行与身份相符**

在社交媒体上，当代人的所作所为务必要符合自己的身份。

即使以虚拟身份现身于社交媒体时，也不可放飞自我、言行丧失底线。此时此刻仍须自警：“我是中国人”，“我是当代中国人”，“我是美丽中国的一扇美丽窗口”，“我有责任、有义务发出中国好声音，讲好当代中国人的好故事”。

（2）**实操与身份相称**

在社交媒体上进行各种实际的操作时，应与自己的身份完全相称。

一是设置与身份相称。

在社交媒体上设置自己的网名、选定自己的头像、进行个人的简介时，不仅要考虑个人爱好，而且不能使之有失身份。不能在此方面过分地标新立异，或是为了搞怪而搞怪。

二是施词与身份相称。

不论发帖、跟帖，还是使用图片、表情包、背景音乐，或者使用特定的网络用语表达个人见解，均应谨记：社交媒体绝非“法外之地”，自己绝非少调失教、无法无天之人。远离娇气、远离傲气、远离戾气、远离嚣张放肆之态、远离“自我中心”，时刻都不应被忽略。

莫失敬于人

众所周知，礼仪所强调的是：在人际交往中，敬人为大。所谓失礼于人，其实就是对特定的交往对象失之于恭敬。

在社交媒体上，必须坚持敬人为先、敬人为大，绝对不可失礼于人、失敬于人。

（1）**礼貌用语不可或缺**

利用社交媒体与他人保持联络，礼貌用语万万不可或缺。

在社交媒体上张口就是“在吗”，表态答之以“哦”或“呵呵”，告辞之时一言不发、扬长而去等表现，于礼而论，令人情何以堪？

（2）**网上称呼不可随意**

在任何情况下，称呼都是待人待己态度的具体体现。在社交媒体上使用自称或称呼他人时，应视相互关系的不同而有所区别。

在社交媒体上联络他人时，张口则曰“亲”，闭口则称“偶”，逢人便道“老大”“男神”“女神”“小哥哥”“小姐姐”，自称则或“吾”或“某”或“咱”或“俺”或“楼主”或“在下”或“宝宝”或“哥们儿”或“姐们儿”或“纯爷们”，并非放之四海而皆准。

（3）**限定他人不可滥用**

使用微信的“朋友圈”，或是在社交媒体上发帖，不宜对相交已久的交往对象在就此进行查阅的具体时段或其他的查阅权限上随便加以限制，尤其是不可将此种限制再三变更。

反其道而行之，则极可能令特

定的交往对象感到不被信任，甚至会因此产生被非议之感。

（4）**考察他人不可不慎**

与人交往，相互之间的信任颇为重要。在社交媒体上与他人交往、互动，离开了信任，不仅会令相互之间的交往索然寡味，而且会使之变得毫无意义。

在使用社交媒体的过程中，时常以特定方式查证交往对象在线与否、“取关”本人与否、此时此刻属于自己的“僵尸粉”与否，凡此种种，都是对对方、对自己极大的不信任、不尊重。

莫勉强于人

在人际交往中，尊重他人，通常意味着尊重对方的选择；照顾他人，则通常意味着照顾对方的偏好。一言以蔽之，以礼待人的基本要求之一，就是不能强人所难、勉强于人。

在社交媒体上勉强于人，自然属于对对方的一种不恭不敬。

（1）**联络方式不适宜**

使用社交媒体上的语音电话、视频电话，或其他音频、视频联络方式之前，务必斟酌再三：此举影响交往对象与否？交往对象届时方便与否？

显而易见，上述联络方式往往在其具体的使用上耗时多、限制多，并非人人宜用、时时或处处可用。

（2）**任意转发不适宜**

应当明确的是，在社交媒体上“秀”自己、“吸粉”，或引人关注，均应凭借本人实力，而绝对不应利用他人。

他人的跟帖、亲友的照片、与人的合影、聊天的截图、有关活动的音频或视频，均不得随便在社交媒体上转发。

万一需要转发，亦应事先征得相关人士的首肯，否则亦属强加于人。

（3）**录音录像不适宜**

在社交媒体上与人交际时，不论出于何种理由，私自对相关过程录音、录像，都不符合交际规则。

将此类音频、视频资料随便上传网上，或任其四处扩散，不论属于实名行为还是署以网名或匿名，同样也是对相关人士的极度失礼。在某种特定的场景之中，此举还属于违法行为。

莫肆意表达

常言道：“家有家法，行有行规。”使用社交媒体时，固然时空上的限制较少，其使用者的自主权较大，但这并不意味着社交媒体上的活动可以挑衅公序良俗，或者毫无规则可言。

仅就社交媒体上具体的表达方式来说，下列几点必须予以牢记。

（1）**理解其准确含义**

在社交媒体上使用网络流行语、网络符号时，一定要先搞清楚其准确含义，然后再对其正确地进行使用。

对网络流行语、网络符号，特别是对那些新出现的网络流行语、网络符号一无所知、一知半解、似懂非懂，便贸然加以使用，往往会贻笑大方，甚至因此而惹是生非。

（2）**确保被他人理解**

在社交媒体上，高手与新手往往并存，不懂装懂者常常也大有人在。正因为如此，在社交媒体上所采用的任何一种表达方式，都应首先确保其能够被特定的交往对象或受众的绝大多数正确地理解。

下述几点，在社交媒体上轻车熟路者均不容忽视：

一是不宜任意使用缩写。

并非人人都能对特定的缩写明明白白。具体而言：首先，不要任意使用中文的缩写；其次，不要任意使用外文的缩写。

二是不宜任意使用谐音。

今日社交媒体上所流行的表达方式之一，便是谐音的使用。需要注意的是：首先，不要滥用汉字的谐音；其次，不要滥用英语的谐音；最后，不要滥用数字的谐音。

（三）理性使用

先哲尝言："没有理性，便没有幸福的人生。"在社交媒体上参与各类活动，尤其是自己主动与他人进行交流或互动时，务必要对个人情绪有所控制，并保持充分的理性。

所谓理性，指的是具有理智，能够明辨是非、利害，并因此能够控制自己的情绪与行为。不论发帖、跟帖、点评、点赞、转发、转载，还是链接网址、推荐音乐、推出视频、发表大作、组圈组团、主办论坛，都应反复斟酌、三思而行。

这一斟酌或"三思"，应当包括以下三个必要的步骤：首先，"非要这么做不可吗"；其次，"能不这么做吗"；最后，"这么做别人会有什么感受"。经过了这三个步骤再去操作自己的社交媒体，往往有百益而无一害。

但凡良好的习惯，都是对自己的言行有所节制，并且逐步养成的。平日能够真正地这么做，绝对不是懦弱、胆怯、虚伪，而是可以称之为理性。

如欲在社交媒体上保持必要的理性，对如下几点必须予以重视。

▌别放纵情绪

人有喜、怒、哀、乐，本属于正常的情绪。理性地控制自身情绪是必要的；适当地宣泄个人情绪也是合理的。但是，如果把社交媒体视为可以无限度地放纵个人情绪的平台，以为在此处可以为所欲为，便大错特错了。

（1）**善于控制自身情绪**

人非草本，孰能无情。但是，善于控制自身情绪，乃是文明人与不文明者的主要区别之一。

有的人血气方刚，习惯于不平则鸣，擅长于不吐不快，往往合则留、不合则去。在现实生活中包括使用社交媒体之时，若如此放纵自己，往往不能修成正果。

控制自身情绪，本质上是一个成长自己、战胜自己的过程。

善于控制自身情绪，乃成年人所应具备的一种基本教养。其可行之法有：首先，要正视自身情绪的变化；其次，要约束自己的负面情绪；最后，要学会调整自己的情绪。

（2）**善于宣泄自身情绪**

控制自身情绪，并非引火烧身、自伤自残。适当地宣泄自身的负面情绪，实质上也属于控制自身情绪的一种有效方式。

古人认为："诗言志，歌咏怀"；"登泰山而小天下"。所谓适当地宣泄自身的负面情绪，并非要让自己大哭大笑、大吵大闹、疯疯癫癫，为自身的情绪所左右，而是要换一种活动方式，或吟诗作画，或载歌载舞，或远足健身，或登高望远，借以分散、弱化或导出自身的负面情绪。

（3）**善于发现灿烂阳光**

在人世间，灿烂的阳光并未少于黑暗。在网上与线下，体现着、传播着正能量的人与事也随时随地可见。

身为成年人必须承认的是：在人类所生存的这个星球上，向来都是真、善、美与假、恶、丑共生，光明与黑暗并存的。但是，真、善、美的一面总是多于假、恶、丑的一面，光明总是会战胜黑暗。这既是我们本应具备的信念，也是人类历史所反复验证的基本事实。

毛泽东曾经倡导："我们的同志在困难的时候，要看到成绩，要看到光明，要提高我们的勇气。"不论在日常生活与学习中，还是在社交媒体上，都要善于心向光明、远离黑暗，都要学会在观察事物、与人相处时"勿臆，勿必，勿固，勿我"。

真正做到了"我心光明"，负面情绪便会随之而去；在社交媒体上无事生非、借题发挥地放纵个人情绪，亦将不复存在。

别吹毛求疵

所谓"尺有所短，寸有所长"。在日常生活与学习中，可以追求完美，但同时必须认识到：百分之百的完美是不存在的。

使用任何一种社交媒体时，均应严于律己、宽以待人，不对他人吹毛求疵，不在社交媒体上四处"拍砖""喷人""撕人"。

(1) **不到处“拍砖”**

在网上，“拍砖”的含义是：以文字为砖头，对人对事进行攻击。有时，它也带有辱骂、批驳之意。

作为社交平台，社交媒体上讲究的是人人平等、和睦共处、求同存异、共有共享。置身其中时，理当与交往对象“有话好好说”“有事好商量”。完全没有必要一上来就小题大做、唯我独尊、草木皆兵，到处“拍砖”。在社交媒体上蛮不讲理，不让别人说话，看不到他人的任何亮点，永远都是不对的。

(2) **不到处“喷人”**

作为网络用语，“喷人”的本意是：对他人进行毫无逻辑、毫无事实的胡乱指责。喜欢在网上“喷人”的人，亦称“喷子”。

参与社交媒体上的任何活动，不论自己身为主角，还是配角或旁观者，都要拥有良好的“口德”，不能胡言乱语、随处指责、见谁喷谁。

动辄在社交媒体上充当“喷子”，往往会破坏交际氛围，损害交往对象的情绪，并且会自毁个人形象。

(3) **不任意“撕人”**

就其网络用语的含义而论，“撕人”特指揭人之短。

在社交媒体上，不论“撕人”还是与人“互撕”，都是有害而无益的。

别乞求关注

参与社交媒体的活动，任何人都希望被关注。但是，在社交媒体上所得到的良性关注，应当是相互的，必须是自愿的。以任何方式在社交媒体上乞求关注，都属于不当之举。

不在社交媒体上乞求关注，首先是不要在其中反复去刷存在感。以此种方式求关注，往往浪费时间与精力，甚至劳而无功。

不在社交媒体上乞求关注，其次是不要时时在交往对象面前晃来晃去，进而一而再、再而三地要求对方以对自己帖子的分享、转发、点赞或吐槽等方式来间接或直接地关注自己。时不时地在交往对象那里“刷存在感”“蹭热点”，本质上也属于乞求关注之一种。

(四) 适度使用

虽说社交媒体的使用可以令人开阔视野、丰富资讯、充实生活、改善社交，为其使用者平添诸多的生活便利、人生乐趣，但凡事过犹不及，切切不可在对它进行使用时放纵自我、无所克制。

所谓社交媒体的适度使用，在此的具体含义是：不能在时间或空间上将个人的生活、工作，与社交媒体的使用完全画上等号。具体而言，在时间上，不能无时无刻不在线；在空间上，则不能因小失大地放弃自己线下的真实、丰富的人生。

欲使社交媒体的使用适度，理当重视以下几点。

不活在线上

沉溺于社交媒体，时时刻刻将自己“挂”在线上，这并非有教养者所应有的表现。

在任何时候，社交媒体都是人们的社交平台之一，而且只能视之为线下常态社交的一种补充；或曰，它只是一种配角。令其喧宾夺主，则有悖常理。在社交媒体上争当“网红”或“主播控”，其实大可不必。

（1）慎于发帖跟帖

如前所述，在社交媒体上不论主动发帖还是跟帖，均应三思而行，慎而又慎。千万不要为了“吸睛”、“秀”自己，为发帖而发帖，为跟帖而跟帖。有时，帖子能不发就不发、能不跟就不跟。

（2）善于加以分辨

面对社交媒体上纷至沓来、众说纷纭的各种资讯，一定要头脑清醒地加以分辨。要理性地区分：哪些是真的，哪些是假的？哪些是对的，哪些是错的？哪些是有益的，哪些是无聊的？对此绝对不可丧失必要的自我判断，不可盲从舆论、人云亦云。

（3）正确对待红包

或是为了引人关注，或是无所事事，个别人活跃于某些社交媒体上的主要方式之一，就是发红包、抢红包，时刻与红包相伴、为红包而活着。

不论发红包、抢红包，还是打赏、领赏，在社交媒体上均应适度而为。需要加以明确的是：它们并非社交媒体上种种活动方式的全部，而且永远不可能成为其主角。对于这一点，必须一清二楚。

不内外不分

在社交媒体上面对交往对象时，既要友善相待，又要保持必要的警醒。在任何时候，都切切不可对社交媒体上的交往对象一概而论。应该指出的是：在人际交往中，包括在社交媒体上，信任交往对象绝对是正确的。但是，它的前提是：交往对象必须是值得信任的；而且这一点是已为事实所证明的。

（1）远离网络约会

热情洋溢、待人友善、乐于助人、喜好交际，是许多人的共同之处。但是，在社交媒体上与人交往，尤其是与陌生人交往时，必须保持冷静、清醒、节制。

不要动辄轻信于人，不要四处卖萌，不要随随便便地与社交媒体上所知甚少甚至一无所知的交往对象“一见如故”、言行暧昧，更不能急于同对方进行网络约会。线下的交际并非绝对不可以的；但谨慎第

一、安全至上、自我保护至关重要，永远不可被忘却。

（2）**拒绝滥发资讯**

利用社交媒体晒恋人、晒娃娃、晒个人美图、晒家庭聚会、晒私人活动、晒旅途见闻、晒本人近作等等，均应有所选择。

此类的“晒幸福”，仅适合知己知彼的小众“朋友圈”。以此对泛泛之交在社交媒体上狂轰滥炸，便可谓之滥发资讯于人。

不难为他人

一般来说，社交媒体上的来来往往，应当是轻松的，应当是愉快的，应当是自愿的，应当是不给交往对象增添麻烦的。

有鉴于此，在社交媒体上与他人进行交往时，应当尽量不去麻烦对方，尤其是不要去为难对方。

（1）**切勿纠缠于人**

在社交媒体上，凡自尊自爱的人，通常都不会对他人动不动就求点赞、求转发、求给自己或自己的亲友投票。以上行为，显然都会为难对方。逢人便是“么么哒”，则更是无聊至极。

至于求赞助、求代购，或借机“带货”“种草”，甚至直接将某些商业广告发送于人，则实际上属于纠缠他人。

（2）**切勿任意曝光**

在社交媒体上，绝对不宜将本系统、本单位、本部门的上下级之间或同事之间正常性的内部事务随意地公之于众。

将家人之间、邻里之间或亲朋好友之间生活中与工作中无伤大雅的内部矛盾、内部分歧、内部冲突，大张旗鼓地在社交媒体上广而告之，甚至因此而求围观、求扩散、求评判、求支持，既是小题大做，也是为难他人。

不胡言乱语

身为有文化、有教养的当代人，不在社交媒体上胡言乱语，属于一项皆应遵守的基本规则。

具体来说，在社交媒体上以文字、语言或其他形式开展活动时，必须关注下述各点。

（1）**避免文字错误**

不论使用中文还是外文，均不应在文字上出现明显的错误。

倘若一名活跃于社交媒体上的当代人错字连篇、别字随处可见、用词甚为不当，甚至到处掉字落字、词不达意，显然难以获得其应有的尊重。

（2）**避免用典失当**

在社交媒体上，引经据典应当恰到好处。它通常意在博采众长、提供依据、论证观点，而不是为了“秀”文化，或者显示引证者的高、大、上。

正因为如此，在社交媒体上但凡用词、用典或引用名人名言，前提必须是对其理解正确、恰如其分。除此之外，用典或引用名人名言，均不应过多、过滥。

（3）**避免沟通障碍**

在社交媒体上，若稍有不慎，便会令交往对象与自己在相互沟通、相互理解、相互交流上障碍频出。

以下各点，特别应当重视：

一是要慎用外语。

二是要不用方言、俚语。

三是要少用行话、术语。

四是要忌用本人生编滥造的词语、符号或缩写。

特别需要强调的是，使用社交媒体，必须公私有别：在公用社交媒体上，所要办理的理当是公事；在私用社交媒体上，所要办理的自然是私事。二者切切不可予以混淆。

即使使用的是纯个人私用的社交媒体，也切莫占用太多的时间。占用了工作时间，必然会直接影响自己的工作。工作之余在社交媒体上耗时过多，则显然会有碍于个人健康。

平日里与家人、室友、邻里、同学、同事、师长打交道，尤其是与来宾面对面地交谈、参加会议、出席宴会，或者是置身于其他各种聚会时，千万不要与此同时在社交媒体上忙里忙外，甚至流连忘返。此种行为，乃属三心二意、目中无人，是特别失礼的。

思考题

1. 何为“电话形象”？
2. 打电话时，应遵守哪些礼仪？
3. 接电话时，应遵守哪些礼仪？
4. 书写信封时，怎样才算合礼？
5. 赠言的基本形式有哪些？
6. 选择礼品应如何使之符合标准？
7. 哪些物品不宜赠予他人？
8. 接受他人的赠礼时，应注意什么问题？
9. 送花的具体形式有哪些？
10. 何时以花送人为佳？
11. 什么是花语？
12. 你所在城市的市花是什么花？
13. 使用社交媒体时，必须遵守哪些礼仪规范？

第五章 餐饮礼仪

餐饮礼仪，在此是指人们在餐饮活动中所必须遵守的行为规范。它要求人们参加餐饮活动时，吃好、喝好、表现好、风度好等诸方面并重。本章所讲授的内容，具体包括有关中餐、西餐、饮酒、饮茶、咖啡等方面的礼仪规范。

学习目的

- 重视餐饮活动。
- 在正式的餐饮场所表现得体。
- 掌握基本的餐饮礼仪。
- 安排餐饮时力求礼待宾客。
- 参与宴会时避免贻笑大方。

本章要点

- 本章讲授的是餐饮礼仪，它是指人们在餐饮活动中所必须遵守的行为规范。掌握餐饮礼仪，才能在餐饮活动中真正受到欢迎。
- 第一节讲授的是有关中餐的礼仪，涉及用餐的方式、时空的选择、菜单的安排、席位的排列、餐具的使用、用餐的表现等。
- 第二节讲授的是有关西餐的礼仪，涉及西餐的菜序、座次、餐具、品尝、要求等。
- 第三节讲授的是有关饮酒的礼仪，涉及酒的种类、酒的饮用、酒会规则等。
- 第四节讲授的是有关饮茶的礼仪，涉及茶叶的品种、茶具的选择、敬茶的程序、品茶的方法等。
- 第五节讲授的是有关咖啡的礼仪，涉及喝咖啡的时机、咖啡的种类、喝咖啡时的举止等。

如《礼记》所言："夫礼之初，始诸饮食。"人际交往中，"食"往往占有一席之地。利用餐饮，不仅可以招待亲朋好友，解决实际问题，而且可以以之作为社交活动的一种具体形式，展示个人的良好修养，表现对交往对象的敬重、友善和诚意。在社交活动中，不论自己是主人还是客人，离开了餐饮活动，或是不注重自己在餐饮活动中的具体表现，都难以取得成功。换言之，遵守餐饮礼仪应当成为每一个人自觉、自愿的行动。

所谓餐饮礼仪，一般指的主要是人们在餐饮活动之中所必须认真遵守的行为规范。学习餐饮礼仪，首先应当着重掌握餐饮礼仪的下列两项基本原则。

其一，"六 M 原则"。它是在世界各国广泛受到重视的一项餐饮礼仪原则。其中的"六 M"，指的是六个以 M 为首字母的单词：费用（money）、会见（meeting）、菜单（menu）、举止（manner）、音乐（music）和环境（medium）。它们都是人们安排或参与餐饮活动时所应当关注的主要问题。这一原则的主要含义，指的就是在安排或者参与餐饮活动时，必须优先对费用、会见、菜单、举止、音乐、环境六个方面的问题加以高度重视，并应力求使自己在这些方面的所作所为符合律己、敬人的行为规范。

其二，"餐饮适量原则"。它的主要含义是：在餐饮活动中，不论活动的规模、参与的人数、用餐的档次，还是菜肴及其费用的具体数量，都要量力而行。务必从实际需要和实际能力出发，进行力所能及的安排。而切忌虚荣好强、炫耀攀比、铺张浪费、暴殄天物。需要特别强调的是：公职人员务必力戒利用公款大吃大喝。作为餐饮礼仪基本原则之一，"餐饮适量原则"所提倡的既是厉行节约、反腐倡廉的一种社会风气；也是做人务实、不图虚荣、健康养生的一种境界。

一、中餐

中餐，是中式餐饮的简称。它所指的是一切具有中国特色的、依照中国传统方法制作的、为中国人在日常生活之中所享用的餐食和饮品，其中最主要的则是具有中国传统风味和特色的饭菜。

中餐在国际社会中一直享有很好的名声，不论在国内还是国外，到处都可以遇到许许多多的中餐爱好者。包括中餐在内，并以其为主体的中华饮食文化，在我国传统文化之中占据着十分重要的位置。

中餐礼仪，历来是中华饮食文化的重要组成部分之一。它所指的主要是以中餐待客，或者是品尝中餐时，所应当自觉遵守的习惯做法和传统习俗。

中餐礼仪的具体内容，通常包罗甚广。在一般情况下，学习中餐礼仪，主要是要具体掌握用餐的方式、时空的选择、菜单的安排、席位的排列、餐具的使用、用餐的表现六个方面的规则。

（一）用餐的方式

中餐的用餐方式，在此主要是指以哪一种具体形式用餐。对于中餐的用餐方式，依据不同的划分标准，可以有多种多样的类别。

站在餐饮礼仪的角度上来说，中餐的用餐方式主要可以依据用餐的规模和餐具的使用来进行划分。

根据用餐的规模划分

根据中餐用餐规模的不同，可将其划分为宴会、家宴、便餐等具体形式。

（1）**宴会**

宴会，通常指的是出于一定的目的，由机关、团体、组织或个人出面组织的，以用餐为形式的社交聚会。

一般而言，宴会又可以分为正式宴会与非正式宴会两种具体类型。

第一，正式宴会。顾名思义，正式宴会自然是一种隆重而正规的宴请。它往往是为宴请专人而精心安排，在较为高档的餐馆或是其他特定的地点举行，讲究排场、气氛的大型聚餐活动。正式宴会，尤其是正规的正式宴会，对于到场人数、穿着打扮、席位排列、菜肴数目、音乐演奏、宾主致词等，往往都有十分严格的要求。

第二，非正式宴会。亦称便宴，它也适用于正式的人际交往，但多见于日常性交往，尤其是常来常往的亲朋故旧之间的聚餐。它的总特征是：形式从简，偏重于人际交往，而不注重其规模、档次。一般而言，它只安排相关人员参加，不邀请配偶，对穿着打扮、席位排列、菜肴数目往往不做过高的要求，而且也不安排音乐演奏和宾主致词。

（2）**家宴**

家宴，这里所指的是在家中举行的宴会，它是宴会的一种特殊类型。在一般情况下，家宴是由主人以某种名义在自己的私人居所内所举行的，招待自己亲朋好友的一种非正式宴会。因此，相对于正式宴会而言，家宴最重要的是要制造亲切、友好、温馨、自然的气氛，从而使赴宴的宾客轻松、随意，以使彼此增进交流，加深了解，促进信任。

通常，家宴在礼仪上往往不做特殊要求。为了使来宾感受到主人的重视与友好，家宴大都由女主人亲自下厨烹饪，男主人充当侍者，家人一道联手招待客人，它往往可使客人产生宾至如归之感。

（3）**便餐**

从字面上分析，宴者，是指请人吃饭。餐者，则大多指的是自己吃饭。由此可见，所谓便餐，在这里主要是指供自己在日常生活里所吃的家常便饭。有时，它就直接被称作便饭。

尽管人们享用便餐的地点往往多有不同，例如，在家里、单位、餐馆、大堂吧、便利店，甚至人在旅途之际，均可以享用便餐，但它在本质上是有共性可寻的。享用便餐时，礼仪方面的讲究最少。只要用餐者讲究公德，并注意卫生、环境和秩序，在其他方面便不必介意过多。

根据餐具的使用划分

假如仅就中餐餐具的使用而言，其用餐方式又可以被划分为分餐式、公筷式、自助式、混餐式四种具体形式。

（1）**分餐式**

分餐式用餐，又称分食式用餐，在此指的是在用餐的整个过程之中，为用餐者所上的主食、菜肴、酒水，以及所提供的其他餐具，一律每人每样一份。它们必须分别使用，而绝对不容混杂、共用或共享。

分餐式用餐的最大优点是：既讲究了用餐卫生，避免了用餐时的交叉感染，又体现了用餐公平，体谅了害羞者、动作迟缓者。它主要适用于各种宴会，尤其是正式宴会。

（2）**公筷式**

公筷式用餐，是一种较为形象的说法，此处具体指的是中餐的一种特殊的用餐方式：在用餐时，主食、菜肴等不必人各一份，不用分装开来。但在取用主食、菜肴时，却不允许直接使用自己入口的餐具，如筷子、汤匙等，而必须借助于带有特殊标记的、公用的餐具，取拿适量，放入自己专用的食碟、汤碗之内，然后才可以使用自己专用的餐具享用。

公筷式用餐的长处，在于它既体现了中餐传统用餐方式和睦、热烈的气氛，又兼顾了现代人讲究个人卫生的要求。它比较适合在家宴时采用。

（3）**自助式**

自助式用餐，是近年来借鉴于国外的一种现代用餐方式。它的主要特点是：不排席位，不安排统一的菜单，而将所能提供的全部主食、菜肴、水果、酒水陈列在一起，由用餐者完全根据个人爱好自主地选择、加工、组合、享用。

自助式用餐的优点至少有下列三点：第一，节省费用。第二，礼仪上的讲究不多，用餐规则方面也不甚讲究。第三，用餐者在用餐时的所作所为完全可以悉听尊便。在举行大型活动，招待为数众多的来宾时，采用此种方式安排用餐是最为明智的一项选择。

（4）**混餐式**

混餐式用餐，又称合餐式用餐。实际上，它是指多人一道用餐时，主食、菜肴被置于公用的碗、盘之内，而由用餐者根据自己的口味喜好，使用自己的餐具，直接从前者之中取用。

采用混餐式用餐，容易体现出家庭般的和睦、团结、热烈的气氛，但也带有显而易见的不够卫生的缺陷。因此，它仅仅适用于个人享用便餐或是家人一道聚餐。以这种方式举办宴会，尤其是宴请重要客人或外国友人，是非常不合适的。

（二）时空的选择

品尝中餐，特别是举办正式的中餐宴会时，必须兼顾其举办的具体时间和地点，这就是所谓中餐的时空选择问题。以下，将分别从时间的选择与地点的选择这两个方面对此予以规范。

▌时间的选择

依照餐饮礼仪惯例，安排中餐用餐，尤其是安排中餐宴会的具体时间，需要通盘兼顾下述三点。

（1）**民俗惯例**

根据人们的用餐习惯，中餐依照用餐具体时间的不同，可以分为早餐、午餐、晚餐等三种。至于在宴请他人时，究竟应当选择早餐、午餐还是晚餐，却往往不好一概而论。在绝大多数情况下，确定正式宴请的具体时间，主要应当遵从民俗惯例。

例如，在国内外举办正式宴会，通常都安排在晚上进行。因工作交往而安排工作餐，大都选择在午间进行。而在广东、海南、港澳地区，亲朋好友聚餐，则大都选择“饮早茶”。

（2）**主随客便**

在决定聚餐的具体时间时，主人不仅要从自己的客观能力出发，而且更要讲究主随客便，即要优先考虑被邀请者，尤其是主宾的实际可能，切勿对此不闻不问、勉强从事。如有可能，应事先与主宾就此协商一下，力求两相方便，并达成一致。至少也要尽可能地为之多提供几种时间上的选择，以显示自己的诚意。

（3）**适当控制**

对于用餐的时间，有必要加以适当的控制。在安排宴会时，主人更要注意此点。适当控制用餐时间，主要应当考虑如下两个问题：

第一，尽量避开宾主双方不方便的时间。例如，重大活动、纪念日、节假日、某一方不方便的日子或忌日等等。

第二，对用餐时间的具体长度进行必要的控制。但凡安排聚餐，既不能匆匆忙忙地走过场，也不能拖拖拉拉地耗时间。根据惯例，正式宴会的用餐时间应为1.5～2小时，非正式宴会与家宴的用餐时间应为1个小时左右，而便餐的用餐时间仅为半个小时。

地点的选择

与人聚餐时，用餐地点的选择是非常重要的。在考虑这一问题时，应着重兼顾如下四点。

（1）环境幽雅

对现代人来讲，宴请不仅仅是为了"吃东西"，也要讲究"吃环境""吃气氛""吃文化"。若用餐地点档次过低、环境不佳，即便菜肴再有特色，往往也会令宴请品质大打折扣。因此，在可能的情况下，一定要争取选择清静、优雅的用餐地点。

（2）卫生良好

外出用餐时，人们最担心的往往是"病从口入"。所以在确定聚餐的地点时，一定要优先考虑其卫生状况如何。倘若用餐地点脏、乱、差，不仅卫生问题令人担忧，而且会破坏用餐者的食欲。

（3）设施完备

确定较为正规的宴请地点时，还须注意其设施是否完备的问题。这个问题具体来说又分为以下两个方面：第一，该有的设施是不是有？第二，已有的设施能不能用？对这两点，绝对不能漠不关心。

（4）交通方便

选择用餐地点时，对于交通方便与否也要加以高度关注。要充分考虑到聚餐者来去交通是否方便、有无停车场所、有无足量的停车位、有无公交车和地铁线路通过此处、是否有必要为聚餐者预约交通工具等一系列的具体问题。

（三）菜单的安排

中国人请客，往往会讲："请你吃饭。"其实，这一表述未必准确。因为无论便餐还是宴请，唱主角的都不是"饭"，而是"菜"。从这个意义上讲，吃中餐实际上主要是吃中国菜。因此，对于中餐菜单的选择与安排，有必要进行认真的学习。

按照餐饮礼仪的规范，安排菜单主要涉及以下两个方面的问题：一是如何点菜；二是如何准备菜单。前者所涉及的主要是非正式宴会和便餐。后者则主要是正式宴会与家宴的主人所必须考虑的问题。

点菜的常规

外出用餐时，不论请客还是自请，都会遇到如何点菜的问题。要处理好这一问题，需要解决以下三个难点。

（1）量入为出

点菜时，最重要的是不仅要吃饱、吃好，还必须量力而行。假如为了讲排场、图虚荣、装门面，而在点菜时大点特点，甚至乱点一通，不仅浪费钱财、对自身健康有害无益，而且会引人嘲笑。

怎么点菜

因此，在点菜时务必量入为出、心中有数，要力求不超支、不乱花钱、不铺张浪费。要做到这一点：第一，轻易不要去高档餐馆，或是每餐必点高档菜。第二，在点菜时要懂得搭配之道，适度而不过量。例如，一人用餐，要上两菜一汤、一荤一素，便足够吃了。两人聚餐，应以四菜一汤、两荤两素为限，至多再加上一两个凉菜。第三，切勿乱请客，别把“吃吃喝喝”“大吃大喝”误作社交应酬的主题。不要忘了“君子之交淡如水”，滥交“酒肉朋友”往往对自己并无帮助。第四，在日常聚餐时提倡“AA 制”，即聚餐的费用按其全部参加者的人头分摊，每人负责自己的那一份。

（2）相互体谅

在社交聚餐时，做东的一方和吃请的一方，在点菜时都要善解人意、宽厚待人，并且体谅对方。做东的一方既不要过于殷勤，也不宜过于吝啬。被请的一方，在不失自尊的同时，切勿抱有“不吃白不吃，吃了也白吃”的不平衡心态，嘴下不留情，大“宰”做东者。

做东者在点菜时，有两种办法可行。第一，整点。即点套餐或包桌。这样做的优点是：费用固定，菜肴的档次与数量相对固定，因此比较省事。第二，零点。即根据“个人预算”，在用餐现场临时点菜。它的好处是：自由度较大，可以兼顾个人财力与众人口味。需要强调的是，不论做东者以何种办法点菜，都应当尽量征求一下被请者，特别是主宾的意见，不要只凭个人喜好行事。当然，在征求被请者意见或请其点菜时，也没有必要“打肿脸充胖子”、再三再四地要求对方“随便点”“放开点”“点多多”。

被请者在被做东者恳请点菜时，要避免犯下述错误：其一，不要乱点。不要连点的菜是什么都不知道。其二，不要多点。尤其是不要大点名菜，让做东者“破财”“大出血”。其三，不要非议。对于别人点的菜，尤其是做东者所点的菜，无论如何都不要挑三拣四。不要说什么自己“吃不惯”，或是“做得太差劲”。

被请者在点菜时，有以下两个好办法可供借鉴：其一，是告诉做东者，自己没有特殊要求，请对方代替自己做主，这实际上正是对方所欢迎的做法。其二，是自己点上一个价格不太贵的菜，随后请其他人再去各点各的。这样做，既符合做东者的要求，又没有对其他人实行“包办代替”。

（3）上菜次序

一顿标准的中餐大餐，不论它是何种风味，其上菜的次序一般都是相同的。通常，首先上桌的是冷盘，接下来是热炒，随后上的是主菜，然后上点心和汤，最后上的则是水果拼盘。如果上咸点心的话，讲究上咸汤；如果上甜点心的话，则要上甜汤。

不论是不是吃大餐，了解中餐标准的上菜次序，都是非常必要的。它不仅有助于在点菜时巧做搭配，而且可以避免因不懂此道而出洋相、闹笑话。

菜单的准备

在宴请他人之前，主人应事先对所拟选的菜肴进行再三斟酌，并提前准备菜单。在准备菜单时，主人应当着重考虑哪些菜肴宜选、哪些菜肴忌选。这两个问题，本质上是同一个问题的两个不同方面。

（1）宜选的菜肴

一般而论，在准备菜单时，有以下四类菜肴应被主人优先加以考虑：

第一，具有中餐特色的菜肴。吃中餐与吃西餐、日餐、韩餐、泰餐一样，自然要首选具有中餐特色的代表性菜肴。在宴请外籍人士时，这一点更应当被高度重视。例如，中餐里的饺子、馄饨、龙须面、蛋炒饭、煮元宵、炸春卷、烤白薯、土豆丝、炒豆芽、咕咾肉、狮子头、北京烤鸭、宫保鸡丁、鱼香肉丝、糖醋里脊、麻婆豆腐，以及酸辣汤、榨菜肉丝汤等，均为寻常百姓之食，并非佳肴美味，但因其具有鲜明的中餐特色，所以在国外知名度最高，受到众多外国人的推崇。

第二，具有本地特色的菜肴。中国各地的饮食文化既有共性，也个性十分鲜明，名扬天下的八大菜系便是中餐在各地分支的主要代表。在宴请他人，尤其是宴请外地人时，如有可能的话，应尽量安排一些具有本地特色的菜肴。举例而言，锦州地区的驴肉饺子、干豆腐，西安市的羊肉泡馍、葫芦鸡，苏州市的松鼠鳜鱼、雪花蟹斗，与湖南的剁椒鱼头、腊味合蒸一样有名，在那里宴请外地客人时，上一些这类特色菜，显然要比上“千篇一律”的生猛海鲜更容易获得好评。

第三，本餐馆的看家菜。大凡名声在外的餐馆，自然都少不了自己的看家菜，高档餐馆尤其如此。在知名餐馆点菜时，应尽量安排一些它的看家菜，因为大家通常都是奔着此类菜肴而去的。不然的话，就有可能让被请之人产生看法。

第四，主人的拿手菜。在举办家宴时，主人一般都要当众露上一手，多做几个自己的拿手菜。其实，这种所谓的拿手菜大可不必追求十全十美，要的就是主人亲自动手为来宾烧菜。单凭这一点，就会让对方倍感尊重和友好之意。

（2）忌选的菜肴

在安排菜单时，还必须兼顾来宾的饮食禁忌，尤其是要对主宾的饮食禁忌予以高度重视。一般的规则是：主人在为来宾安排菜肴时，重点在于了解对方“不吃什么”，而并非对方“想吃什么”。一般而言，饮食方面的禁忌主要有以下四种：

第一，宗教禁忌。对于宗教方面的饮食禁忌，一定要认真对待，一点也不能疏忽大意。例如，穆斯林依照其教规不食猪肉、动物血液制品和未诵安拉之名宰杀之物，并且绝对不饮酒。国内多数的佛教徒在饮食上禁食荤腥之物。它不仅指肉类、鱼类、蛋类，而且包括葱、蒜、韭菜、藠头、兴渠之类吃起来气味刺鼻的食物。对此若不求甚解，或是贸然犯禁，都会带来很大的麻烦。

第二，地方禁忌。在不同的地区，人们的饮食偏好往往多有不同。对于这一点，在安排菜单时也应予以兼顾。例如，上海人不怎么吃生蒜、生葱，南方人很少会接受北京人爱吃的炸酱面和豆汁，西南某些民族地区的人很少吃鱼与蔬菜。又如，英美人通常不吃白米饭，不吃狗肉、珍稀动物、淡水鱼、无鳞无鳍的鱼，不吃采用中式方法烹饪的动物内脏、动物的头部和脚爪，以及鱼肚、鱼翅。对俄罗斯人而言，辣椒、海参、螃蟹都是绝对碰不得的。非要为其提供，那可就强人所难了。

第三，职业禁忌。有些职业，出于某种原因，在餐饮方面往往也有其各自不同的特殊禁忌。例如，公务员在执行其公务时不准吃请；在公务宴请时不准大吃大喝，用餐的费用不准超过国家规定的标准，不准饮烈性酒。再如，驾驶员在其工作期间，绝对不得饮酒。要是忽略了这一点，不仅是对对方的不尊重，而且有可能使其因此而违法违规。

第四，个人禁忌。有一些人，由于种种因素的制约，在饮食上往往会有一些与众不同的特殊要求。例如，有的人不吃肉，有的人不吃鸡蛋，有的人不吃海鲜，有的人不吃盐多、糖多、油多的东西，等等。对于这类个人饮食禁忌，亦应充分予以照顾。不要明知故犯，或是对此说三道四。

在隆重而正式的宴会上，主人所选定的菜单可在精心书写或打印后，发至全体参加者人手一份，以便使用餐者餐前心中有数、用餐时依次而行、餐后留作纪念。但有一点必须指出，发给赴宴者的菜单必须名副其实，上面列出的菜肴必须一一兑现，而绝不可使之成为有名无实的笑柄。

（四）席位的排列

在中餐礼仪中，席位的排列是一项十分重要的内容。它关系到来宾的身份和主人所给予对方的礼遇，故此受到宾主双方的同等重视。

中餐席位的排列，在不同情况下存在一定的差异。下面所要讨论的，主要是宴请与便餐这两种情况下的席位排列。一般认为，宴请，包括宴会与家宴，对席位排列的礼仪讲究通常要更多一些，并且更为严谨。

▌宴请时的席位排列

宴请，往往是一种较大规模的社交聚餐活动，因此它所涉及的席位排列问题，又可以分为桌次的排列与位次的排列两个具体方面。根据餐饮礼仪的规范，两者各有各的具体要求。

（1）桌次的排列

在中餐宴请中，通常采用圆桌放置菜肴、酒水。采用一张以上的圆桌安排宴请时，便出现了桌次的尊卑问题。

排列圆桌的尊卑次序，大抵会遇到两种基本情况。

第一，由两桌所组成的小型宴请。这种情况又可以分为两种具体形式：

其一，两桌横排。当两桌横排时，其桌次排列的规则是“以右为尊”，以左为卑（见图 5－1）。这里所讲的右与左，是在面对正门时来确定的。这一规则也叫作“面门定位”。

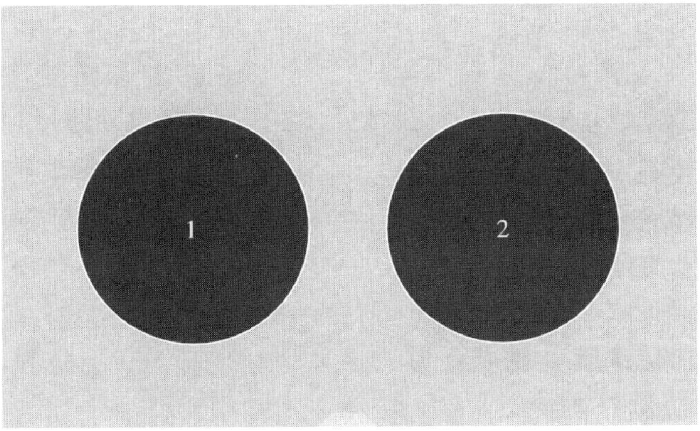

图 5－1　两桌横排时的桌次排列方法

其二，两桌竖排。当两桌竖排时，其桌次则讲究以远为上，以近为下（见图 5－2）。这里所谓的远近，是以距离正门的远近而言的。此规则亦称“以远为上”。

第二，由三桌或三桌以上的桌

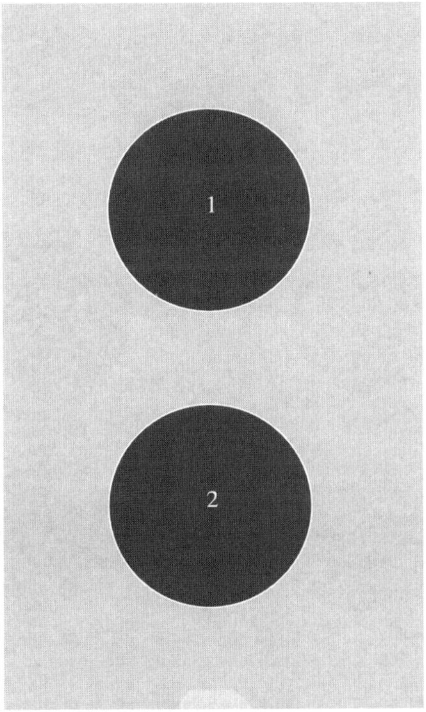

图 5－2　两桌竖排时的桌次排列方法

数所组成的大型宴请。通常，它又叫作多桌宴请。在安排多桌宴请的桌次时，除了要遵守“面门定位”“以右为尊”“以远为上”等三项规则之外，还应兼顾其他各桌距离主桌，即第一桌的远近。通常，距离主桌越近，桌次越高；距离主桌越远，桌次越低。这项规则亦称“主桌定位”（见图5-3至图5-5）。

在安排桌次时，所用餐桌的大小、形状应大体相仿。除主桌可略大之外，其他餐桌不宜过大或过小。

为了确保在宴请时赴宴者及时、准确地找到自己所在的桌次，可采用以下四种辅助方法：其一，在请柬之上注明对方所在的桌次。其二，在宴会厅入口悬挂宴会桌次排列示意图。其三，安排专门人员引导来宾寻桌就座。其四，在每张餐桌的正中央摆放桌次牌。在桌次牌上，以书写阿拉伯数字为宜。

(2) 位次的排列

在安排宴请时，每张餐桌上的具体位次也有主次尊卑之别。排列位次的基本方法有四种，它们往往同时发挥作用。

方法一，主人应当面对正门而坐，并在主桌就座。就座于主桌的主人，亦称主桌主人。

方法二，举行多桌宴请时，各桌之上均应有一位主桌主人的代表在座，亦称各桌主人。其位置一般应与主桌主人同向，有时也可以面向主桌主人。

方法三，各桌之上位次的尊卑，应根据其距离该桌主人的远近而定，以近为上，以远为下。

方法四，各桌之上距离该桌主人相同的位次，讲究以右为尊。即以该桌主人面向为准，其右为尊，其左为卑。

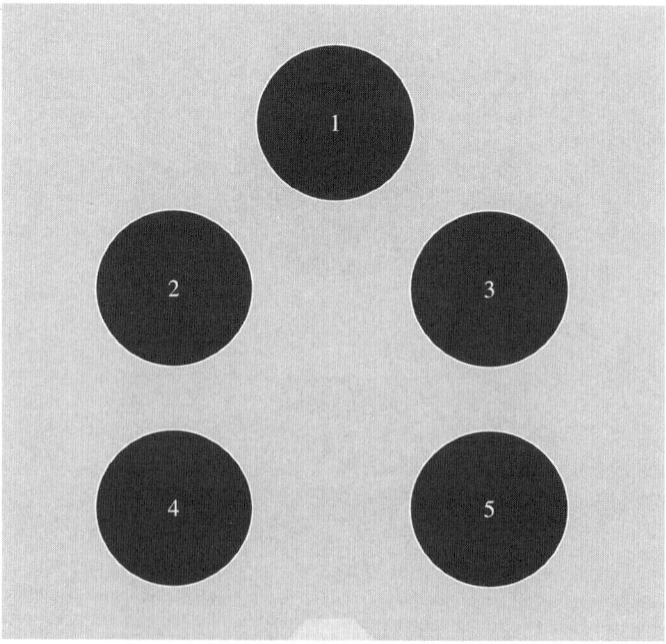

图5-3　多桌排列时的桌次排列方法之一

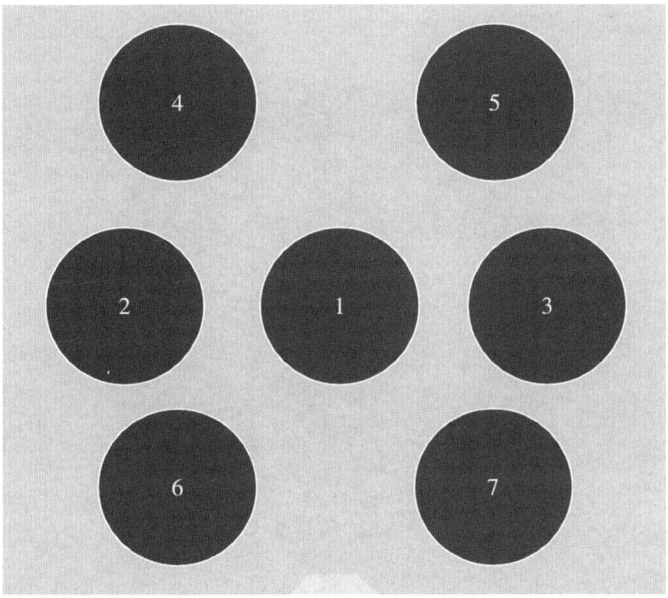

图 5-4 多桌排列时的桌次排列方法之二

图 5-5 多桌排列时的桌次排列方法之三

此外，每张餐桌上所安排的用餐人数应大体上限于 10 人之内，并宜为双数。如果人数过多，不仅不容易照顾，也可能坐不下，甚至会造成拥挤。还应注意的是，每张餐桌上的用餐人数不宜少于 6 人，否则便显得冷冷清清。

根据上述四种位次的排列方法，圆桌上位次的具体排列又可分为下列的两种具体情况。它们的共同特点是均与主位，即主人所坐之处有关。

第一，每桌一个主位的排列方法。其特点是每桌只有一名主人，主宾在其右侧就座（见图 5-6），每桌只有一个谈话中心。

第二，每桌两个主位的排列方

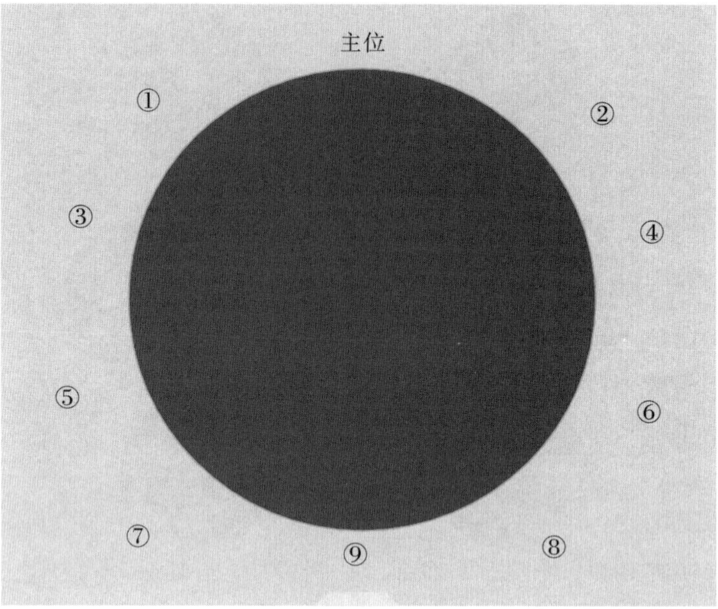

图 5-6　每桌一个主位时的位次排列方法

法。其特点是主人夫妇就座于同一桌，以男主人为第一主人，以女主人为第二主人，主宾和主宾夫人各自应分别在男女主人右侧就座（见图 5-7）。每桌因此在客观上形成了两个谈话中心。

有时，倘若主宾身份高于主人，为表示尊重，可安排其在主人位次

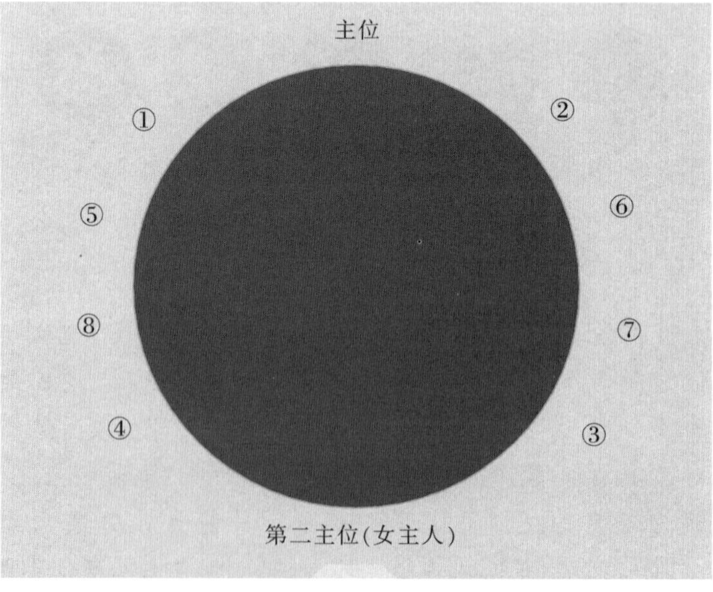

图 5-7　每桌两个主位时的位次排列方法

上就座，而由主人坐在主宾的位次上。

若是本单位出席人员中有高于主人者，也可请其于主位就座，而请实际上的主人坐在其左侧。

当然，遇上以上两种特殊情况亦可遵守常规，不必再进行任何的变动。

为了便于来宾正确无误地在自己所属的位次上就座，除招待人员与主人要及时地加以引导指示外，应在每位就餐者所属座次正前方的桌面上，事先放置以醒目字体书写着其个人姓名的姓名卡。举行涉外宴请时，姓名卡应以中文与来访国通用文字两种文字书写。它的两面均应书写就餐者的姓名。按照常规，姓名卡面对就餐者的一侧应为其母语，面对他人的另一侧则为中文。

▍便餐时的席位排列

在一般情况下，便餐时的席位排列，主要所涉及的是位次的排列问题，而往往与桌次无关。当一个人享用便餐时，甚至连位次的排列问题也不复存在。

在排列便餐的席位时，若需要进行桌次的排列，可参照宴请时桌次的排列进行。至于其所见较多的位次的排列，则主要有五种具体方法可循。

（1）**右高左低**

当两人一同并排就座时，通常以右座为上座，以左座为下座。这是因为中餐上菜时多以顺时针方向为上菜方向，居右而坐者因而要比居左而坐者优先受到照顾。此即所谓“右高左低”。

（2）**居中为尊**

三人一同就座用餐时，居于中央者在位次上要高于在其两侧就座之人。这种位次排列方法叫作“居中为尊”。

（3）**面门为上**

倘若用餐时，有人面对正门而坐，有人背对正门而坐，依照餐饮礼仪惯例，则应以面对正门者为上座，以背对正门者为下座。这就是所谓的“面门为上”。

（4）**观景为佳**

在一些高档餐厅用餐时，在其室内外往往有优美的景致或高雅的演出，可供用餐者观赏。此时，应以观赏角度最佳之处为上座。此即“观景为佳”。

（5）**临墙为宜**

在某些中低档餐馆用餐时，为了防止过往侍者和食客的干扰，通常以靠墙之位为上座，以靠过道之位为下座。这种方法被叫作“临墙为宜”。

（五）餐具的使用

与西餐相比，中餐的一大特色，是其餐具有所不同，而且各种餐具在用途上往往还有许多独自的讲究和门道。学习中餐礼仪，必须认真地学习其餐具使用之法。

中餐餐具，即享用中餐时所使用的工具。在一般情况下，它又分为主餐具与辅餐具等两类。

主餐具

主餐具，通常是指进餐时主要使用的、往往必不可少的餐具。享用中餐时要使用的主餐具，常见的有筷、匙、碗、盘等。

（1）**筷**

筷，又叫筷子。它是用中餐时必不可少的最主要的餐具。筷子的主要功能，是用餐时以之夹取主食或菜肴。

使用筷子，首先要方法正确。一般应以右手持筷，以拇指、食指、中指三指前部，共同捏住筷子的上部约三分之一处。通常，筷子必须成双使用，而不可只使用单根。

具体使用筷子取菜、用餐时，需要注意以下方面：

第一，忌“品尝”筷子。不论筷子上是否残留着食物，都不要去舔它。在取菜前切不可那样做，长时间把筷子含在嘴里也不合适。

第二，忌“跨放”筷子。当暂时不用筷子时，可将它放在筷子座，或搭放在自己所用的碗、碟边缘上。不要把它直接放在餐桌上，更不要把它横放在碗、盘上，尤其是不要把它直接放在公用的碗、盘上。掉到地上的筷子不要再用。

第三，忌“插放”筷子。不用筷子时，将其“立正”插放在食物、菜肴之上尤为不可。根据民俗，只有祭祀先祖时才可以那么做。此外，也不要把筷子当叉子去叉取食物。

第四，忌“舞动”筷子。与人交谈时，应暂时放下筷子。切不可以其敲击碗、盘，指点对方，或是拿着它停在半空中，好像迫不及待地要去夹菜。

第五，忌“滥用”筷子。不要以筷子代劳他事，例如剔牙、挠痒、梳头，或是以其夹取食物之外的东西。

（2）**匙**

匙，又叫勺子。在用中餐时，它的主要作用，是舀取食物，尤其是舀取流质的羹、汤。有时，以筷子取食时，亦可以勺子加以辅助。

在一般情况下，尽量不要使用勺子去取菜。以其取食时，不宜过满，免得溢出来搞脏餐桌或自己的衣服。必要时，可在舀取食物后，在其原处“暂停”片刻，待其汤汁不会再流时，再移向自己享用。

使用勺子，有四点具体的注意事项：

第一，暂时不用勺子时，应将其置于自己的食碟上。不要把它再直接放在餐桌上，或是让它在食物之中“立正”。

第二，用勺子取用食物后，应立即食用，不要把它再倒回原处。

第三，若取用的食物过烫，不可用勺子将其折来折去，也不要用嘴对它吹来吹去。

第四，食用勺子里盛放的食物时，不要把勺子塞入口中，不要反复吮吸勺子。

（3）**碗**

碗，在中餐里，主要用于盛放主食、羹汤。在正式场合用餐时，用碗的注意事项主要有下列五点：

第一，不要端起碗来进食，尤其是不要双手端起碗来进食。

第二，食用碗内盛放的食物时，应以筷、匙加以辅助，切勿直接下手取用，或不用任何餐具以嘴直接吸食。

第三，碗内若有食物剩余时，不可将其直接倒入口中，也不能用舌头伸进去乱舔。

第四，暂且不用的碗内不宜乱扔东西。

第五，不能把碗倒扣过来放在餐桌之上。

（4）**盘**

盘，又叫盘子。稍小一些的盘子，则被称作食碟。盘子在中餐中主要用以盛放菜肴、小吃，其使用方面的讲究与碗略同。盘子在餐桌上一般应保持原位，不宜经常对其进行挪动，而且不宜多个盘子摞放在一起。

在此，需要着重加以介绍的是一种用途较为特殊的被称为食碟的盘子。食碟的主要作用，是用来暂放从公用的菜盘里取来享用的菜肴。使用食碟时，需要注意的问题有三：

第一，不要一次取放过多的菜肴，那样做看起来既繁乱不堪，又有贪心不足之嫌。

第二，不要将多种菜肴堆放在一起，否则它们会彼此“相克”、相互“串味”，既不好看，也不好吃。

第三，不宜入口的残渣、骨、刺不要吐在地上、桌上，而应将其轻轻取放在食碟前端，必要时再由侍者取走、换新。需要注意的是，不要让“废物”与菜肴在食碟上互相交错，甚至直接被堆在一起，免得搞得杯盘狼藉。

辅餐具

辅餐具，在此指的是进餐时可有可无、时有时无的餐具。在用餐之时，它们主要发挥辅助作用。最常见的中餐辅餐具，有水杯、湿巾、水盂、牙签等等。

（1）**水杯**

中餐中所用的水杯，主要供盛放清水、汽水、果汁、可乐等软饮料时使用。需要关注之点有三：一是不要以之去盛酒；二是不要倒扣水杯；三是喝入口中的东西不能再吐回去。

（2）**湿巾**

在中餐用餐前，比较讲究的话，会为每位用餐者上一块湿毛巾，它以热的为主。它只能用来擦手，绝对不可用以擦脸、擦嘴、擦汗。擦手之后，应将其放回原处，由侍者取回。有时，在正式宴会结束前，会再上一块湿毛巾。与前者所不同的是，它只能用来擦嘴，却不能用来揩脸、抹汗。

（3）**水盂**

有时，品尝中餐者需要直接手持食物进食。此刻，往往会在餐桌上摆上一个水盂，也就是盛放清水的水盆。它里面的水并不能喝，而只能用来洗手。在水盂里洗手时，不要乱甩、乱抖。得体的做法是：两手轮流沾湿指尖，然后轻轻浸入水中刷洗。洗毕，应将手置于餐桌之下，并提前用纸巾擦干。

（4）牙签

牙签，主要用来剔牙。享用中餐时，尽量不要当众剔牙。非剔不行时，应以餐巾或另一只手掩住口部，并侧身操作。届时，切勿大张“血盆大口”。剔出来的东西，切勿当众观赏或再次入口，也不要随手乱弹、乱吐。剔牙之后，不要长时间叼着牙签，尤其是不宜叼着牙签与周围之人进行交谈。取用食物时，不要以牙签扎取。

（六）用餐的表现

在用餐时，每一位用餐者均应使自己的临场表现合乎礼仪规范。细言之，享用中餐时的用餐表现，具体又可分为餐前表现与就餐表现等两个部分。

餐前表现

餐前表现，此处指的是准备用餐、等候用餐期间的所作所为。无疑，它是用餐表现的有机组成部分之一。要使餐前表现符合礼仪规范，主要需要注意以下问题。

（1）适度修饰

外出用餐，尤其是外出赴宴或聚餐时，应适度地进行个人修饰。总的要求是：整洁，优雅，个性化。一般而言，男士可穿套装，并理发、剃须。女士则应穿时装或旗袍，并化淡妆。倘若不加任何修饰，甚至仪容不洁、着装不雅，则会被视为不尊重主人，不重视此次聚餐或宴请。

（2）准点到场

应邀赴宴，或参加聚餐时，一定要准点抵达现场。严格地讲，抵达得过早或过晚，均为失礼。早到的话，主人往往还未做好准备，因而措手不及。晚到的话，则会令他人望眼欲穿，甚至打乱整个原定的计划。若无特殊原因，切勿早退。

（3）各就各位

在正式的用餐活动中，一定要按照指定的桌次、位次就座。倘无明确排定，亦可遵从主人安排，或与其他人彼此谦让。切勿争先恐后、不分座次。一般而言，在入座时，应于主人、主宾之后就座，或与大家一道就座。抢在他人之前就座，显然是不合适的。

（4）积极交际

大凡宴请或聚餐，其主要目的都是交际，而不仅仅是为了大快朵颐。所以在用餐前后，尤其是用餐前稍事等候时，不要忘记进行适当的交际活动。要问候一下主人，联络一下老朋友，并争取认识几位新朋友。倘若一言不发，显得与其他人完全格格不入，则难免会给人以“专为吃喝而来”的印象。

（5）倾听致词

在正式宴会开始前，主人与主宾大都要先后进行专门的致词。当宾主进行致词时，务必洗耳恭听、专心致志。此刻立即开吃，或者闭目养神、与人交谈、摆弄手机、打打闹闹，都是不对的。若此刻暂时离去，则更会令人生疑。

就餐表现

就餐表现，指的是在用餐期间的全部活动。一般而言，它是用餐表现中的核心之处。规范就餐表现，关键是要重视下列几个方面的具体问题。

（1）**不违食俗**

任何国家的餐饮，都有自己的传统习俗，中餐自然也不例外。例如，过年时，吃中餐少不了鱼，以表示“年年有余”。渔家、海员吃鱼时，均忌讳将鱼翻身，因为那有“翻船”之嫌。对这类中餐食俗，不要有意违反。

（2）**不坏吃相**

用餐之时讲究吃相，是注重用餐表现的一大重点。倘若不重视吃相，吃得摇头晃脑、宽衣解带、满脸油汗、汁汤横流、响声大作，不但失态欠雅，而且会败坏他人的食欲。

（3）**不去布菜**

在用餐时，讲究“己所不欲，勿施于人”。可以劝人多用一些，或是自己专心品尝某道菜肴，但切勿越俎代庖、擅自做主，主动去为他人夹菜、添饭。姑且不说那样做不够卫生，而且还会让对方十分为难。

（4）**不挑不拣**

在取食菜肴时，要稳、准、快，不要左顾右盼、翻来覆去，不要在公用的菜盘内挑挑拣拣。要是夹起菜来发现其不合心意后再放回去，则更是无礼之举。

（5）**不争不抢**

多人同桌用餐时，取菜要相互礼让、依次而行，并取用适量。不要好吃的只顾自己多吃，争来抢去，而不考虑其他人用过没有。不要只吃好菜、把住好菜不放，或是将好菜一人“包干”。

（6）**不玩餐具**

在用餐期间，不宜随意玩弄餐具，如对其敲敲打打、比比画画、瞄来瞄去、说三道四等等。敲餐桌、晃座椅，亦应禁止。

（7）**不要吸烟**

不论用餐地点有无规定、主人有无要求，在用餐时都应自觉做到不吸香烟，免得污染空气、有损他人健康。届时吸鼻烟、水烟或电子烟，同样也不妥。

（8）**不清嗓子**

用餐时，千万不要当众表演“吐故纳新”的“废物清理”活动，例如，清嗓子、擤鼻涕、吐痰等等。此类举止不但有碍观瞻，而且会倒人胃口。此外，在餐桌上也万万不可打喷嚏。

（9）**不做修饰**

在用餐之际，尤其是在与初识之人或异性一道用餐时，尽量不要进行修饰，例如，不要梳理头发、化妆补妆、宽衣解带、脱袜脱鞋等等。必要时，可去专用的更衣室或化妆间处理此类事宜。

（10）**不乱走动**

没有必要的话，在用餐时不宜

离开自己的座位四处走动，或乱窜访友。自己够不到想吃的菜可请人帮助，但不要起身离座去取。

(11) **不玩手机**

在用餐期间，不论接打手机、拍照片、查阅资讯，还是"玩自拍"、发微信或微博，都会显得自己三心二意，都是对其他在场之人的失敬之举。

二、西餐

西餐，是中国人对西式饭菜的一种约定俗成的统称。客观地讲，所谓西餐，其实是一个十分笼统的概念，因为无论从形式上还是从内容上讲，西方各国的饭菜毕竟有着很大的差异，难以一概而论。但在中国人眼里，除与中餐在口味上存在明显区别之外，西餐还有两个鲜明的特点：其一，它们源自西方国家。其二，必须以刀、叉取食。久而久之，凡符合以上两个特点者，在中国皆可以西餐相称。

根据餐饮礼仪，要吃好西餐，并且不失风度，就必须遵守西餐的菜序、西餐的座次、西餐的餐具、西餐的品尝、西餐的要求五个方面的基本规范。

(一) 西餐的菜序

品尝西餐，首先要搞清楚西餐的菜序。西餐的菜序，在此是指西餐用餐的先后顺序问题。与中餐、日餐、韩餐、泰餐等东方国家的餐式相比，西餐的菜序具有明显的不同。例如，在享用西餐时，通常要先上汤，而在中餐里，汤则多在用餐结束后才食用。

了解西餐的菜序，至少有两大好处：一方面，在用餐时可以量力而行，依据个人食量吃饱、吃好。另一方面，在自己点菜时，能够加以比照，进行经济而适当的组合、搭配。

严格地讲，西餐正餐与便餐的菜序通常是有很大差异的。

正餐的菜序

西餐的正餐，尤其是在正式场合所用的正餐，其菜序既复杂多样，又讲究甚多。在大多数情况下，西餐正餐的菜序由下列八道菜肴依次构成，故此它也称全餐。一顿完整的全餐，一般要吃上一两个小时。

(1) **开胃菜**

所谓开胃菜，即用来打开胃口之物，它亦称西餐的头盘。在西餐里，它往往不被列入正式的菜序。

在大多数情况下，开胃菜是由蔬菜、水果、海鲜、肉食所组成的拼盘，多以各种调味汁凉拌而成，其色彩悦目、口味宜人。

（2）**面包**

在西餐正餐里所吃的面包，一般都是切片面包，或是需要当时从整个的大面包上切片而食。有时，也有刚刚烤好的小面包。在吃面包时，通常可根据个人嗜好，涂上各种果酱、蜂蜜、黄油或奶酪。

（3）**汤**

西餐之中的汤，大都口感芬芳浓郁，具有很好的开胃作用。按照传统说法，汤是西餐的“开路先锋”。只有开始喝汤时，才算正式开始吃西餐了。按照常规，汤属于西餐里的一道菜。常见的汤类，有白汤、红汤、清汤等等。

（4）**主菜**

西餐里的主菜有冷有热，但应以热菜为主角。在比较正规的正餐中，通常要上一个冷菜、两个热菜。两个热菜之中，还应有一个是鱼菜，另一个则是肉菜。有时，还会再上一个海味菜。其中的肉菜必不可少，而且往往代表着此次用餐的档次和水平。

（5）**点心**

吃过主菜后，一般要上一些诸如饼干、吐司、馅饼、三明治之类的小点心，供没有吃饱的人填满肚子。吃饱的人，也可以不再吃点心。

（6）**甜品**

吃毕点心，接着要上甜品。最常见的甜品，有布丁、蛋糕、冰激凌等。

（7）**果品**

接下来，用餐者还可在力所能及的情况下，酌情享用干、鲜果品。常用的干果，有核桃、榛子、腰果、杏仁、开心果、碧根果等等。草莓、菠萝、苹果、香蕉、火龙果、橙子、葡萄等，则是西餐桌上最常见的鲜果。

（8）**热饮**

在用餐结束之前，应为用餐者提供热饮，以此作为“压轴戏”。最正规的热饮是红茶，或什么都不添加的黑咖啡。二者只能选择其一，而不可同时享用。它们的作用，主要是帮助消化。西餐的热饮，可以在餐桌上喝，也可以换个地方喝，如到客厅或休息厅去喝。

便餐的菜序

在一般情况下，出于节约金钱和时间方面的考虑，人们往往不会吃西餐全餐。假如不是为了尝鲜、犒劳自己，点上几个有特色、有代表性的西式菜品，也就足够了。大凡比较简单的西餐，即西餐便餐。

一顿西餐便餐的标准菜序，通常由五道菜肴构成，即开胃菜、汤、主菜、甜品、咖啡。

（二）西餐的座次

在西餐用餐时，人们对座次的问题十分关注。越是正式的场合，这一点就显得越是重要。与中餐相比，西餐的座次排列既与之有不少相同之处，也有许多不同之点。以下将对此略作介绍。

座次排列的规则

在绝大多数情况下，西餐的座次更多表现为位次问题。桌次问题，除非极其隆重的盛宴，一般则涉及较少。因此，以下将主要讨论西餐的位次。

排列西餐的位次，一般应依照约定俗成、人所共知的常规进行。了解了这些基本规则，就可以轻而易举地处理好位次排列问题。

（1）**女士优先**

在西餐礼仪里，女士处处受尊重。在排定用餐位次时，尤其是安排家宴时，主位往往请女主人就座，而男主人则须退居第二主位。

（2）**恭敬主宾**

在西餐之中，主宾极受尊重。即使用餐的来宾之中有人在地位、身份、年纪方面高于主宾，主宾仍是主人所关注的中心。在排定位次时，应请男、女主宾分别紧挨着女主人和男主人就座，以便进一步受到其照顾。

（3）**以右为尊**

在排定位次时，以右为尊依旧是基本原则。就某一特定位置而言，其右侧之位理应高于其左侧之位。例如，应安排男主宾坐在女主人右侧，安排女主宾坐在男主人右侧。

（4）**距离定位**

一般来说，西餐桌上位次的尊卑，往往与其距离主位的远近密切相关。在正常情况下，距主位近的位子在序列上要高于距主位远的位子。

（5）**面门为上**

面门为上，有时又叫迎门为上。它所指的是，面对餐厅正门的位子通常在序列上要高于背对餐厅正门的位子。

（6）**交叉排列**

享用中餐时，用餐者经常有可能与熟人，尤其是与其恋人、配偶在一起就座。但在享用西餐时，这种情景便不复存在了。正式一些的西餐宴会，一向被视为交际场合。所以在排列其位次时，要遵守交叉排列的原则。依照这一原则，男女应当交叉排列，生人与熟人也应当交叉排列。因此，一位用餐者的对面和两侧，往往是异性，而且还很有可能与其并不熟悉。这样做的最大好处，据说是每一位用餐者都可以因此而广交朋友。不过，这也要求用餐人数最好是双数，并且男女人数应当各半。

位次排列的详情

在西餐用餐时，人们所使用的餐桌有圆桌、方桌和长桌。有时，还会以之拼成其他各种图案。不过，最常见、最正规的西餐桌当属长桌。下面就来介绍西餐中位次排列的种种具体情况。

（1）**长桌**

以长桌排列位次，一般有以下两种主要方法：

第一，男女主人在长桌中央对面而坐。餐桌两端可以坐人（见图5－8），也可以不坐人（见图5－9）。

第二，男女主人分别就座于长桌两端（见图5－10）。

某些时候，例如用餐者人数较多，还可以参照以上办法，以长桌拼成其他图案，以便安排大家一道用餐（见图5－11）。

（2）**圆桌**

在西餐里，使用圆桌排列位次的具体情况并不多见。在隆重而正式的宴会里，则尤为罕见。其具体排列方法，基本上是上述各项规则的综合运用（见图5－12）。

（3）**方桌**

以方桌排列位次时，就座于餐桌四面的人数应当相等。在一般情况下，一桌坐八人、每侧各坐两人的情况比较多见。在进行具体的位次排列时，应使男、女主人与男、女主宾对面而坐，所有人均各自与自己的配偶或恋人坐成斜对角（见图5－13）。

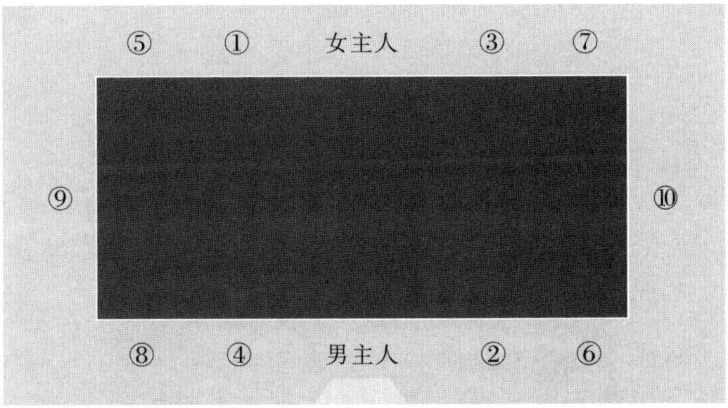

图5－8　男女主人居中而坐时位次的排列之一

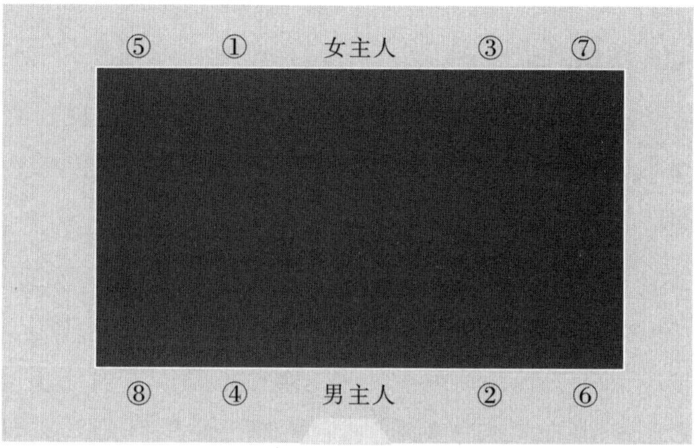

图 5-9　男女主人居中而坐时位次的排列之二

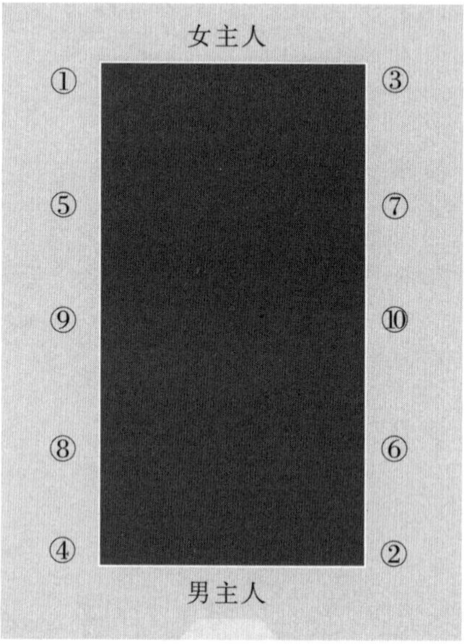

图 5-10　男女主人分坐于两侧时位次的排列

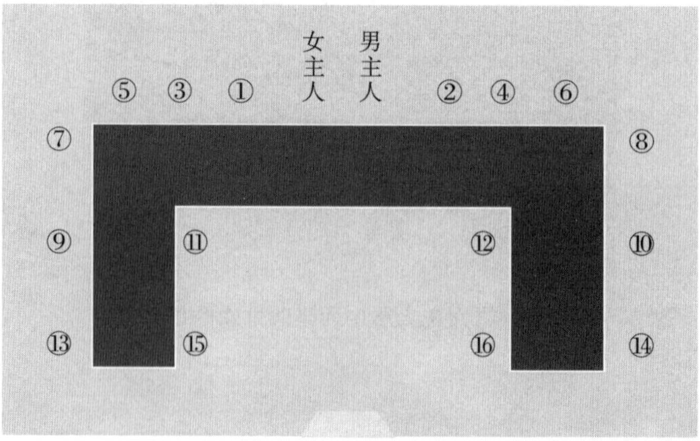

图 5-11　以长桌拼成的餐桌上位次的排列

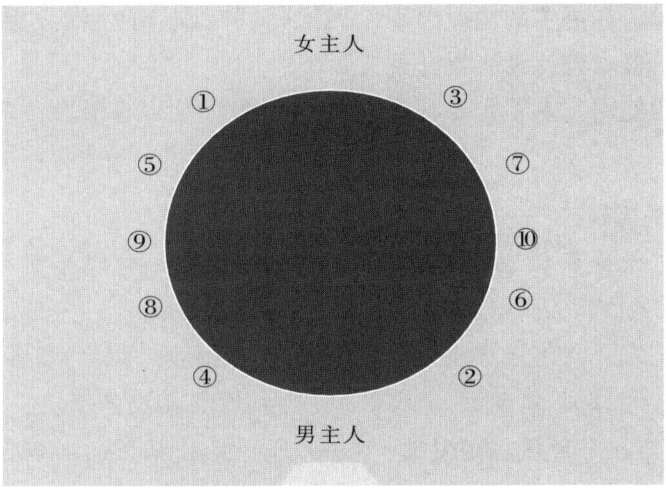

图 5-12 圆桌上位次的排列

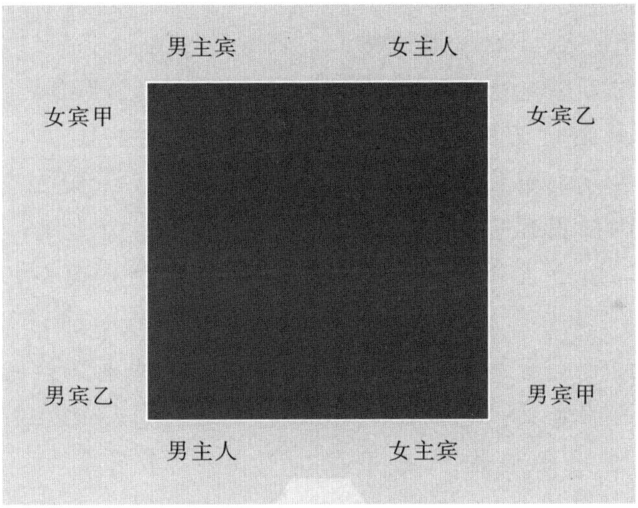

图 5-13 方桌上位次的排列

（三）西餐的餐具

不同国家、地区的菜肴，在用餐时所借助的餐具往往大不相同。有的餐式要用筷子，有的餐式要用刀叉，有的餐式则需要直接以右手来取食。

使用刀叉进餐，是西餐最重要的特征之一。学习西餐礼仪时，应系统地学习刀叉的使用方法。除刀叉之外，西餐的主要餐具还有餐匙、餐巾等。以下将分别对它们进行系统的介绍。至于西餐桌上出现的盘、碟、杯、水盂等餐具，其用法与中餐大同小异，在此将不再赘述。

▌刀叉

刀叉，是对餐刀、餐叉两种西餐餐具的统称。二者既可以配合使用，也可以单独使用。不过，在更多的情况之下，刀叉是同时配合使用的，因此，人们在提到西餐餐具时，喜欢将二者相提并论。

学习刀叉的使用，主要是要掌握刀叉的区别、刀叉的用法、刀叉的暗示三个具体问题。

（1）**刀叉的区别**

在正规的西餐宴会上，通常讲究吃一道菜就要换一副刀叉。也就是说，吃每道菜时，都要使用专门的刀叉。既不可以胡拿乱用刀叉，也不可以从头至尾只使用一副刀叉。

享用西餐正餐时，在一般情况下，出现在每位用餐者面前的餐桌上的刀叉主要有：吃黄油所用的餐刀，吃鱼所用的刀叉，吃肉所用的刀叉，吃甜品所用的刀叉，等等。它们不但形状各异，而且更重要的是其摆放的具体位置各不相同。掌握后面这一点，对于正确地区分它们尤为重要。

第一，吃黄油所用的餐刀。它没有与之相匹配的餐叉。它的正确位置，是横放在用餐者左手的正前方。

第二，吃鱼所用的刀叉与吃肉所用的刀叉。按照常规，它们应当按餐刀在右、餐叉在左的顺序分别纵向摆放在用餐者面前的餐盘两侧。餐叉的具体位置，应处于吃黄油所用餐刀的正下方。有时，在餐盘左右两侧分别摆放的刀叉会有三副之多。除吃鱼所用的刀叉与吃肉所用的刀叉之外，另有一副吃开胃菜所用的刀叉。要不想拿错它们，其实一点儿也不困难。关键是要记住，应当依次分别从两边由外侧向内侧取用。

第三，吃甜品所用的刀叉。它应于最后使用。它们一般被横向放置在用餐者面前的餐盘的正前方。

（2）**刀叉的用法**

使用刀叉，有以下两种常规方法可供借鉴：

第一，英国式。它要求：在进餐时，始终右手持刀、左手持叉，一边切割，一边叉而食之。通常认为，此种方式较为文雅。

第二，美国式。它的具体做法是：先是右刀左叉，一口气把餐盘里所要吃的东西全部切割好，然后把右手里的餐刀斜放在餐盘前方，将左手中的餐叉换到右手里，随即再以之大吃一气。这种方式的好处，据说是比较省事。

在以刀叉用餐时，不论采用上述哪一种方式，都应注意以下五点：

其一，在切割食物时，不可以搞出声响。

其二，进行切割时，应当双肘下沉，而切勿左右开弓。那样做，一是有碍于人；二是“卖相”不佳。搞不好还有可能使正在被切割的食物飞出餐盘。

其三，被切割好的食物，应刚好适合一下子入口。切不可叉起食物后，再一口一口咬着吃。应当以叉铲着食物吃，不能用刀扎着吃。

其四，关注刀叉的朝向。将餐刀临时放下时，不可刀口外向。双手同时使用刀叉而将餐叉临时放下时，叉齿应当朝下；仅用右手持叉进食，则放下它时应叉齿向上。

其五，掉落到地上的刀叉切勿再用，必要时可请侍者另换一副。

（3）刀叉的暗示

使用刀叉，可以向侍者暗示用餐者是否已经吃好了某一道菜肴。其具体方法是：

第一，暂停用餐。如与人攀谈时，应暂时放下刀叉。其具体做法是：将刀叉刀右、叉左，刀口向内、叉齿向下，呈“八”字形状摆放在餐盘之上。它的含义是：此菜尚未用毕。但要注意，不可将其交叉摆放成“十”字形。西方人认为：那是一种非常不吉利的图案。

第二，用餐完毕。如果吃完了一道菜，或不想再吃它了，则可以刀口内向、叉齿向上，刀右、叉左地并排纵放在餐盘里，或者刀上叉下地并排横放在餐盘里。这种做法等于告知侍者：本人已用好此道菜，请他连刀叉带餐盘一起收走。

餐匙

品尝西餐时，餐匙是一种不可或缺的餐具。学习餐匙的使用，应重点掌握其区别、用法两大问题。

（1）餐匙的区别

在西餐的正餐里，一般至少会出现两把餐匙，它们形状不同、用途不一，摆放的位置也有各自的既定之处。

第一，汤匙。一般来说，那把个头较大的餐匙叫作汤匙，通常它被摆放在用餐者右侧的最外端，与餐刀并列纵放。

第二，甜品匙。在西餐正餐的餐桌上，另一把个头较小的餐匙则叫作甜品匙。在一般情况下，它应当被横向摆放在吃甜品所用刀叉的正上方，并与其并列。如果不吃甜品、用不上甜品匙的话，它也往往会为个头同样较小的茶匙或咖啡匙所取代。

一定要记住，上述两种餐匙各有各的用途，不可相互替代。

（2）餐匙的用法

使用餐匙，有下述几点必须予以高度重视：

第一，餐匙除可以饮汤、吃甜品之外，绝对不可直接舀取其他任何主食、菜肴。

第二，已经开始使用的餐匙，切不可再放回原处，也不可将其插入主食、菜肴，或是令其“直立”于甜品、汤盘或红茶杯、咖啡杯之中。

第三，使用餐匙时，应当尽量保持其干净清洁。

第四，用餐匙取食时，动作应干净利索，切勿以之在甜品、汤、红茶、咖啡中搅来搅去。

第五，用餐匙取食时，一定不要过量。一旦入口，就要一次将其用完。不要一餐匙的东西反复品尝好几次。餐匙入口时，应以其前端入口，而不是将它全部塞进嘴里去。

第六，不能直接用茶匙或咖啡匙去舀取红茶或咖啡饮用。

▌餐巾

其貌不扬的餐巾，在西餐里是一个发挥多重作用的重要角色。以下，将主要介绍餐巾的铺放和餐巾的用途两方面的要求。

(1) 餐巾的铺放

西餐里所使用的餐巾，通常被叠成一定的图案，然后放置于用餐者右前方的水杯里，或是直接被平放于用餐者右侧的桌面上。它们面积上有大、中、小之分，形状上也有正方形与长方形之别。

不论大小，也不论哪一种形状，餐巾都应被平铺于自己并拢的大腿上。使用正方形餐巾时，应将它折成等腰三角形，并将直角朝向膝盖方向。若使用长方形餐巾，则可将其对折，然后折口向外平铺。打开餐巾，并将其折放的整个过程应悄然于桌下进行，万勿在空中抖动餐巾。

特别需要注意的是：在外用餐时，一定不要把餐巾掖于领口、围在脖子上、塞进衣襟内，或是担心其掉落而将其系在裤腰上。

(2) 餐巾的用途

在正餐里，餐巾主要发挥以下几种具体的作用：

第一，用来为服装保洁。将餐巾平铺于大腿之上，其主要目的就是承接进餐时偶尔掉落下来的菜肴、汤汁、酒水，以防止其玷污自己的衣服。

第二，用来揩拭口部。在用餐期间与人交谈之前，应先用餐巾轻轻地揩一下嘴，但不要以之乱涂乱抹。女士进餐前，亦可以餐巾轻印一下口部，以除去唇膏。以餐巾揩口时，其部位应大体固定，最好只使用其内侧。通常不应以餐巾擦汗、擦脸，以之擦手也要尽量避免。特别要注意，不要用餐巾去擦餐具，那样做等于向主人暗示餐具不洁，要求其调换另外一套。

第三，用来掩口遮羞。在进餐时，尽量不要当众剔牙，也不要随口乱吐东西。万一非做不可时，应以左手拿起餐巾挡住口部，然后再以右手去剔牙，或是以右手持餐叉接住“出口”之物，再将其移到餐盘前端。倘若这些过程没有任何遮掩，是颇为失态的。

第四，用来进行暗示。在用餐时，餐巾可用以进行多种特殊暗示。餐巾最常见的暗示，通常又可分为如下三种：

其一，暗示用餐开始。西餐大都以女主人为“领路人”。当女主人铺开餐巾时，就等于是在宣布用餐可以开始了。

其二，暗示用餐结束。当主人，尤其是女主人把餐巾放到餐桌上时，意在宣告用餐结束，并请各位告退。其他用餐者吃完了的话，亦可以此法示意。

其三，暗示暂时离开。若中途

暂时离开，一会儿还要回来继续用餐，可将餐巾放置于本人座椅的椅面上。见到此种暗示，侍者就不会马上动手“撤席”，而会维持其现状不变。

(四) 西餐的品尝

西餐里的每一道菜式，在具体的品尝方法上均有所不同。不了解各种菜肴的具体品尝方法，同样也吃不好西餐。以下将扼要介绍西餐里常见的开胃菜、面包、汤、主菜、点心、甜品、果品等的具体吃法，以供参考。

▌开胃菜

在一般情况下，开胃菜多以色拉为主。在个别时候，也会上一些海鲜或果盘。

(1) **色拉**

吃色拉时，通常只宜使用餐叉，这是因为色拉在上桌前，均已被切割完毕，故不应再煞有介事地去“大动干戈”，不宜对其持刀大切。只有在极个别的情况下，吃色拉才需要刀叉并用。

(2) **海鲜**

开胃菜里的海鲜，主要有鲜虾、牡蛎、蜗牛。

吃小虾时，可以叉取食。吃大虾的话，则应先用手剥壳，然后再送入口内。有时亦可以叉取食，但不必切割。

吃牡蛎时，应采用专门的餐叉，一只一只地吃。

吃带壳的蜗牛，可先用专门的夹子将肉夹出食之，然后再吮吸壳内的汤汁。若蜗牛已去壳，则可直接以餐叉取用。

▌面包

在西餐中所吃的面包，主要有鲜面包、烤面包两种。二者在吃法上小有差别，对此应有所区别。但无论吃哪种面包，都切切不可用它来蘸汤或擦盘子。

(1) **鲜面包**

吃鲜面包时，不可一下拿得过多。正确的吃法是：用左手拿大小适当、刚巧可以一次入口的一小块，涂上黄油、果酱或蜂蜜后，再送入口中。不要像吃汉堡包那样双手捧着吃，或是拿着一大块，一口接一口地咬着吃。吃未烤的切片面包，则可以一小块、一小块地撕着吃。

(2) **烤面包**

吃烤过的面包，是不能撕食的，否则将使面包屑乱飞。在吃的时候，可慢慢地咬着吃。吃的时候，可配以黄油、鱼子酱。挤些柠檬，味道则会更好。

汤

不论喝哪一种汤，均须知道应当如何“有所为”与“有所不为”。业已明确，在西餐里汤是一道菜，故此对其不可轻视。

（1）正确之法

喝汤时，讲究以右手持握汤匙，由近而远，向外侧将汤舀起，然后就嘴而饮之。

倘若以盘盛汤，盘内之汤所剩无几时，可用左手由内侧托起盘子，使其外倾，然后以右手持汤匙舀之。

（2）错误之法

在喝汤时，务必坚持以下“三不”：第一，不端起汤来直接喝。第二，不趴到汤盆、汤盘上去吸食。第三，不用嘴吹汤，或是用盆、盘或汤匙去反复折汤降温。

主菜

西餐的主菜花样甚多，冷菜里的冻子、泥子，热菜里的鱼、鸡、红肉，通常最为多见。

（1）冻子

冻子，即用煮熟的食物和汤汁冷却凝结而成的一种菜肴。最常见的冻子有肉冻、鱼冻和果冻等。吃冻子时，必须以刀切割，以叉取食。

（2）泥子

泥子，通常指的是以虾、蟹或动物的肝、脑为主料，配以鸡蛋、芹菜，加上佐料，搅拌而成的一种口感松软的菜肴。吃泥子时，应主要使用餐叉。

（3）鱼

西餐中所吃的鱼，往往骨、刺不多。必要的时候，可先用餐刀将其切开，轻轻将骨、刺剔除后，再把它切成小块，以餐叉入口。对不想吃的鱼皮，亦可照此办理。若鱼的腥味太重，可在吃前用手挤上一点柠檬汁。

（4）鸡

吃鸡的时候，切勿直接用手取食。应将其设法去骨后，再以刀叉切割成小块食用。在西餐里，鸡肉与鱼肉合称为白肉，因为它们熟了之后外观上呈现为白色。

（5）红肉

在西餐里，红肉往往指的是熟了之后外观上呈现为红色的猪肉、牛肉、羊肉。平常所说的西餐主菜，往往只与肉菜画等号。在红肉里，牛排、羊排、猪排，尤其是牛排，一般处于“重中之重”的位置。吃红肉时，应当从左往右，以大小适合一次入口为宜，将其以刀叉切割后进食。

点心

在西餐里，经常吃的点心有饼干、馅饼、三明治、通心粉、土豆片、烤土豆等等。

（1）**饼干**

吃饼干时，应当用右手单独拿着吃。

（2）**馅饼**

吃馅饼时，应当先用刀叉切成大小适当的小块，然后再用右手托着吃。

（3）**三明治**

吃三明治，一般应当用双手捧着吃。如果它不太大，则可仅用右手捏着吃。

（4）**通心粉**

通心粉，又叫作意粉、意大利面条。吃它的时候，不应一根一根挑着吃。标准的方法是：右手握叉，在左手所握的汤匙的帮助下，把它缠绕在餐叉上，然后入口而食。吸食它的做法，肯定是不对的。

（5）**土豆片**

油炸土豆片，在西餐里多被用作点心。吃它的时候，应以手取食。但数量不要过多，也不要先捏碎再吃。

（6）**烤土豆**

烤土豆大都是连皮一起上桌的。吃的时候，应用左手轻按住它，右手持刀先在其上切个口子，令其散热。过一会儿，再用餐叉从口子里取食之。必要的话，还可略作切割之后再吃。吃时还可浇上一些专用的肉汁。

甜品

西餐里最常见的、最受欢迎的甜品，有布丁、蛋糕、冰激凌等。其食用方法分别如下。

（1）**布丁**

西餐里上桌的布丁一般都是半流质的，故不应直接以手取食，或以刀叉助餐。正确之法，是以专用的餐匙取食之。

（2）**蛋糕**

作为甜品出现在西餐里的蛋糕品种繁多。它的吃法，大体上可参照三明治的吃法执行。

（3）**冰激凌**

在西方国家里，冰激凌是正餐所必备的主要甜品，而非可有可无的一种冷饮。冰激凌上桌时，通常被置于专用的高脚玻璃杯内，应以餐匙食之。

果品

吃西餐时，所提供的水果有干果、水果之分，并以水果最为常见。以下分别介绍草莓、菠萝、苹果、香蕉、火龙果、橙子、葡萄等较受欢迎的水果的食用方法。

(1) **草莓**

普通的草莓，可用手取食，蘸些糖或酸奶油也可以。吃带调味汁的草莓，则必须使用餐匙。

(2) **菠萝**

吃菠萝时，首先应当将其切割成小块，然后再以餐叉进食。不要用手抓食，或举而咬食。

(3) **苹果**

最正规的吃苹果的方法，是取过一只苹果，先切成大小相仿的四块，然后逐块去皮，再以刀叉食之。但现在绝大多数的人，都是用手拿着去皮的小块苹果直接吃了。

(4) **香蕉**

对付整只的香蕉，应先剥除其外皮，再用刀叉切成小段，逐段食之，一般不应当一边用手拿着剥皮，一边慢慢咬着吃。

(5) **火龙果**

吃火龙果时，可参照苹果的吃法，先将它切成大小相近的四块，然后去其外皮，再切成小块逐一食之。

(6) **橙子**

吃橙子有两种方法。正规的吃法是：首先用刀除去其外皮，再用刀叉将其内皮剥离，然后用刀叉分瓣而食。大众的吃法，则是在用刀将其去皮后，先切成几小块，然后用手取食。

(7) **葡萄**

吃葡萄时，可取过一小串，一粒一粒用手揪下来吃。其皮、核可先悄然吐入手中，随后再转移至餐盘内。吃果盘内不成串的单粒葡萄时，则宜以餐叉相助取食。

(五) 西餐的要求

吃西餐时，尤其是参加正式的西餐宴会时，其用餐礼仪方面的要求既繁多又严格。扼要而论，一般人在吃西餐时，必须谨记的礼仪规范有如下几点。

▌举止高雅

由于正统的西餐礼仪出自古代宫廷，并且相沿已久，故此其程式化的规定极多。其中最重要的是，要求用餐者严格约束个人举止，力求使之高雅动人。所以有人曾说：吃中餐，主要是吃美味佳肴；吃西餐，则主要是在“吃”风度、“吃”气氛。

对国人而言，在西餐用餐时检点个人举止，重点是要在下述诸方面表现良好。

（1）**进食噤声**

用餐之际，不论有意还是无意，不论吃东西还是喝东西，尽量别让自己发出声音，更不要搞得杯盘叮当作响。依据相关礼仪规范，唯独缺乏教养者，才会在进食时出声作响。

（2）**禁止异响**

除用餐外，体内的任何声响，不论咳嗽、打喷嚏，还是打嗝、排气，均被视为异响，均应自觉地控制，不可当众出丑。此外，在就座、用餐时，也不要把座椅、餐桌、餐具搞出怪声。

（3）**慎用餐具**

在用餐时，务必正确地使用各种餐具。不懂的话，可以现场观察并模仿他人，尤其是女主人的做法。但不要把餐具挪作他用，尤其是不要以之相互敲击，或指点别人。

（4）**正襟危坐**

就座时，应从左侧进入，并使身体与餐桌保持两拳左右的距离。上身要呈挺拔之态，不要东倒西歪。双手不要支在桌上或藏于桌下，而应扶住桌沿。双腿切勿乱伸，别忘了自己的对面与两侧往往皆为异性。

（5）**吃相干净**

在用餐时，应自觉维护环境卫生，并讲究个人卫生。不要吃得自己“四处开花”，不要身上、脸上到处“留痕”，也不要把餐盘、餐桌和自己附近的地面上搞得一塌糊涂。

衣着考究

在吃西餐时，特别是在赴宴时，按照惯例非常讲究个人的穿着打扮。若不谙此道或明知故犯，则既会被人轻视，也会失礼于人。

根据西餐用餐规模、档次的不同，用餐时的衣着也不尽相同。大体上说，可有礼服、正装、便装之分。

（1）**礼服**

西式的礼服，男装应为黑色燕尾服，扎黑色领结；女装则应为拖地低胸长裙，并配长筒薄纱手套。面临“须穿礼服”的要求时，其他国家的人士，可以穿本民族的盛装，如我国的中山装、唐装、旗袍等，代替西式礼服。目前，在隆重的宴会上，往往要求其参加者必须穿礼服。

（2）**正装**

在普通的宴会上，通常要求穿正装。在一般情况下，正装指的是深色，特别是黑色或藏蓝色的套装或套裙。需要注意的是，男装不要色彩过淡、过亮、过艳，女装则切勿过短、过紧、过小。按惯例，穿正装时要穿黑色皮鞋。与此同时，男士要穿黑色棉袜，女士则要穿肉色丝袜。

（3）**便装**

参加一般性的聚餐，可以穿便装。此处所谓的便装是有着严格界定的。它指的是：男士可穿浅色西装，或仅穿单件的西装上衣。女士则可以穿时装，或是以长西裤代替裙装。但是，绝对不能随心所欲地乱穿一通。

不论穿什么服装，在用餐时都不允许当众整理衣饰，例如，不准脱外套、换衣服、卸领带、解扣子、卷袖子、挽裤腿、松腰带、拉袜子、脱鞋子等等。

尊重妇女

如果说中餐礼仪偏重于尊重长者的话，那么完全可以说，尊重妇女是西餐礼仪的一大特点。西餐礼仪里所讲究的尊重妇女，并非纸上谈兵，而是被广泛地应用到了西餐宴请的各个方面。

通常，尊重妇女这一要求，主要体现于西餐用餐的下列两方面。

（1）礼待女主人

在西餐宴请中，女主人往往处于“第一顺序”。其具体表现是：女主人要坐主位，要由女主人“宣布”用餐开始或结束，等等。享用西餐时，让女主人忙里忙外、到处张罗，甚至因此使其难以入席的情况，是绝对见不到的。

（2）照顾女宾客

在吃西餐时，不论与在场的女士是否相识，男士都有扮演“护花使者”的义务，要处处积极、主动地对其多加照顾。例如，在用餐之前，要帮助其存放外套，或寻位就座。在用餐期间，要帮助女士取菜，拿调味品，并陪其交谈。

积极交际

参与西餐宴会，除了品尝美食之外，不要忘记进行适当的交际活动。根据餐饮礼仪规范，西餐宴会的主旨就是要促进人们的社交活动。

（1）宾主交际

应邀赴宴时，不要忘记抽空向主人致意，并且最好找一个时间与其叙一叙旧、谈一谈心、联络联络感情。不要吃了就走，那样做好似根本不把主人放在眼里。

（2）来宾交际

在用餐时，中餐礼仪不提倡多讲话，西餐礼仪却要求人们届时非谈几句不可。在吃西餐期间，不仅要与老朋友寒暄，还要借机多与新朋友畅谈一番。不要只吃不谈，或是只找老朋友、年轻貌美的异性交谈，而对其他人不置一词。可能的话，应与周围人都交谈上几句。

三、饮酒

酒，是以粮食、水果为原料发酵酿造而成的一种饮品。其主要化学成分是乙醇。在一般情况下，它主要是用来佐餐、助兴的。

在现代生活中，尤其是在人际交往之中，酒往往是不可或缺的角色。亲朋好友相处之际，持杯把盏，小酌几杯，往往“醉翁之意不在酒”。此时此刻，不仅“无酒不成席”，有酒助人兴，“酒逢知己千杯少”，可以用酒来充当人际交往的特殊媒介，只要把握适度，饮酒还可以助人舒筋活血、祛寒除湿、防病健身。

自古以来，在世界各国，酒在社交场合，尤其是在宴请、聚餐活动中一直发挥着重要的作用。久而久之，有关酒的选择、饮用，以及以酒待客、佐餐等一系列的具体做法，业已形成了一整套完备的礼仪规范。

饮酒礼仪的基本内容，主要涉及酒的种类、酒的饮用、酒会规则三大问题。

（一）酒的种类

作为饮料之中的排头兵，酒的具体种类成百上千，非常之多。然而其中名声显赫、家喻户晓，为人们所司空见惯的，却并不太多。就目前而言，在国内所见最多的酒主要有白酒、啤酒、葡萄酒、香槟酒、白兰地酒、威士忌酒，以及鸡尾酒等等。它们既是酒类之中的佼佼者，同时也颇有一定的代表性。

为了便于掌握这些酒的主要特性，以便对其正确地加以饮用，下面对它们各自进行具体的介绍。

白酒

在此所介绍的各种酒，除白酒之外，都是从西方国家次第传入的舶来品。这些西洋的酒，眼下有一个颇为摩登的大名，叫作洋酒。只有白酒，才是地地道道的中国货。

（1）白酒的特色

白酒，亦名烧酒、白干。它是用高粱、玉米、甘薯等粮食或某些果品，发酵、蒸馏制成的一种酒类。它通常没有任何颜色，而且酒精含量大都比较高，属于典型的烈性酒。白酒在我国各地均能生产，但因工艺的不同而分成各种香型。目前，最著名的白酒有茅台、五粮液、剑南春、酒鬼酒、李渡酒等等。

（2）白酒的饮用

白酒可以净饮干喝，也可以用来佐餐下饭，有时候甚至还可以泡果酒、泡药酒。但是，白酒一般不能与其他酒类和汽水、可乐等软饮料混合同饮，否则极易醉酒。

在正式场合喝白酒，讲究以专用的瓷杯或玻璃杯盛酒。酒杯的容量一般不大，所以喝白酒讲究“酒满敬人”和“一饮而尽”。喝白酒时，通常不必加温、加冰，或兑水稀释。

啤酒

啤酒，是由外国人所发明的一种历史悠久的酒类。严格地说，在国外人们把啤酒主要当成一种日常饮料，而并不把它当作真正的酒来看待。不过，对绝大多数中国人来讲，它却是一种最知名、最受欢迎的“洋酒”。

(1) 啤酒的特色

啤酒，又叫麦酒。它是一种用大麦和啤酒花为主要原料发酵制成的酒类。它含有大量的泡沫和特殊的香味，味道微苦，酒精含量较低，一般在4度左右。

目前，世界各国都出产啤酒，但它主要分为德国式、捷克式、丹麦式三大类型。根据工艺的不同，又有生啤、熟啤之分，黄啤、黑啤、红啤之别。较为知名的啤酒品牌有：德国的贝克，荷兰的喜力，丹麦的嘉士伯，美国的百威，日本的麒麟，中国的青岛、雪花、哈尔滨，等等。

(2) 啤酒的饮用

饮用啤酒，一般应采用专用的倒三角形或带把儿的啤酒杯。饮用它的最佳温度为7摄氏度左右，所以不要加冰或久冻。喝啤酒时，通常讲究大口饮用。

在国外，啤酒是上不了筵席的。然而在国内，它却在日常聚餐中频频露面。此外，它还可以充当消暑解渴的最佳饮品。

葡萄酒

目前，国人在饮酒时尚方面与国外同步的，恐怕只有葡萄酒了。作为正式宴会中的佐餐酒，葡萄酒一直地位尊贵。近年来，它在国内也逐渐流行起来。

(1) 葡萄酒的特色

葡萄酒，即以葡萄为主要原料，发酵酿制而成的一种酒类。它的酒精含量不高，味道醇美，富含营养。根据其色彩的不同，葡萄酒有白葡萄酒、红葡萄酒、桃红葡萄酒之分。根据其糖分含量的不同，又可将葡萄酒分为干、半干、微干、微甜、半甜、甜等几种类型。目前，干葡萄酒最流行。这里所谓的“干”，意即它基本不含糖分。葡萄酒的酒精含量大多在12度左右。在世界上，最有名气的葡萄酒大多产在法国的波尔多地区。目前国内名气甚大的拉菲、拉图、木桐、玛歌、奥比昂等“五大名庄葡萄酒”，皆产自波尔多地区。产自法国勃艮第地区的罗曼尼·康帝，也大名鼎鼎。

(2) 葡萄酒的饮用

葡萄酒不仅可以佐餐，也可以单独饮用。饮用不同品种的葡萄酒，往往在温度上有着不同的具体要求。白葡萄酒宜在13摄氏度左右饮用，故喝时可加入冰块。而红葡萄酒在18摄氏度左右饮用最佳，故喝时不宜加入冰块；饮用红葡萄酒时，加入柠檬、话梅或雪碧的做法，也是非常不正确的。按惯例，饮用葡萄酒时，应当采用专用的高脚玻璃杯。具体而言，饮用白葡萄酒时，需要采用白葡萄酒杯，并且应当用手指捏着杯腿；饮用红葡萄酒时，则需要采用红葡萄酒杯，并且应当用手指握着杯身。换言之，喝白葡萄酒时用手指握着杯身、喝红葡萄酒时用手指捏着杯腿的做法，显然都大错特错了。

桃红葡萄酒，又叫玫瑰红葡萄酒。它的口味、喝法与白葡萄酒略同，而且因其色泽柔美，多为妇女所喜爱。

香槟酒

在国内，香槟酒的知名度一直比较高，而且其实际应用也较为广泛。

（1）香槟酒的特色

香槟酒，也叫作发泡葡萄酒，或者“爆塞酒”。实际上，它是一种以特种工艺制成的、富含二氧化碳的、起泡沫的白葡萄酒。因其以法国香槟地区所产最为有名，故有此称。它的酒精含量在10度左右，口感清凉、酸涩，并且有着水果香味。路易王妃、巴黎之花、香槟王、酩悦、凯歌、白雪等，均为在国际上拥有较高知名度的香槟酒品牌。

（2）香槟酒的饮用

香槟酒以在6摄氏度左右饮用为佳，故在饮用之前须将其暂时冷藏于冰桶之内。开瓶时，可稍事摇晃后再除去瓶塞。届时，它就会连泡带酒一同奔涌而出，为人平添欢快的气氛。饮用香槟，须使用郁金香形的高脚玻璃杯，并应以手捏住杯脚。香槟酒可用来佐餐、祝酒，也可以单独饮用，或者是在签约、庆典、仪式上以之为人助兴。

白兰地酒

在所有洋酒中，白兰地酒是最为名贵的。过去，它曾一度与威士忌酒和茅台酒并称为“世界三大名酒”。

（1）白兰地酒的特色

白兰地酒，亦为葡萄酒大家族里的特殊一员，它是用葡萄汁发酵之后蒸馏精制而成的，故此又叫蒸馏葡萄酒。它的酒精含量约为40度，色泽金黄，香甜醇美。世界上知名的白兰地酒的品牌，主要有马爹利、轩尼诗、人头马、拿破仑等，并以产于法国干邑地区、贮藏时间较长者为佳。

（2）白兰地酒的饮用

与白酒有所不同，以白兰地为代表的洋酒大都是以盎司计量的，故此它并不讲究“酒满敬人”。饮白兰地酒的最佳温度为18摄氏度以上。应将其盛在专用的大肚收口矮脚杯内饮用，先以右手托住杯身观其色彩，并以手掌为其略为加温。随后，待其香味洋溢时，闻过它之后，再慢慢小口品味。若将其一饮而尽，肯定会被视为没有品位。

威士忌酒

假如说白兰地酒是洋酒之中的“贵族”，那么相对来说物美价廉的威士忌酒则属于雅俗共赏的一种洋酒。

（1）**威士忌酒的特色**

威士忌酒，是一种用谷物发酵酿造而成的烈性蒸馏酒。它的口味浓烈、刺激，酒精含量约为40度。在世界各国所生产的威士忌酒中，英国苏格兰地区生产的威士忌酒最为有名。其知名品牌，有尊尼获加、皇家礼炮、芝华士、百龄坛等等。日本所产的山崎、美国所产的占边等品牌的威士忌酒，在国内也拥有一定的知名度。

（2）**威士忌酒的饮用**

威士忌酒可以干喝，不过加入冰块、苏打水或姜汁后，其味道往往更好。喝威士忌酒时，最好采用专门的平底小玻璃杯，耐心细致地慢慢品尝。喝威士忌酒不但可以自斟自酌，也可以去酒吧里喝。

鸡尾酒

鸡尾酒，是目前中国人在社交场合接触较多的一种洋酒。对于鸡尾酒，不少人有一定程度的了解。

（1）**鸡尾酒的特色**

准确地讲，鸡尾酒并非某一种类的酒，而是一种混合型的酒。它是用各种不同的酒，以及果汁、汽水、蛋清、糖浆等其他饮料，按照一定的比例，采用专门的技法调配而成的。它的口味有浓有淡，酒精的含量有多有少，但其共同特点，则是异彩纷呈、层次分明、闪烁不定，好似雄鸡之尾，故被叫作鸡尾酒。鸡尾酒中的知名者，有好几千种。其大名远扬者，就有马提尼、曼哈顿、红粉佳人、血腥玛丽、亚历山大、螺丝起子、天使之吻等等。

（2）**鸡尾酒的饮用**

饮用鸡尾酒，可以去酒吧，也可以在聚餐时。为了便于观赏其独具特色的丰富色泽，最好采用高脚广口的玻璃杯来盛鸡尾酒。大凡讲究的人，通常都不会把数种不同的鸡尾酒混杂在一起乱喝。

（二）酒的饮用

善于饮酒的人，不仅能饮，而且会饮。要真正做到善于饮酒，一般需要特别关注搭配的菜肴、敬酒与干杯、酒量的控制三大问题。

搭配的菜肴

酒的主要功能，是在用餐时开胃助兴。然而欲使酒正确地发挥这一作用，就必须懂得酒菜搭配之道。唯有如此，二者才会相得益彰。不然就很有可能会事倍功半，甚至令人败坏酒兴。

下面，分别就中餐与西餐聚餐、宴请时，酒与菜肴的正确搭配方法略作介绍。

（1）中餐中酒菜的搭配

若无特殊规定，正式的中餐宴会通常都要上白酒与葡萄酒两种酒。因为饮食习惯方面的原因，中餐宴会上桌的葡萄酒多半是红葡萄酒，而且一般都是甜红葡萄酒。选用红葡萄酒，是因其红色充满喜气。而选用甜红葡萄酒，则是因为有的中国人对口感不甜而微酸的干红葡萄酒并不太认同。

在餐桌上，通常在每位用餐者面前排列着大小不等的三只杯子。按惯例，它们自右而左（以就餐者面向为准），依次分别是白酒杯、葡萄酒杯、水杯。

具体来讲，在搭配菜肴方面，中餐所选的酒讲究不多。爱喝什么酒就可以喝什么酒，想什么时候喝酒亦可完全自便。

按惯例，正规的中餐宴会一般不上啤酒。只有在便餐、大排档中，它的身影才比较多见。客观地讲，以之搭配凉菜，效果往往要更好一些。

（2）西餐中酒菜的搭配

在正式的西餐宴会上，酒绝对是主角之一。它不仅最贵，与菜肴的搭配也十分严格。一般来讲，吃西餐时，每道不同的菜肴，需要配不同的酒；每吃一道菜，便要换上一种新的酒。

西餐宴会中所上的酒，可以分为餐前酒、佐餐酒、餐后酒三种。它们各自又可分为许多种类。

第一，餐前酒，别名开胃酒。显而易见，它应在开始正式用餐前饮用，或在吃开胃菜时与之搭配。在一般情况下，人们喜欢在餐前饮用的酒有鸡尾酒、味美思和香槟酒。

第二，佐餐酒，亦称餐酒。毫无疑问，它是在正式用餐期间饮用的酒。西餐里的佐餐酒均为葡萄酒，而且大多数是干葡萄酒或半干葡萄酒。

在正餐或宴会上选择佐餐酒，有一项重要的讲究不可不知，即“白酒配白肉，红酒配红肉”。如前所述，这里所说的白肉，即鱼肉、鸡肉以及其他的海鲜。吃这类白肉时，必须以白葡萄酒搭配。这里所说的红肉，即牛肉、羊肉、猪肉。吃这类肉时，则应配以红葡萄酒。鉴于西餐菜肴里的白肉多为鱼肉，故这一说法有时又被改头换面地表述为“吃鱼喝白酒，吃肉喝红酒”。其实二者的本意完全相同。不过，此处所说的白酒、红酒，都是葡萄酒。

第三，餐后酒。它指的是在用餐之后，用来帮助消化的酒。最常见的餐后酒是利口酒，它又叫作香甜酒。最著名的餐后酒，则是有“洋酒之王”美称的白兰地酒。

在一般情况下，饮不同的酒，要使用不同的专用酒杯。在每一位用餐者面前桌面上右边餐刀的前方，大都会横排放置着三四只酒杯。取用它时，可依次由外侧向内侧进行，亦可“紧跟”女主人的选择。在它们之中，香槟杯、红葡萄酒杯、白葡萄酒杯以及水杯，往往必不可少。

敬酒与干杯

在较为正式的场合，饮酒颇为讲究具体的程式。在常见的饮酒程式之中，斟酒、敬酒、干杯应用得最多。

(1) 斟酒

通常，酒应当在饮用前再斟入酒杯。有时，男主人为了表示对来宾的敬重、友好，还会亲自为其斟酒。

在侍者斟酒时，勿忘道谢，但不必拿起酒杯。当男主人亲自来斟酒时，则必须端起酒杯致谢，必要时，还须起身站立，或欠身点头为礼。有时，亦可向其回敬以“叩指礼”，即以右手拇指、食指、中指捏在一起，指尖向下，轻叩几下桌面。这种方法适用于中餐宴会上，表示向对方致敬。

主人为来宾所斟的酒，应是本次宴会上最好的酒，并应当场启封。斟酒时，通常需要注意下列三点：

第一，面面俱到。为多位来宾斟酒之时，应一视同仁。切勿有挑有拣，只为个别人斟酒。

第二，讲究顺序。斟酒的具体顺序，可以依顺时针方向，从自己所坐之处开始；也可以先为尊长、嘉宾斟酒。

第三，斟酒适量。白酒与啤酒均可以斟满；而其他洋酒则无此讲究，不必斟得过满。

除主人与侍者外，其他宾客一般不宜自行为他人斟酒。

(2) 敬酒

敬酒，亦称祝酒。它具体指的是在正式宴会上，由男主人向来宾提议，为了某种事由而饮酒。在敬酒时，通常要讲一些约定俗成的祝愿、祝福之言。在正式的宴会上，主人与主宾还会郑重其事地发表一篇专门的祝酒词。因此，敬酒往往是酒宴上必不可少的一项程序。

敬酒，可以随时在饮酒的过程中进行。频频举杯敬酒，会使现场氛围热烈而欢快。不过，要是致正式的祝酒词的话，则应在特定的时间进行，并以不影响来宾的用餐为首要考虑。

通常，致祝酒词最适合在宾主入席后、用餐前开始。有时，也可以在吃过主菜之后、甜品上桌之前进行。

不论致正式的祝酒词，还是在普通情况下敬酒，内容均应越短越好。千万不要连篇累牍、长篇大论、喋喋不休，切勿让他人等候良久。

当有人敬酒或致词时，其他在场者应一律停止用餐或饮酒。此刻须坐在自己的座位上，面向对方认真地洗耳恭听。对对方的所作所为，不要小声讥讽，或公开对对方的啰唆表示反感。

（3）**干杯**

干杯，通常是指在饮酒时，特别是在敬酒时，以某种方式劝说他人饮酒，或是建议对方与自己同时饮酒。在干杯时，往往要喝干杯中之酒，此即所谓“先干为敬”，故称干杯。有的时候，干杯者相互之间还要碰一下酒杯，所以它又叫作碰杯。

干杯，需要有人率先提议。提议干杯者，可以是致祝酒词的主人、主宾，也可以是其他任何在场饮酒之人。提议干杯时，应起身站立，右手端起酒杯，或者用右手拿起酒杯后，再以左手托扶其杯底，面含笑意，目视他人，尤其是自己敬酒的对象，口诵祝颂之词。例如，祝对方身体健康、生活幸福、节日快乐、工作顺利、事业成功、万事如意以及双方合作成功等等。

在主人或他人提议干杯后，应当手持酒杯起身站立。即便滴酒不沾，也要拿起水杯做做样子。在干杯时，应手举酒杯，至双眼高度，口道“干杯”之后，将酒一饮而尽，也可饮去一半或适当的量。然后，还须手持酒杯与提议干杯者对视一下，这一过程方告结束。

在特别正式的场合，干杯时的先后次序颇有讲究。致祝酒词时，致词者可“先干为敬”；向他人敬酒时，则讲究敬酒者“后干为敬”，而应由被敬者先饮。有时，二者亦可同时饮酒。在非正式场合里，则不必如此讲究。

过去，在中餐中喝白酒，干杯时必须一饮而尽，杯内不剩残酒，现在则大可不必如此。在西餐里，祝酒干杯讲究只用香槟酒，而绝不可以啤酒或其他葡萄酒代替。饮香槟干杯时，以饮去一半杯中之酒为宜，但也要量力而行。

在中餐里，还有一项讲究。即当主人亲自向来宾敬酒并干杯后，来宾应当回敬主人，与他再干一杯。回敬时，应右手持杯，左手托底，与对方一同将酒饮下。

有时，在干杯前，可稍微象征性地与对方碰一下酒杯。碰杯时，不要用力过猛，非听到响声不可。出于敬重之意，可使自己的酒杯较对方为低。也有某些国家的习俗是：碰杯时高举酒杯为敬。与对方相距较远时，可以“过桥”之法作为变通，即以手中酒杯之底轻碰桌面。这样做，也等于与对方碰杯了。

在西餐宴会上，人们是只祝酒而不劝酒，只敬酒而不真正碰杯的。使用玻璃酒杯时，尤其不宜彼此碰杯。

在西式宴会上，越过身边之人而先去找相距较远者敬酒干杯，或者多人交叉干杯，都是不允许的。

酒量的控制

不论在哪一种场合饮酒，均须谨记：切忌过量饮酒，并要保持风度。

（1）**饮酒限量**

在任何时候，饮酒都不要争强好胜、故作潇洒，没有必要非要“一醉方休”不可。饮酒过多，不仅易伤身体，而且容易出丑丢人、惹是生非。

不仅高兴之时需要如此，心情不佳之时也需要如此，万万不可借酒浇愁。至于存心酗酒，则是更不应该的自残行为。

在饮酒之前，应根据既往经验，对自己的酒量心知肚明。不论遇上何种情况，都不要使之超水平发挥。在正式的酒宴上，特别要主动将饮酒控制在自己平日酒量的一半以下，免得醉酒误事。

（2）**依礼拒酒**

假如因为生活习惯或健康等原因而不能饮酒，可以下列合乎礼仪的方法之一，拒绝他人的劝酒：第一，申明不能饮酒的客观原因。第二，主动以其他软饮料代酒。第三，委托亲友、部下或晚辈代为饮酒。第四，执意不饮杯中之酒。

应当注意的是：不要在他人为自己斟酒时又躲又藏、乱推酒瓶、敲击杯口、倒扣酒杯，或将他人为自己已斟的酒偷偷倒掉。把自己的酒倒入别人杯中，尤其是把自己喝了一些的酒倒入别人杯中，自然也是不对的。

（3）**移风易俗**

在饮酒时，不要忘记律己敬人之规。特别是要杜绝下列既有害于人，又有损于己的陋习恶俗：

第一，耍酒疯。极个别的人，在饮酒时经常借机生事或装疯卖傻、胡言乱语。这一做法，实在令人厌烦。

第二，酗酒。有的人嗜酒如命，或饮酒成瘾。这种酗酒的行为不仅有碍身体，而且有损个人形象。

第三，灌酒。敬酒干杯，需要彼此情愿。要学会敬酒不劝酒，千万不要强行劝酒。不要说什么“感情深，一口闷。感情浅，一点点”。非要灌倒他人，看对方笑话不可，显然是失礼之举。

第四，划拳。有人饮酒时喜欢猜拳行令，或大吵大闹、哗众取宠。这种做法也是非常失仪的。

（三）酒会规则

酒会，是便宴的一种形式，兴起于西方。而今，酒会在国内也极其多见。它实际上属于一种形式比较简单的，略备酒类、点心款待来宾的招待会。

在一般情况下，正规的酒会均由鸡尾酒来唱主角，所以有时又叫作鸡尾酒会。所谓酒会，只不过是鸡尾酒会的简称而已。酒会上所提供的酒、点心、菜肴均以冷的东西为主，因此它有时也被称作冷餐会。

在日常交往中，人们参加酒会的机会和主办酒会的机会都是很多的。因此，了解酒会的特点和用餐的形式，对每个人而言都有其必要性。

酒会的特点

除以酒为主角和以冷食为主菜这两大特征之外，酒会通常还有以下几个方面的明显特点。不了解这些特点，就不容易了解酒会何以迅速普及和大受欢迎。

（1）**不必准时**

出席酒会时，来宾到场与退场的时间一般都掌握在自己手中。因此，酒会的参加者完全没有必要像出席正规宴会那样，非要准时到场、准时退场不可。

（2）**不限衣着**

参加酒会时，若无特别要求，则穿着打扮上不必刻意修饰，只要做到端庄大方、干净整洁，不似“生猛海鲜”般吓人即可。

（3）**不排席位**

在酒会上，通常不为用餐者设立固定的座位。也就是说，它是不用排桌次、位次的。用餐者在用餐时，一般均须站立，找一个座位稍作休息也未尝不可。

（4）**自由交际**

与上一特点相关，因无席位限定，所以在酒会上，用餐者完全可以自由自在地随便选择自己所中意的交际对象，与之自由组合、随意交谈。这样一来，就不必非要与自己所不喜欢的人进行周旋不可了。

（5）**自选菜肴**

与正式宴会上依选定的菜单次第上菜大不相同，在酒会上，用餐者对于所享用的酒类、点心、菜肴，均须根据个人口味和需要，自己去餐台上取用，或吩咐侍者代劳。所以，酒会也被叫作自助餐。因其如此，用餐时完全不必墨守成规。

用餐的形式

酒会虽然礼仪从简，但也不是完全没有规范性可言。参加酒会时，至少有以下八个方面的礼仪规范，是绝对不可不知、不能不予以自觉遵守的。

（1）**掌握餐序**

酒会上提供的餐食品种不一定多，但取用时一定要依照合理的顺序进行，才能吃饱、吃好，否则很有可能乱吃一通，甚至贻笑大方。标准的酒会餐序依次应为：开胃菜、汤、热菜、点心、甜品、水果。鸡尾酒通常可在餐前或吃毕甜品时喝。

（2）**排队取食**

在用餐时，不论去餐台取菜，还是从侍者手里的托盘上选择酒水或小食，均应遵守秩序、认真排队、依次而行。必须自觉摒弃加塞儿、不排队、乱哄抢等坏习惯。

（3）**多次少取**

选取菜肴时，不论爱吃的还是

尚未品尝过的，都应当每一次只取用一点。若觉不够，可以下一次再接着去取用。若是取菜时狂取一通，好像生怕下次取不到了似的，则会贻笑大方。

（4）**力戒浪费**

在酒会上，自己选取酒类、点心、菜肴时，切记不要超标过量。取来的东西必须全部吃完，即必须“光盘”。把它们扔掉或浪费掉，都是不允许的。

（5）**勿施于人**

在酒会上，除家人、至交外，千万不要擅自去替别人取酒类、点心、菜肴，因为自己不可能知道此刻对方是不是有此需要，或者对方对此是否喜欢。出于礼貌，让一让对方，或向他人进行推荐，则是可行的。

（6）**禁止外带**

在酒会上，只要有本事，吃多少、喝多少都行。但是绝对不能“顺手牵羊”，把酒会上的东西带回家。

（7）**送还餐具**

用餐完毕，应将自己用过的餐具集中于一处，或主动送至指定地点。

（8）**适度交际**

参加酒会的人可以自选对象进行交际，并不等于说参加者可以来了就吃，或吃了就走。届时，若不与任何人交往，则是不符合酒会的要求的。换言之，酒会是一种交际平台，有必要对其酌情加以利用。

四、饮茶

茶，是我国各族人民最喜爱的一种日常饮料。根据陆羽《茶经》的记载：茶之为饮，发乎神农氏，闻于鲁周公。由此可知，它在我国的种植与利用，至今已有 4 000 多年的历史。在世界上，茶也同样深受许多国家人民的欢迎，并且与咖啡、可可一道并称为世界三大饮料。

与其他饮料相比，茶具有物美价廉、饮用方便、醇香爽口、生津止渴、消暑开胃、健身祛病等多种优点。因此，在日常生活之中，它较为普及、常见，并且已成为我国人民平日不可或缺的家庭生活必需品，民间早有“开门七件事：柴、米、油、盐、酱、醋、茶”之说。

由于我国人民饮茶的历史源远流长，饮茶已逐渐被提升品位，从而形成了独具中国特色的茶文化，并进而影响到日本、英国、中亚以及其他许多国家和地区。

平日，中国人在工作单位或是家中接待来访的客人时，沏茶、上茶已经成为一种不能缺少的待客礼节。若缺少这一环节，或是在某些方面掉以轻心，就是明显地对来宾有失恭敬。中国有句老话，叫作“茶是话博士”，说的就是待客以茶可以活跃交际气氛，增加宾主交谈的兴致。

在比较正式的情况下，不论自饮还是待客，饮茶都颇有讲究。至少，在茶叶的品种、沏茶的用水、沏茶的水温、饮茶的茶具、奉茶的表现、饮茶的举止等方面，都丝毫马虎大意不得。以茶待客时，对此尤须注意。茶艺，亦称茶道，具体指的就是饮茶的讲究和以茶待客之道。

目前，就以茶待客而论，饮茶的礼仪规范主要涉及茶叶的品种、茶具的选择、敬茶的程序、品茶的方法四个方面。

（一）茶叶的品种

饮茶，首先需要区别茶叶的品种。不同的地区、不同的民族、不同的饮茶者，对茶叶的品种往往有着不同的偏好。

区分茶叶的品种，可以采取多种方法。目前在我国采用最广的方法，是根据加工、制作方法的不同来区分茶叶的品种。根据这一标准，茶叶可分为绿茶、红茶、青茶、黑茶、白茶、黄茶，以及由此而衍生出的花茶、砖茶、袋茶等几个品种。

绿茶

绿茶，即不发酵茶。依据具体工艺的区别，绿茶一般又可分为炒青绿茶、烘青绿茶、蒸青绿茶和晒青绿茶四种类型。饮用绿茶，讲究选用当年的新茶，尤其是要选用“明前茶”，即清明之前所采、所制的茶叶。

精心沏出来的绿茶，茶叶碧绿，茶汤清澈。将其饮用入口之后，饱含沁人心脾的清香，并且清凉宜人。在夏日饮用，还可消暑降温。

我国生产的绿茶品种甚多，其中闻名遐迩的有产于浙江杭州的龙井茶、产于江苏苏州洞庭山的碧螺春、产于安徽黄山的黄山毛峰、产于河南信阳大别山区的信阳毛尖、产于贵州黔南都匀山区的都匀毛尖、产于四川峨眉山区的竹叶青等等。

红茶

红茶，即全发酵茶。其加工制作方法恰好与绿茶相反，它是以新鲜的茶叶经过控制，使之完全发酵之后制作而成的。在沏水冲泡之前，它的色泽油润乌黑；在沏水冲泡之后，则具有独特的浓香与爽口的滋味，并且暖胃补气、提神益智。

一般而言，红茶性温热，故适宜在冬天饮用，而不宜作为夏日饮品。在英国等西方国家，红茶是人们饮茶之首选。

我国生产的红茶品种不少，其中最著名的当推产于安徽祁门的祁门红茶。此外，还有产于福建武夷山区的正山小种、产于云南西双版纳的滇红、产于广东英德的英红等等。

青茶

青茶，亦称乌龙茶。它的具体制作加工方法介乎绿茶、红茶的制作方法之间。准确地说，它是一种半发酵的茶叶。其外形粗硕、松散，整体外观上呈黑褐色。

沏水冲泡后的青茶色泽凝重鲜亮，芳香宜人。喝过之后，不仅可以化解油腻，而且可以健胃提神，令人心旷神怡。

我国著名的青茶多产于福建省、广东省、台湾省，其中大名鼎鼎的有产于闽南安溪县的铁观音、产于闽北武夷山区的武夷岩茶、产于广东潮州凤凰山的凤凰单枞、产于台湾省的冻顶乌龙等等。

黑茶

黑茶，即后发酵茶。一般认为，它因其茶叶、茶汤外观上呈现黑色而得名。它采用的原料粗老，加工时堆积发酵的时间较长，是压制砖茶的主要原料。

黑茶不仅饮用时陈香醇厚、口感独特，而且有助于饮用者安神、润肠、减肥、降血糖。

目前，黑茶在我国的云南、四川、广西、湖北、湖南等地均有出产。云南的普洱茶、四川的边茶、广西的六堡茶、湖北的老青茶、湖南的安化茶等，皆为其大名鼎鼎的代表者。

白茶

白茶，即微发酵茶。具体而言，它又有白芽茶与白叶茶之分。它是我国茶农所创制的传统名茶，具体是指一种采摘后不经过杀青或揉捻，只晒干或文火干燥后加工的茶叶。

就外观而言，白茶色白隐绿、汤色黄白。滋味鲜醇、清香甘美，则是其口感上的显著特征。

我国的白茶，主要出产于福建。目前，产于福鼎与政和等地的白毫银针、产于建阳与松溪等地的白牡丹、产于建阳与浦城等地的贡眉，都属于产于福建的知名白茶品种。

黄茶

黄茶，亦即轻发酵茶。按其鲜叶老嫩、芽叶大小，可以分为黄芽茶、黄小茶、黄大茶三类。在其具体制作过程中，它经过闷堆的工序，最终形成黄叶、黄汤，故名黄茶。一般而言，它的制作工艺与绿茶基本类似。黄茶的主要特征是：叶黄、汤黄；茶汤在外观上金黄明亮，饮用时则甘香醇爽、回味幽香。

我国的黄茶，目前以产于湖南洞庭湖君山岛的君山银针、产于四川雅安蒙顶山的蒙顶黄芽、产于安徽霍山县的霍山黄芽名气最大。

▌花茶

花茶，又称香片，它是以绿茶为原料，经过各种香花熏制而成的茶叶。它的最大特点是：沏水冲泡之后芳香扑鼻，口感浓郁，味道鲜洌。一年四季之中，都可以饮用花茶。

根据用来熏制花茶的鲜花的具体品种的不同，花茶又可以分为茉莉花茶、桂花花茶、玫瑰花茶、白兰花茶、珠兰花茶、米兰花茶等多个品种。其中，尤以茉莉花茶最为知名。福建的福州、四川的犍为、广西的横县、湖南的长沙、浙江的金华均盛产茉莉花茶，而且其口碑都非常不错。

在北京、成都、福州、济南、青岛、大连等地，花茶都颇受欢迎。

▌砖茶

砖茶，又称茶砖、紧压茶。它是特意将茶叶压紧之后，制作而成的一种类似砖块形状的茶叶品种。根据原料与制作工艺的不同，砖茶有青砖茶、米砖茶、黑砖茶、花砖茶、茯砖茶之分。它既可以净饮，也可以添加奶、糖之后煮饮。在我国的内蒙古、新疆、西藏等地区，砖茶属于当地居民的生活必需品。在英国、俄罗斯以及一些中亚国家，它也大受青睐。

▌袋茶

袋茶，并不是茶叶的某一个品种，而是为了饮用方便，将绿茶、红茶、青茶、普洱茶或花茶分别装入纸袋之内。饮用时只需将纸袋置于杯内，然后冲泡即可。简而言之，袋茶是一种茶的方便饮品。

宏观而言，生活于不同地区的人们对茶叶品种的偏好往往大相径庭。在一般情况下，南方人爱喝绿茶，北方人爱喝花茶，东南沿海一带的人爱喝青茶，讲究养生的人爱喝普洱茶；而欧美人则爱喝红茶，尤其是爱喝袋装红茶。因此，在以茶待客时，理当因人而异、适其所好。

（二）茶具的选择

饮茶是一种文化。在选择茶具时，既要使之干净、卫生、实用，又要令其美观、大方、悦目。

饮茶时，所选茶叶的具体品种不同，所需要的茶具的品种也会随之有所不同。在一般情况下，饮茶大都少不了储茶用具、泡茶用具、饮茶用具。下面，简单介绍选用茶具时所应注意的要点。

▌储茶用具

储茶用具，指的是平日存放茶叶的专用器皿。它的基本要求是：防潮、避光、隔热、无味。因此，用来存放上佳的茶叶，最好选用特制的茶叶罐，如铝罐、锡罐、竹罐。尽量不要使用不符合以上要求的玻璃罐、塑料罐，更不要长时间以纸张包装存放茶叶。

待客饮茶之际，最好不要当着客人的面从储茶用具之中取茶冲泡。万一非此不可，也不要直接下手抓取茶叶，而应以匙或夹子去取，或是直接以茶罐将茶叶倒入茶壶、茶杯。

▌泡茶用具

讲究饮茶的人，对泡茶用具是十分挑剔的。在比较正规的情况下，泡茶用具与饮茶用具往往一分为二，以确保饮茶有滋有味、有模有样。

正规的泡茶用具，最常见的是茶壶。其大小各异、外观不同，但多以有助于保持茶的味道纯正的紫砂、陶瓷制成。

使用茶壶泡茶之前，应将茶壶洗涮干净，不要使其茶垢遍布。不要使用残破的茶壶去招待尊贵的客人。特别要注意的是，不要使用茶壶内剩余的旧茶待客。

▌饮茶用具

饮茶用具，这里指的是饮茶时所用的茶具。在大多数情况下，饮茶用具主要是茶杯、茶碗。就目前而言，以茶杯饮茶较之以茶碗饮茶，往往更为常见。使用茶碗饮茶，则多见于古色古香的茶馆之内。

最好的茶杯，应当有助于茶汤纯正味道的发挥。符合这一要求的，当首推紫砂茶杯和陶瓷茶杯。若为了欣赏茶叶的形状与茶汤的清澈，也可以选用玻璃茶杯。但是，一般不应选用搪瓷茶杯或金属茶杯。

若饮茶时同时使用茶壶，则最好使茶杯与之配套，以使之美观而和谐，并相得益彰。尽量不要东拼西凑，使二者质地不一、造型各异。若同时使用多个茶杯，也应注意其配套问题，不要令其千差万别。

若非自己使用，千万不要选用破损、残缺、有裂纹的茶杯，尤其切勿以带有茶锈或污垢的茶杯泡茶待客。

（三）敬茶的程序

自古以来，中国人待客就有“坐，请坐，请上坐；茶，上茶，上好茶”的说法。由此可见，以茶敬客在待客中是一种绝对不可缺少的重要礼仪。

以茶敬客时，最重要的是要兼顾客人的嗜好、奉茶的规矩、敬茶的方法、续水的时机几个要点。

客人的嗜好

俗语说“众口难调”，饮茶其实也是如此。有人喜欢喝绿茶，有人喜欢喝花茶；有人喜欢喝热茶，有人喜欢喝凉茶；有人喜欢喝糖茶，有人则喜欢喝奶茶。在以茶待客时，若有可能，应尽可能照顾来宾，尤其是主宾的偏好。

有可能的话，应多备几种茶叶，使客人可以有几种选择。在上茶之前，应先询问一下客人喜欢用哪一种茶，并为其提供几种可能的选择。不要自以为是、强人所难。当然，若只有一种茶叶，则务必实事求是地说清楚，不要客套过了头。若客人点出自己当时未备的茶叶品种，可就难以下台了。

与此同时，也应考虑到有一些人出于各种原因不喜欢饮茶。因此，如有可能，在上茶前，应征询一下来宾个人的意见：“请问您想喝哪一种饮料?”与此同时，还须随之为其提供自己所能提供的几种具体的选择，诸如白开水、矿泉水、咖啡、奶茶、果汁、汽水等等。

一般认为，饮茶不宜过浓，否则极可能使饮用者“醉茶”，即因摄入过量的咖啡因而令人神经过分兴奋，甚至惊厥、抽搐。所以，若客人没有特殊要求，为之所上的茶不应过浓。通常，民间以茶待客时讲究上热茶，而且还有“茶满欺人”“七茶八酒”之说。其含义是：斟茶不可过满，而以七分满为佳。如果这样做，热茶便不会从杯中溢出来烫伤人了。

奉茶的规矩

奉茶，即郑重其事地将茶递给他人。奉茶时，有下列规矩可循。

（1）奉茶之人

以茶待客时，由何人为来宾奉茶，往往涉及对来宾重视的程度问题。在家中待客时，通常可由家中的晚辈或是家庭服务员为客人奉茶。接待重要的客人时，则应由女主人，甚至由主人本人为之亲自奉茶。

在工作单位待客时，一般应由秘书、接待人员、专职服务人员为来客奉茶。接待重要的客人时，则应由本单位在场的职位最高者亲自为之奉茶。

（2）奉茶顺序

若来访的客人较多时，奉茶的先后顺序一定要慎重对待，切不可肆意而为。合乎礼仪规范的要求是：“先宾后主，先长后幼，先女后男。”其具体做法则应为：

第一，先为客人奉茶，后为主人奉茶。

第二，先为主宾奉茶，后为次宾奉茶。

第三，先为长辈奉茶，后为晚辈奉茶。

第四，先为女士奉茶，后为男士奉茶。

如果来宾甚多，且其彼此之间差别不大时，可采取下列四种顺序上茶：其一，以奉茶者为起点，由近而远地依次

奉茶。其二，以进入客厅之门为起点，按顺时针方向依次奉茶。其三，在奉茶时，以客人的先来后到为顺序。其四，奉茶时不讲顺序，或是由饮用者自己取用。

敬茶的方法

以茶待客时，一般应当事先将茶沏好，然后把茶杯放在茶盘之上端入客厅。来宾较多时，一定要多备上几杯茶，以防届时供不应求。

在敬茶时，应当借此机会，向客人表达自己的谦恭与敬意。标准的敬茶步骤是：双手端着茶盘进入客厅，首先将茶盘放在临近客人的茶几或备用桌上，然后右手拿着茶杯的杯托，左手附在杯托附近，从客人的左后侧双手将茶杯递上去，置于客人左前方。茶杯放置到位之后，杯耳应朝向右侧。若使用无杯托的茶杯敬茶时，亦应双手捧上茶杯。

从客人左后侧为之上茶，意在不妨碍其工作或交谈的思绪。万一条件不允许时，至少也要从其右侧上茶，而尽量不要从其正前方上茶。

有时，为了提醒客人注意，可在为之上茶的同时，轻声告之："请您用茶。"若对方向自己道谢，不要忘记答以"不客气"。如果自己的上茶打扰了客人，应对其道一声"对不起"。

为客人敬茶时，尽量不要用一只手上茶，尤其是不要单用左手上茶。双手奉茶时，切勿将手指搭在茶杯杯口上、距杯口过近，更不要将其浸入茶汤，从而污染茶汤。

在放置茶杯时，千万不要粗枝大叶，以之直撞客人。也不要把茶杯放在客人的手包上、文件上，或是其行动时容易撞翻的地方。

续水的时机

为客人端上头一杯茶时，通常不宜斟得过满，更不允许动辄使其溢出杯外。得体的做法是：斟到杯深的2/3处，不然就有厌客或逐客之嫌。

主人若是真心诚意地以茶待客，最适当的做法，就是要为客人勤斟茶、勤续水。一般来讲，客人喝过几口茶后，即应为之续上，绝不可以让其杯中的茶见底。这种做法的寓意是："茶水不尽为客添，慢慢饮来慢慢谈。"

当然，为来宾续水让茶一定要讲主随客便，切勿神态做作。不要再三地以斟茶续水搪塞客人，而始终一言不发。以前，中国人待客有"上茶不过三杯"一说。第一杯叫作敬客茶，第二杯叫作续水茶，第三杯则叫作送客茶。如果一再劝人用茶，而又无话可讲，则往往意味着提醒来宾"应该打道回府了"。有鉴于此，在以茶招待较为守旧的老年人或海外华侨华人时，切勿再三地为之斟茶。

在为客人续水斟茶时，仍以不妨碍对方为佳。如有可能，最好不要在其面前进行操作。非得如此不可时，则应一手拿起茶杯，使之远离客人身体、座位、桌子，另一只手将水续入。

在续水时，不要续得过满，也不要使自己的手指、茶壶或者水瓶搞脏茶杯。如有可能，应在续水时在茶壶或水瓶的出水口处附上一块洁净的毛巾，以防止茶汤溢出。

（四）品茶的方法

在正式的社交场合，饮茶应当文明、礼貌。具体而言，需要在下述两个方面特别加以注意。

▍态度谦恭

既然以茶待客是一种礼仪，既然主人在以茶待客时处处以礼待人，那么作为受到款待的一方，客人在饮茶之时，也应对主人投桃报李，勿失谦恭与敬意。

当主人上茶之前，向自己征求意见，询问大家“想喝什么”的时候，如果没有什么特别的禁忌，可以在对方所提供的几种选择之中任选一种，或告之以“随便”。在一般情况下，若向主人提出非常小众或过高的要求，是很不礼貌的。

如果自己不习惯饮茶，应及时向主人说明。若自己尚未说明，而茶已上来了，不喝就是了。千万不要面露不快，更不要因此而责怪主人或为自己上茶的人。

若主人，特别是女主人或者长辈为自己上茶时，在可能的情况下，应当即起身站立，双手捧接，并道以“多谢”。不要视若不见、不理不睬。当其为自己续茶、续水时，亦应以礼相还。其他人员为自己上茶、续水时，也应及时以适当的方式向其答谢。

如果对方为自己上茶、续水时，自己难以起身站立、双手捧接或答以“多谢”，至少应向其面含微笑、点头致意，或者欠身施礼。自己不喝的凉茶、剩茶，千万不要随手泼洒在地上。

一般来说，与交往对象正在交谈时最好不要饮茶。自己或交谈对象正在讲话时，自己要是突然转而饮茶，不但会打断谈话，也会显得自己用心不专。只有在自己不是主要的交谈对象时，或是在与他人的交谈告一段落之后，才可以见机行事，喝上一口茶润润嗓子。

▍认真品味

在饮茶时，要懂得悉心品味。这样做，不仅体现着自身的教养，也是待人的一种礼貌做法。

在饮茶时，应当一小口、一小口地细心品尝。每饮一口茶汤后，应使其在口中稍作停留，然后再慢慢地咽下去，这样品茶才香。无论如何，饮茶时都不要大口吞咽、一饮而尽，不要喝得口中“咕咚咕咚”直响，不要让茶水顺着腮帮子直流。以此种方法喝茶，只能解渴，却丝毫谈不上对茶的美妙之处的品味。

在端起茶杯时，应以右手持杯耳。端无杯耳的茶杯，则应以右手握住茶杯的中部。不要双手捧杯，以手端起杯底，或是用手握住茶杯杯口。那样做，显得既动作粗鲁，也不够卫生。

使用带杯托的茶杯时，可以只用右手端起茶杯，而不动杯托。也可以用左手将杯托连茶杯托至左胸高度，然后以右手端起茶杯饮之。

饮茶的时候，不要连茶汤带茶叶一并吞入口中，更不能下手自茶杯中取出茶叶放入口中食之。万一有茶叶进入口中，切勿将其吐出，或是嚼而食之。

饮盖碗茶时，可用杯盖轻轻将漂浮于茶汤之上的茶叶拂去，但不要用口去吹。茶太烫的话，也不要去吹，或是用另一只茶杯去折凉茶汤，而最好是等待其自然冷却。

饮用红茶或奶茶时，不要用茶匙舀茶，也不要将其插放在茶杯中。不使用茶匙时，将其放在杯托上即可。

若主人已经明言所饮的是名茶，则饮用前应仔细观赏一下茶汤，并在饮用后加以赞赏。不要对其不予理睬，或是随口加以贬低，说什么“没听过这种茶的名字”“喝起来不怎么样”“这茶有些走味”，或是“没把好茶泡好”之类让主人甚感不快的话。

五、咖啡

长期以来，咖啡一直是国际社会诸多饮料之中的主角。在许多国家、地区，咖啡不仅被用来提神、解渴，而且频频现身于各种各样的社交聚会。它受欢迎的程度，绝对不亚于在中国被视为国粹的茶。

近年来，随着对外交流的深入与扩大，作为世界三大饮品之一的咖啡也逐渐步入了中国人的日常生活，成为国人，尤其是文化程度较高者所喜爱的一种时尚饮品。

由于中国人过去对咖啡这种纯西方的饮料接触不多，所以一些人只知道喝咖啡时髦，却不晓得如何喝咖啡方为得体。实际上，喝咖啡，除了其饮料自身的功能之外，更重要的是要借以促进人与人之间的交际，展现个人自身的教养与素质。也就是说，喝咖啡在很大程度上是一种礼仪性的社交活动。越是正式的场合，就越是如此。

根据餐饮礼仪的惯例，喝咖啡，需要特别关注喝咖啡的时机、咖啡的种类、喝咖啡时的举止三个方面的具体问题。

（一）喝咖啡的时机

喝咖啡，应当把握适当的时机。具体而言，喝咖啡的时机，又包括喝咖啡的时间与喝咖啡的地点两个方面。

喝咖啡的时间

如上所言，喝咖啡，实质上是一种礼仪活动，所以在具体时间的安排与选择上，有必要细心斟酌，切勿贸然而行。一般而言，喝咖啡的时间不外乎如下几种具体选择。

（1）**自己饮用**

自己喝咖啡，原则上不必受时间的限制。想要喝的话，随时都可以。只要记住不要喝过量，不要因喝咖啡而过度刺激神经、影响休息即可。

（2）**家中待客**

在家中以咖啡待客，不论想以喝咖啡这种形式会友，还是纯粹将其视作饮料，大体上都不应当超过下午4点钟饮用。因为有很多人在此时间之后不习惯再喝咖啡。

（3）**外出会客**

邀人外出，在咖啡厅会客时喝咖啡，一般应当避开上午。其最佳的时间有二：一是周末，二是午后。可根据具体情况，与交往对象协商安排。

（4）**宴会待客**

在正式的西式宴会上，往往以咖啡作为其终局。而正式一些的西式宴会大都在晚间举行，故此在宴会上喝咖啡通常是在晚间。不过为了照顾个人嗜好，在宴会上上咖啡的同时往往还会提供红茶，而由来宾自选其一。

喝咖啡的地点

喝咖啡，讲究具体地点的选择。具体地点不同，喝咖啡时的礼仪要求往往也会有所不同。一般而言，喝咖啡最常见的地点主要有：客厅、写字间、花园、餐厅、咖啡厅、露天咖啡座等等。

（1）**客厅**

在自家的客厅内喝咖啡，主要适用于招待客人。有些时候，自己与家人喝咖啡也会选择此处。

（2）**写字间**

在写字间里喝咖啡，主要是在工作间歇自己享用，是为了提神。此时要求不多。

（3）**花园**

在自家的花园喝咖啡，固然适合于自己与家人消闲休息。此外，也适于招待客人。西方有一种专供女士社交的咖啡会，就是在主人家的花园或庭院中举行的。它通常被安排在下午，不排位次、时间不长，重在交际与沟通，喝咖啡只不过是其一种表面的形式。

（4）**餐厅**

在西方，咖啡往往是正餐中最后出现的一道“菜点”。在餐厅里用餐时，人们往往会选用咖啡佐餐助兴。

（5）**咖啡厅**

咖啡厅，有时又叫咖啡屋、咖啡室、咖啡吧，它是一种装饰高档、气氛温馨的饮食服务点。它除供应咖啡外，还可提供其他餐饮。在此处喝咖啡，往往可与鲜花、乐曲、红烛、美景相伴，故经常有一些人选择来此会友。

（6）**露天咖啡座**

露天咖啡座，通常设于室外。它被视为一种露天的“咖啡厅”，多设于街道两侧，仅为客人提供桌椅与遮阳伞，适合于自我休息或与友人聊天。目前，这种场所随处可见。一般来说，置身于此，讲究的主要是自由自在、休闲观景。

此外，高档饭店的大堂吧除供应酒类、茶水、小吃外，通常也可提供咖啡。

（二）咖啡的种类

与茶叶一样，咖啡的种类也非常之多。在非正式场合，选择何种咖啡都无可厚非。但在正式场合，它却不仅仅是一个个人习惯问题，而是一个涉及选择者身份、教养、见识的问题，故此应当对这一问题充分了解，并认真对待。

由于依据的标准不同，咖啡可被分为多种多样。目前，区分咖啡的种类，主要依据的是其配料的添加与制作的方法。

▌根据配料的添加区分

依据喝咖啡时添加的配料的不同，咖啡可被分为多个品种。其中，最为常见的有下述六种。

（1）**黑咖啡**

黑咖啡，此处指的是既不加糖，也不加牛奶或其他任何东西的纯咖啡。在正统的西餐里压轴的，就是这种宜于化解油腻的咖啡。直至今日，喝这种咖啡，仍被许多人视为身份高贵或出身上流社会的一个标志。

（2）**白咖啡**

白咖啡，一般指的是喝之前加入牛奶、奶油或特制的植物粉末的咖啡，有人亦称之为法式咖啡。喝这种咖啡时，加糖与否完全可以自行决定。它适合在各种情况之下，尤其是在非正式场合饮用。

（3）**浓黑咖啡**

浓黑咖啡，其全名叫作意大利式浓黑咖啡。它以特殊的蒸汽加压的方法制作，极黑极浓，故不宜多喝。在喝时，它可加入糖或少量的茴香酒，但不宜加入牛奶或奶油。

（4）**浓白咖啡**

浓白咖啡，其全名叫作意大利式浓白咖啡。其制作方法基本上与浓黑咖啡相类似，只是加入了用牛奶打制出来的奶油或奶皮，故此显得又稠又浓，口味甚佳。在喝它时，不宜再添加牛奶，加入少许用柠檬皮榨取的汁液则是允许的。至于是否加糖，则可由自己决定。

（5）**爱尔兰式咖啡**

爱尔兰式咖啡的最大特点是：饮用它之前无须加入牛奶，而是加入一定量的威士忌酒。至于加不加糖，则请饮者自便。它的味道浓烈，刺激而提神。

（6）**土耳其式咖啡**

所谓土耳其式咖啡，大致与白咖啡类似，在咖啡之中可以酌情加入适量的牛奶与糖。但是，与其他种类所不同的是，它的咖啡渣并未除去，而是被装入杯中与咖啡一起端上桌，供人饮用。它杯大、量大，并稍显浑浊，深受中东地区人民的喜爱。

根据制作的方法区分

根据制作方法的不同，咖啡大体上可被分为现煮咖啡、速溶咖啡、罐装咖啡三种。

（1）**现煮咖啡**

现煮咖啡，这里指的是在喝咖啡之前，当场将一定数量的咖啡豆放入特制的咖啡具，随之现磨、现煮。与速溶咖啡相比，它费时费力，并且不易把握火候，对技术水平要求较高。

在习惯喝咖啡的西方国家里，会不会煮咖啡，是一位家庭主妇是否称职的一大标准。因此，西方人有一个习惯，家里来了客人，若有可能，一定要待之以现磨现煮的咖啡，并且由女主人亲自为客人煮咖啡、上咖啡。这一做法，既是一种礼遇，同时又体现着一种待客的档次。所以，遇上女主人这般厚待时，来宾无论如何都不能忘了当面称道一下女主人为自己所煮的咖啡“味道好极了”，否则是极不礼貌的。

（2）**速溶咖啡**

速溶咖啡，通常指的是以现代工艺将咖啡提纯、结晶、装袋，喝时只需将其放入杯中、冲入适量的热开水冲泡即可。因其非常方便省事，深受快节奏的现代人欢迎。不过，它仍属于一种方便食品，口味比较单一，在档次上难与现煮咖啡相提并论。在较为正式的场合，一般难觅其身影。

应当切记：自己喝速溶咖啡与否，无可非议。但在款待重要客人时，却最好不要上这种咖啡，尤其是不要把它视为一种高档咖啡而正式介绍给客人。

（3）**罐装咖啡**

罐装咖啡，一般指的是由厂家按照一定的工艺将煮好的咖啡装入瓶子或罐子之内储存，可随时饮用。它饮用时比较方便，但口味稍差，不适宜以之在正式场合待客。

（三）喝咖啡时的举止

在较为正式的场合，特别是在大庭广众之下喝咖啡时，务必检点个人举止，要处处谨慎、依礼而行。其中最主要的是，要在喝咖啡的数量、配料的添加、喝咖啡的方法三个具体方面多加注意。

喝咖啡的数量

喝咖啡的具体数量，在正式的场合，应注意如下两点。

（1）杯数要少

在正式场合喝咖啡，与其说咖啡是一种饮料，倒不如说它是一种交际或休闲的陪衬。所以完全可以说：人们喝咖啡时多半是“醉翁之意不在咖啡”。在一般情况下，咖啡一杯足矣，至多不应多于三杯。

（2）入口要少

喝咖啡既然不是为了充饥解渴，那么在喝时就切勿喝相粗鲁、见笑于人。端起咖啡杯扬脖一饮而尽，或是大口吞咽咖啡、喝时响声大作，都是十分失礼的。喝咖啡时，一杯咖啡总要喝上十来分钟，并且应分为十来口慢慢地喝。唯有一小口一小口慢慢地品尝咖啡，才有可能真正地品出其难言之妙，并且显得自己举止优雅脱俗。

配料的添加

喝咖啡时，往往需要喝者自己动手，根据个人需要和爱好，往咖啡里面添加一些诸如牛奶、方糖之类的配料。遇到此类情况，一定要牢记自主添加、文明添加两项要求。

（1）自主添加

在添加咖啡的配料时，要尽量地自主添加而不要越俎代庖地去为他人添加配料。因为个人的需要与偏好往往相去甚远，唯有自己才对自己最了解。自作主张地为他人添加配料，往往只会强人所难，令对方反感或者不快。当然，他人为自己添加配料时，还是应当真诚地向其道谢，而不宜责怪对方多事。

（2）文明添加

在添加咖啡的配料时，要求文明添加，实际上就是要求大家在具体操作时自然大方、温文尔雅，尽量避免不卫生、不得体的做法。例如，若大家同时需要添加配料，彼此要相互谦让，不要你争我抢。当某种配料用完，需要补充时，不要大呼大叫、责备侍者。需要加牛奶时，动作要稳重，不要洒得满桌都是。打算加糖时，应用专用的糖夹或糖匙去取，而不要使用自己所用的咖啡匙去取，更不要直接下手去取。

喝咖啡的方法

喝咖啡时，有许多讲究与禁忌。其中，在礼仪规范方面要求最多的，主要涉及杯的持握、匙的使用、取食小吃、交谈须知四个方面。

（1）**杯的持握**

喝咖啡时，不可以双手握杯，不可以用手托着杯底，不可以俯身就近杯子去喝，不可以用手端着碟子而去吸食放置于其上的杯中咖啡。

持握咖啡杯的得体方法是：应当伸出右手，用拇指与食指握住杯耳，再轻缓地端起杯子。用一只手握住杯身、杯口，或者将手指穿过杯耳之后再握住杯身，都是不正确的方法。

在正式场合，咖啡都是盛入杯中，然后把杯子放在碟子上一起端上桌的。碟子的作用，主要是用来放置咖啡匙，并接收溢出杯子的咖啡。若碟中已有溢出的咖啡，切勿泼在地上或倒入口中，可用纸巾将其吸干，或将其倒入杯中。

喝咖啡时，是否需要同时端起碟子，不好一概而论。若坐在桌子附近喝咖啡，通常只需端杯子，而不必再端碟子。若距桌子较远，或站立、走动时喝咖啡，则应用左手持碟，将杯、碟一起端起，举至齐胸高度，随后再以右手持杯而饮。这种方式又迷人，又安全。说它迷人，是因为姿势好看。说它安全，则是可以防止溢出杯子的咖啡搞脏衣服。

（2）**匙的使用**

作为咖啡具大家族中的重要一员，在正式场合喝咖啡时，人手一只的咖啡匙其实作用不大。如果穷尽其极，它只能够做以下三件小事：一是加入牛奶后，可以之轻轻搅动，使牛奶与咖啡相互融合。二是加入方糖之后，可以之略加搅拌，促使方糖迅速溶化。三是若嫌咖啡太烫，可以它稍作搅动，促使其尽快变凉。

咖啡匙的使用，有以下两点非常重要的禁忌：第一，不可以用它去舀起咖啡来饮用。在公共场合那么做，必定会令人瞠目。第二，不可以让它在咖啡杯中立正。不使用它的时候，可将其平放在咖啡碟里。

（3）**取食小吃**

在饮用咖啡时，为了不伤肠胃，往往会同时备一些糕点、果仁、水果之类的小吃，供饮用者自行取用。

需要取食小吃时，首先要放下咖啡杯。而在喝咖啡时，手中则不宜同时拿着小吃品尝。切勿双手左右开弓：一边大吃，一边猛喝。此种做法，只会显得吃相不雅。此外，切勿只吃不喝，使得本末倒置。

（4）**交谈须知**

在喝咖啡时，应适时地与交往对象进行交谈。在交谈时，要细语柔声、降低音量，千万不要大声喧哗、乱开玩笑，更不要与人动手动脚、追追打打。那样做，显然会破坏喝咖啡的现场氛围。

当他人喝咖啡时，切勿向其提出问题。自己喝过咖啡要讲话以前，最好先用纸巾揩一揩嘴，免得咖啡顺嘴流淌或搞脏嘴角，令自己模样难看。

思考题

1. 什么是餐饮礼仪之中的“六M原则”？
2. 中餐有哪些具体的用餐方式？
3. 在请客吃饭时，应当怎样安排菜单？
4. 在中餐宴请活动中，应当怎样安排席位？
5. 在享用西餐时，应当如何正确地使用餐具？
6. 在享用西餐时，必须怎样约束自己的举止行为？
7. 为什么在用餐时要注意酒与菜肴的搭配？
8. 怎样向他人敬酒？
9. 如何拒绝他人劝酒？
10. 酒会的主要讲究是什么？
11. 茶叶有哪些主要品种？
12. 敬茶有几道程序？有何具体的注意事项？
13. 应当如何品茶？
14. 如何选择喝咖啡的最佳时机？
15. 喝咖啡时，应当如何添加配料？
16. 喝咖啡时，在个人的举止行为方面有什么禁忌？

社·交·礼·仪·教·程

主要参考书目

1. 中共中央党史和文献研究院．习近平关于社会主义精神文明建设论述摘编．北京：中央文献出版社，2022.

2. 郑玄．礼记注．北京：中华书局，2021.

3. 郭学贤．现代礼仪．2版．北京：北京大学出版社，2022.

4. 李荣建．礼仪训练．4版．武汉：华中科技大学出版社，2022.

5. 海英．礼仪中国．北京：北京师范大学出版社，2021.

6. 傅莹．大使衣橱：外交礼仪之旅．北京：中信出版社，2021.

7. 杨金波．政务礼仪．北京：中华工商联合出版社，2021.

8. 吕艳芝，徐克茹，冯楠．职场礼仪培训全书．北京：中国纺织出版社，2021.

9. 李战子．外交外事礼仪．上海：上海外语教育出版社，2020.

10. 史兴松．国际商务礼仪：英文版．3版．北京：对外经济贸易大学出版社，2020.

11. 张建国．中国礼宾接待手册．北京：中国人民大学出版社，2018.

12. 周加李．涉外礼仪．北京：机械工业出版社，2017.

13. 余少杰，李元杰，倪丽琛．商务礼仪．北京：清华大学出版社，2017.

14. 常峻，等．中国礼仪：一天、一年、一生和一家．上海：上海大学出版社，2017.

15. 平原春．西方礼仪文化．昆明：云南人民出版社，2016.

16. 萧芳芳．洋相：英美社交礼仪．武汉：湖北科学技术出版社，2015.

17. 徐醒民．常礼举要讲记．北京：团结出版社，2013.

18. 李嘉珊，刘俊伟．国际礼仪范式．北京：高等教育出版社，2012.

19. 纪亚飞．服务礼仪标准培训．北京：中国纺织出版社，2012.

20. 魏向东，严安平．中国的礼制．北京：中国国际广播出版社，2010.

21. 刘青，邓代玉．世界礼仪文化．北京：时事出版社，2010.

22. 许祥林．礼行天下：国际礼仪礼宾和旅行．北京：世界知识出版社，2010.

23. 林莹，毛永年．西餐礼仪．北京：中央编译出版社，2010.

24. 张国斌．外交官说礼仪．北京：华文出版社，2009.

25. 张晓梅．晓梅说礼仪．北京：中国青年出版社，2008.

26. 周敏．现代公务礼仪．杭州：浙江大学出版社，2007.

27. 周裕新．现代办公礼仪．上海：同济大学出版社，2006.

28. 庄铭国．国际礼仪：公务员必修手册．北京：中共中央党校出版社，2006.

29. 王伟伟．礼仪形象学．北京：人民出版社，2005.

30. 朱新海，晨黎．中国公务接待．北京：中国大百科全书出版社，2005.

31. 李柠．礼仪修养．北京：高等教育出版社，1996.

32. 丛杭青．公关礼仪．北京：东方出版社，1995.

33. 钟敬文．中国礼仪全书．合肥：安徽科学技术出版社，1995.

34. 莫里森，康纳维，伯顿．国际商务礼仪指导手册：亲吻、鞠躬、握手或拥抱．魏春宇，赵雪，译．北京：电子工业出版社，2020.

35. 弗鲁瓦德维尔，费尔海勒．商务外交礼仪通用手册：方法·经验·案例．王广州，鲁仕齐，译．北京：国家行政管理出版社，2020.

36. 鲍德瑞奇．礼仪书：得体的行为与正确地行事．修文乔，韩卉，译．北京：中国人民大学出版社，2012.

37. 霍德夫斯．礼貌的力量：从礼仪到人生态度．王贤平，译．北京：中信出版社，2010.

38. 迪索．礼仪：交际的工具．高叶，编译．北京：外语教学与研究出版社，2005.

39. 米切尔，考尔．礼仪．杨俊峰，胡晓慧，潘智丹，译．沈阳：辽宁教育出版社，1999.

第1版后记

1990年春天，为了适应社会的迫切需求，我在中国人民大学，同时也是在国内的高等院校之中，率先为本科生正式开设了交际礼仪课程。在此之后，我又应邀参与了多种不同类型的礼仪教学与礼仪培训工作，以便更好地了解社会的实际需求，使自己有关礼仪教学和研究的成果服务于社会，服务于祖国的现代化事业。

在我所从事的礼仪教学与培训的实践中，我了解到目前社会上各行各业的从业人员，都迫切地需要以礼仪知识来充实自我，完善形象，改进自己的人际关系。但是，由于各行各业工作上的不同性质，其从业人员所需要掌握的礼仪知识自然便有所不同。要使礼仪真正地发挥其作用，无疑必须在教学与培训之中注意使之“对象化”，换而言之，也就是必须使礼仪的教学与培训工作具有鲜明的针对性。

自1991年开始，我便开始着手撰写“实用礼仪系列教材”。迄今为止，经过六年多的认真努力，由《社交礼仪教程》《政务礼仪教程》《商务礼仪教程》《服务礼仪教程》《涉外礼仪教程》所组成的“实用礼仪系列教材”终于宣告完成了。

在编写“实用礼仪系列教材”的过程之中，我始终注意下述两点：其一，突出它的应用性。这套“实用礼仪系列教材”绝非不谈理论，轻视理论，但却力戒纸上谈兵。它所讲授的，基本上都是人们在现代生活里不可或缺的实用礼仪知识。与此同时，它还注意具体问题具体分析，既讲究规范性和系统性，又重视可操作性。

其二，努力使它“对象化”。仅从这套“实用礼仪系列教材”各个分册的具体名称上来看，就会发现它们各自都有自己的适用对象。按照我的预想，它们不仅在整体上要密切关联，合为一体，而且要具体地服务于不同的对象，适用于不同的行业。具体而言：

《社交礼仪教程》，主要讲授交际应酬方面的礼仪知识，以各界人士，尤其是广大青年、学生为对象。

《商务礼仪教程》，主要讲授公司、企业的从业人员在经济交往中所应具备的礼仪知识，以商务人员为主要对象。

《政务礼仪教程》，主要讲授国家公务员在政务往来中所应遵守的礼仪知识，以国家公务员为主要对象。

《服务礼仪教程》，主要讲授各种服务行业的从业人员在工作岗位上所须应用的礼仪知识，以服务人员为主要对象。

《涉外礼仪教程》，则主要讲授从事涉外工作的中国人在同外国人打交道时必须掌握的礼仪知识，以涉外人员为主要对象。

1995年年底，我即完成了这套“实用礼仪系列教材”的初稿。为了使之精益求精，减少纰漏，我并没有急于将它交付出版，而是首先在各种类型的礼仪教学、培训中进行了长时间的试用。其中的绝大部分内容，仅在中国人民大学试讲就达三年之久。在此期间，它的部分内容还在许多报刊上进行过连载，在中央人民广播电台也进行了长达一年左右的连续广播。此外，我还先后多次在全国高等院校礼仪教师培训班和许多行业的专业培训班上，试讲或介绍过这套“实用礼仪系列教材”。在有关方面支持下，我还主持过六次专为完善这套“实用礼仪系列教材”而举办的研讨会，广泛听取了来自学生、教师、教学与培训主管部门以及社会各界的意见和建议。在这一基础上，才有了它的正式出版。此外，为了更好地利用现代化教学手段，为加强形象化教学，还与中国人民大学出版社音像部联合摄制五集《实用礼仪系列片》教学录像带。应该说，没有有关领导、社会各界和广大师生的支持，尤其是离开了同行们的支持，我是难以支撑下来完成这一重任的。在此，我要郑重其事地向大家表示我的感谢之意。

作为国内第一套较为系统的礼仪教学和培训教材，这套“实用礼仪系列教材”虽则数易其稿，几经研讨，但依然肯定会有许多疏漏和不足，深切地希望大家对此抛砖引玉之作多多见谅，并且恳请及时予以指正。

本人才疏学浅，为了编写这套“实用礼仪系列教材”，在选题策划时虽然尽心而为，几乎竭尽了全力，但的确可谓勉为其难。在写作过程里，曾参考过国内外许多专家、学者的有关著述，在此谨一并致谢。在每种“礼仪教程”之后，特附以《主要礼仪参考书书目》，专供教师和学生在教学过程之中借鉴。

中国人民大学出版社的领导，特别是担任这套“实用礼仪系列教材”策划编辑的李宏先生，为了它的正式出版做了大量具体的工作。在这套“实用礼仪系列教材”之中，大到框架、结构，小到文字、插图，处处都留下了他们的精辟见解。对于他们的敬业精神，我深怀敬意，并对他们对我的帮助表示感谢。

将来，在适当之时，我将根据反馈回来的信息，对这套礼仪教程再作修订。

最后，再次谢谢大家！

金正昆

于中国人民大学

第2版后记

1998年至1999年之间，我所撰写的“实用礼仪系列教材”（含《社交礼仪教程》《政务礼仪教程》《商务礼仪教程》《服务礼仪教程》《涉外礼仪教程》五册）由中国人民大学出版社陆续出版。此后，这一系列礼仪教材由中国人民大学出版社多次重印，成为畅销书，并且被国内近百所大学选作教材或教学参考书。

与此同时，我本人也多次应邀在中央电视台、中央教育电视台、中央人民广播电台等多家媒体主持过礼仪栏目，以上述教材作为蓝本，系统讲述礼仪知识，并受到欢迎。

古人云：“衣食足而知礼仪。”礼仪知识在今日备受我国广大人民群众与整个社会的重视，实际上从一个侧面真实地反映了我们的伟大祖国正在走向繁荣富强，我国广大人民群众的精神生活与文化品位正在不断地得到提升。能够以自己的微薄之力为我国的社会主义精神文明建设做出贡献，能够以自己肤浅的知识为祖国与人民服务，令我深感荣幸之至。

迄今为止，这套丛书已出版近6年。在此期间，我听到了不少读者与专家、学者、同行的意见或建议，自己也发现了它所存在的某些缺陷与不足。从2002年下半年起，在中国人民大学出版社贺耀敏社长、周蔚华总编辑与本书策划编辑李宏、司马兰的反复督促下，我即着手对其进行全面的修订，并改称“21世纪实用礼仪系列教材”。现此项工作已告完成，正式予以再版。

此次修订，我重点注意如下三个方面：

第一，坚持与时俱进，努力为其注入新观点、新知识。

第二，突出其规范性、系统性与可操作性。

第三，认真改正某些错误之处，删除某些过时之言。

这次再版修订，一共花去了我近两年时间。平心而论，我对此次修订是非常认真的、非常用心的。真心地希望本丛书通过此次修订，可以更好地适应社会发展的需要，更好地满足广大读者的要求。

再次感谢中国人民大学出版社各位领导以及本书责任编辑孟彦弘、姜颖昳对我的帮助，并对广大读者与专家、学者、同行们对我的支持与厚爱表示深深的谢意。

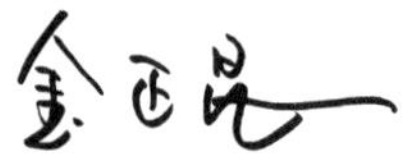

2004 年 8 月 16 日

于北京世纪城寓所

第3版后记

我所撰写的“21世纪实用礼仪系列教材”丛书（第2版）于2005年1月由中国人民大学出版社出版，迄今已逾四年。在其正式出版后，曾经多次加印。许多专家、学者对它给予了充分的肯定，广大读者也给予了它大力的支持。一年多以来，我应广大读者与中国人民大学出版社的要求，对其又一次进行了较为全面而系统的修订。

在此，我有必要对广大读者进行认真说明的是，此次本系列教材修订的具体重点有三：

其一，本着“与时俱进”的精神，再次对某些章节进行了增删或调整。我之所以这样做，既是进一步充实与完善本系列教材具体内容的需要，又是为了进一步满足广大读者的实际需要。

其二，本着“精益求精”的基本要求，对本系列教材的具体内容与文字上的某些明显的错误、失误，进行了认真的改正；对一些叙述上失之于严谨或准确的地方，则进行了尽可能的充实与更改。

其三，为了方便广大读者的学习与复习，在本系列教材各分册的每一章里，大都增加了“学习目的”“本章要点”等新的内容。同时，在教材具体内容的编排上亦做了一些调整，以期增强其可读性。

我在上面所做的一切，都是我应该做的，而且是我必须努力去做的。今后，我还会一如既往地、继续地、认真地、努力地坚持这样去做。

最后，再次感谢近年来广大专家、学者与广大读者对本系列教材的热情肯定与具体指教！

与此同时，我还要诚心诚意地感谢中国人民大学出版社领导贺耀敏、周蔚华对我的支持，感谢我在中国人民大学出版社的老朋友李宏、司马兰对我的督促与帮助，感谢本系列教材的编辑王爱玲、李学伟、姜颖昳为本系列教材此次的修订、出版所做的大量辛勤工作！

金正昆

2009 年 3 月 16 日于北京

第4版后记

经过一年的努力，我所撰写的“21世纪实用礼仪系列教材”第4版出版在即。此时此刻，我怀着一颗感恩与虔诚的心，向关心、支持、帮助过自己的学者、专家、同行以及广大读者真诚地致谢！

与此同时，我还要衷心感谢中国人民大学出版社各位领导的信任，感谢本版策划与编辑翟江虹、田淑香的督促与辛勤劳动！

对于“实用礼仪系列教材”的此次修订，我需要着重说明下述两点：

其一，本次修订重在删繁就简。有道是：“大德必宽，大礼必简。”目前，礼仪简化已是大势之所趋。在本次修订的过程中，除必要的调整、增加与删除之外，对于某些过时的内容、被实践证明未必正确或未必有效的具体操作技巧，进行了一定数量的删减，以确保本系列教材精益求精、与时俱进。

其二，本次修订突出了可操作性。众所周知，礼仪是一门实践性极强的应用型学科。经过对礼仪研究与教学的实践、认识、再实践、再认识这一过程，我深感普及、推广必须着重突出其可操作性。在本系列教材的修订过程中，不论或删或增，在对某些具体内容进行斟酌时，我均优先考虑它是否具有可操作性。倘若它曲高和寡、难以操作，则一般不予以保留或增加。

在本次修订中，尽管我再三推敲，反复征求多方面的建议与意见，但本书依然还存在诸多不足之处。正因为如此，诚请学者、专家、同行与广大读者多多对我进行指教！

再次感谢大家！

金正昆

2013年2月23日于北京香山

第5版后记

中国传统典籍《礼记》尝言："苟日新，日日新，又日新。"随着我国社会全方位的发展，现代礼仪的规范、学习与教育亦须与时俱进，以便与国家、社会和国人的实际需求相适应。

2014年5月4日，习近平同志在北京大学师生座谈会上曾明确指出：国有四维，礼义廉耻，"四维不张，国乃灭亡"。2014年10月13日，他又在中央政治局集体学习中强调了"礼法合治""德主刑辅""为政以德""正己修身"的重要性。现在呈现在读者面前的"21世纪实用礼仪系列教材"第5版，就是作者为现代礼仪的规范、学习与教育而努力的阶段性成果。

在2014年年初，中国人民大学出版社领导尤其是本丛书策划编辑翟江虹等老师，就多次叮嘱我关注时代的变化与广大读者学习礼仪的新需求，及时对本丛书进行必要的修订。时任中国人民大学校长的陈雨露教授还曾专门要求我优先考虑当代大学生的校园礼仪学习、普及问题。在他们的鞭策与帮助之下，经过近一年的努力，我终于完成了本丛书第5版的修订。

本次修订的工作量甚大，它的重点有三：

其一，在听取专家、学者与广大读者意见和建议的基础上，对业已发现的错误与不足之处进行了必要的改写、补充与完善。

其二，在强调现代礼仪的规范性、简约性、实用性、时效性与国际性的同时，对本丛书的各个分册进行了必要的改写、增补与删减，并且以化繁为简为主、以可操作性为主。

其三，今日之世界，正呈现出政治民主化、经济全球化、文化多元化、科技信息化、生活互联网化等诸多特征。为了适应多媒体时代广大读者对现代礼仪学习的新需要，本次修订在多媒体技术的应用方面进行了一些积极的尝试。具体而言，就是在本丛书的许多章节里，读者通过扫描相关的二维码，即可收看与文字相关的、由作者亲自进行示范与讲授的视频资料。

我真心地希望：经过认真修订，本丛书就内容与形式而言均有一定的变化，并且在一定程度上可以适应广大读者礼仪学习与应用的实际需求。

感谢广大热心读者对我的关心、支持与指教！

感谢从事礼仪研究的广大同行与专家、学者多年以来对我的督促与鼓励！

感谢中国人民大学出版社各位领导与本丛书策划编辑翟江虹老师及其他各位责任编辑对我的信任、肯定与鼎力相助！

2016年2月26日于中国人民大学明德国际楼

第6版后记

2019年，适逢我们伟大的祖国——中华人民共和国成立70周年，我本人从事礼仪研究、教学与推广工作30周年，同时也是我在人生旅途中的60周岁。自本年开始之日起，应中国人民大学出版社与本丛书策划编辑翟江虹女士的要求，我对本人所写的“21世纪实用礼仪系列教材”进行了又一次新的、全面的修订。

关于此次修订，有下述三点有必要予以说明：

其一，本次修订，重在删繁就简。在具体的修订过程中，本着“大礼必简”的原则，我所做的主要是对其基本内容有增有删，并且重在删繁就简。

具体而论，在修订过程中，对个别过时的提法，删；对某些时效性较差的案例，删；对有的已被实践证明并不实用的内容，删。本次修订所谓删繁就简，并不仅仅是在内容上减少篇幅，而是力求对其进行优化。

其二，本次修订，讲究字斟句酌。《道德经》有言：“天下难事，必作于易；天下大事，必作于细。”本着这一精神，我对本书逐字、逐行、逐段、逐篇反复地进行斟酌与校对。对错字、别字，改；对表述不恰当、不严谨者，改；对案例、引证易生歧义之处，同样是一改再改。

在对本书字斟句酌的修订过程中，我深深地体会到：我与伟大祖国一起成长，我与我国的礼仪教育、普及、推广工作一起成长，我与广大同行、同事、读者朋友们一起成长。一路走来，祖国育我，工作历练我，同行、同事、读者朋友们帮助我，这一切都令我感到无比荣幸并无比感恩。在此，我真心实意地感恩祖国，感恩我国的礼仪教育、普及、推广工作，感恩广大同行、同事、读者朋友们！

其三，本次修订，凸显实用第一。在《论语》里，曾记载了孔子高足有若的名言：“礼之用，和为贵。”有人认为：有若此言强调了应用礼仪的目的是与他人和睦共处。但也有专家认为，它的含义是：礼仪的具体运用，讲究适当、适合、适宜。换言之，此句中的“和”，并非和平、和谐，而是适合、恰当、恰到好处。

在中华书局出版的名作《论语译注》一书中，作者杨伯峻先生采用的便是后一种释义。

本丛书冠名为“21 世纪实用礼仪系列教材”。既然如此，本次修订以实用、有用、能用、可用为第一，便是名正言顺的。因此，在涉及具体内容的增删时，我所优先考虑的、所采取的基本标准是：它是否符合广大读者的实际需求？能否让广大读者学以致用？是否有助于广大读者内强其个人素质、外塑其团队形象？

据《中庸》记载，孔子尝言：“好学近乎知，力行近乎仁，知耻近乎勇。”在此，我与广大同行、同事、读者朋友们共勉：虚心学习，学以致用，闻过即改，“见贤思齐焉，见不贤而内自省也”，以自己的绵薄之力，奉献于祖国，奉献于社会，奉献于党的教育事业。

再次感谢大家的鼓励、鞭策、批评、帮助与支持！

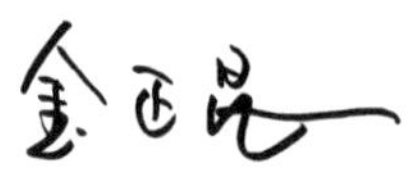

2019 年 5 月 26 日于北京八大处

第7版后记

荀子曾经明确地指出："礼者，所以正身也；师者，所以正礼也。无礼，何以正身？无师，吾安知礼之为是也？"他的这一教诲，一直以来都督促着我在当代礼仪的学习、研究、传播之路上砥砺奋进。

有鉴于此，自2020年3月以来，我陆续对"21世纪实用礼仪系列教材"开始了又一次的修订。到2022年7月末为止，我已相继完成了《社交礼仪教程》第7版、《政务礼仪教程》第7版、《商务礼仪教程》第7版的定稿。

在本次的修订中，我所关注之处主要包括下述四个方面。

第一，新内容的增加。近年以来，我国经济发展迅速，社会不断进步，国人的交际范围进一步扩大，具体的交际方式与交际工具随之也多有发展、更新、换代，社交媒体、直播销售、视频通话、网络电话、线上授课、在线支付、共享单车等等均已成为当代人日常生活与工作中不可或缺的要素。在本次修订之中，与此相关的一系列礼仪规范，均有所增加。

第二，新资讯的更新。《礼记》有言："礼，时为大。顺次之，体次之，宜次之，称次之。"因此，本次修订中对一些时效性较强的，有关国情、时事、法规、文化、民风等方面的信息，在力所能及的前提下，均进行了适时的更新或补充。

第三，"过气"处的删除。在此次修订中，我发现有的内容，特别是某些案例，由于时过境迁，现在来看已成"明日黄花"，甚是不合时宜。凡此种种，我都一一予以删除。

第四，谬误点的改正。老子说过："知不知上。不知知病。"子曰："过而不改，是谓过矣。"人不怕犯错误，就怕知过不改、将错就错。本着这一理念，凡本次修订中所能够发现的有关文字、数据、表述等方面的谬误，我都逐一加以改正，以免误人子弟。

孟子尝言："不以规矩，不能成方员。"我一向认定：学礼仪，就是要学规矩；讲礼仪，必然要讲规矩；守礼仪，肯定要守规矩。关于礼仪，"重要的事情一定要说上三遍"，那便是：规矩，规矩，规矩。为体现此点，我在本次修订中再三凸显了中国人传承优良传统的规矩、当代中国人做人的规矩、社会上和国际上与人合作的规矩。

人所共知，在我进行此番修订的这几年中，我们大家都多有不易。因此，我特别感谢中国人民大学出版社的各位领导与本丛书策划编辑翟江虹老师、本书责任编辑黄超老师和赵海迪老师在此期间对我一如既往的指导、鼓励与支持！

与此同时，我也非常感激广大读者、各位前辈、诸位同人对我不离不弃的鞭策与指教。"三人行，必有我师焉。"特别、特别、特别地感激大家！

承蒙大家厚爱，我得以再接再厉地服务于我国的礼仪教育事业。"路漫漫其修远兮"，我愿与大家一道为礼仪在今日中华大地上的进一步传播与普及而继续努力。

金正昆

2022年7月23日

图书在版编目（CIP）数据

社交礼仪教程：微课版/金正昆著. —7版. —
北京：中国人民大学出版社，2023.1
21世纪实用礼仪系列教材
ISBN 978-7-300-31328-3

Ⅰ.①社… Ⅱ.①金… Ⅲ.①社交礼仪-高等学校-
教材 Ⅳ.①C912

中国版本图书馆CIP数据核字（2022）第253966号

21世纪实用礼仪系列教材
社交礼仪教程
第7版·微课版
金正昆 著
Shejiao Liyi Jiaocheng

出版发行	中国人民大学出版社		
社　址	北京中关村大街31号	**邮政编码**	100080
电　话	010－62511242（总编室）		010－62511770（质管部）
	010－82501766（邮购部）		010－62514148（门市部）
	010－62515195（发行公司）		010－62515275（盗版举报）
网　址	http://www.crup.com.cn		
经　销	新华书店		
印　刷	北京溢漾印刷有限公司	**版　次**	1998年12月第1版
开　本	787 mm×1092 mm　1/16		2023年1月第7版
印　张	18 插页 1	**印　次**	2024年7月第4次印刷
字　数	358 000	**定　价**	49.80元